基于虚拟仿真技术的足球运动智慧化训练

金刚　肖冬　著

北京
冶金工业出版社
2021

内 容 简 介

本书内容主要包括数字人的足球技术虚拟仿真训练、VR 的传球意识虚拟仿真训练、AR 的足球战术版虚拟半实物仿真训练、足球裁判法四方面，对实际足球比赛场景进行抓取和分析，进行合理分类，将足球技术、战术及虚拟仿真技术等内容利用图片和视频的形式呈现给读者。书中文字简练、图示清晰、视频贴合主题，内容通俗易懂，增加了本书的可读性和实用性。

本书不仅可供大中院校、成人教育及高中非体育类学生学习实践参考，也可作为体育类学生教材。

图书在版编目(CIP)数据

基于虚拟仿真技术的足球运动智慧化训练/金刚，肖冬著.—北京：冶金工业出版社，2021.4

ISBN 978-7-5024-8787-4

Ⅰ.①基… Ⅱ.①金… ②肖… Ⅲ.①计算机仿真—应用—足球运动—运动训练 Ⅳ.①G843.2-39

中国版本图书馆 CIP 数据核字(2021)第 067773 号

出 版 人 苏长永

地　　址 北京市东城区嵩祝院北巷 39 号 邮编 100009 电话 (010)64027926

网　　址 www.cnmip.com.cn 电子信箱 yjcbs@cnmip.com.cn

责任编辑 卢 敏 美术编辑 彭子赫 版式设计 孙跃红

责任校对 卿文春 李 娜 责任印制 禹 蕊

ISBN 978-7-5024-8787-4

冶金工业出版社出版发行；各地新华书店经销；北京印刷一厂印刷

2021 年 4 月第 1 版，2021 年 4 月第 1 次印刷

787mm×1092mm 1/16；17.5 印张；422 千字；267 页

68.00 元

冶金工业出版社 投稿电话 (010)64027932 投稿信箱 tougao@cnmip.com.cn

冶金工业出版社营销中心 电话 (010)64044283 传真 (010)64027893

冶金工业出版社天猫旗舰店 yjgycbs.tmall.com

(本书如有印装质量问题，本社营销中心负责退换)

前　言

足球是世界第一大运动，在中国有着广泛的群众基础。由于受场地、气候、人员、时间、资金等因素影响，很多足球爱好者无法接受到正规专业的训练，导致比赛经验不足。为了打破传统足球教学受天气、场地和人员限制，建立全天候教学与训练模式，提高学生在足球比赛中传球意识及快速决策能力、球性球感及比赛中合理运用技术能力和小组及整体配合能力，响应总书记在2017年提出的集中力量制定足球改革和发展总体方案，坚定推进足球创新与改革，逐步提高中国足球水平，让积极向上的足球文化成为中国梦正能量的号召，东北大学体育部与东北大学信息学院共同开设了足球运动智慧化训练课程，通过虚拟仿真技术，将战术训练内容制作成不同场景，利用辽宁省虚拟仿真教学实验平台和东北大学虚拟仿真实验室，对学生进行合理高效的反复训练，使学生在课堂学习过程中逐渐形成先进、规范、科学的足球思维。为了培养足球人才的需要，本书应运而生。

目前VR、AR、数字人技术在国内体育专业训练应用方面属于空白，三者和足球训练的有机结合是我国足球运动训练的新尝试，并有望在未来的发展中获得新的突破与进展。在教育部积极发展交叉学科的背景下，为更好地达到预期目标，东北大学体育部与东北大学信息学院共同完成《基于虚拟仿真技术的足球运动智慧化训练》的编写。该书是交叉学科的标志性成果，不仅适合于大中专、成人教育及高中非体育类学生学习实践，也能作为大学体育类学生的教材。

本书由东北大学体育部金刚副教授、东北大学信息学院肖冬副教授担任主著，东北大学体育部陈松教授、东北大学信息学院徐林教授参与纂写。研究生李雪娆、李明宇、张子越、牛晋博等人参与了录制、拍摄、剪辑、校对等工作。

本书由东北大学体育部和信息学院主持编写，东北大学学术委员会审定。

本书得到了辽宁省社会科学规划基金教育学项目“基于虚拟仿真的足球运动智慧化教学模式研究”资助，同时在编写过程中得到了金冉科技公司的大力支持，在此表示衷心感谢。

作　者

2020 年 8 月

目　录

1　足球技术及其智慧化训练 ………………………………………… 1

1.1　现代足球技术特征 ……………………………………………… 1
1.2　有球技术及其智慧化训练 ……………………………………… 2
1.2.1　颠球 ……………………………………………………………… 2
1.2.2　踢球 ……………………………………………………………… 5
1.2.3　接球 ……………………………………………………………… 21
1.2.4　运球 ……………………………………………………………… 30
1.2.5　抢截球 …………………………………………………………… 36
1.2.6　头顶球 …………………………………………………………… 41
1.2.7　假动作 …………………………………………………………… 47
1.2.8　掷界外球 ………………………………………………………… 49
1.3　守门员技术及其智慧化训练 …………………………………… 51
1.3.1　基本技术动作分析 ……………………………………………… 52
1.3.2　基本技术练习方法示例 ………………………………………… 59
1.3.3　守门员技术训练中应注意事项 ………………………………… 60
1.4　无球技术及其智慧化训练 ……………………………………… 61
1.4.1　起动技术 ………………………………………………………… 61
1.4.2　跑动技术及其智慧化训练 ……………………………………… 63
1.4.3　跳跃技术及其智慧化训练 ……………………………………… 67
1.4.4　急停 ……………………………………………………………… 68
1.4.5　转身 ……………………………………………………………… 68
1.4.6　无球假动作技术 ………………………………………………… 68

2　足球战术及其智慧化训练 ………………………………………… 69

2.1　比赛阵型 ………………………………………………………… 69
2.1.1　比赛阵型的解释 ………………………………………………… 69
2.1.2　比赛阵型的发展 ………………………………………………… 69
2.1.3　比赛阵型的选择 ………………………………………………… 80
2.2　进攻原则 ………………………………………………………… 80
2.2.1　面对无组织防守时的进攻 ……………………………………… 80
2.2.2　面对有组织防守时的进攻 ……………………………………… 82

2.2.3 组织进攻的原则 …… 84
2.2.4 得分原则 …… 86
2.2.5 创造得分机会 …… 89
2.3 防守原则 …… 94
2.3.1 面对对手快速反击时的防守 …… 95
2.3.2 面对阵地战进攻时的防守 …… 96
2.3.3 组织防守的原则 …… 98
2.3.4 不同场区的防守职责 …… 104
2.4 位置功能 …… 104
2.4.1 守门员 …… 105
2.4.2 中后卫 …… 107
2.4.3 边后卫 …… 109
2.4.4 后腰 …… 111
2.4.5 前腰 …… 113
2.4.6 边前锋 …… 116
2.4.7 中锋 …… 118
2.5 由攻转守 …… 120
2.5.1 比赛的4个时刻 …… 120
2.5.2 由攻转守的目的 …… 120
2.5.3 由攻转守的步骤 …… 120
2.5.4 由攻转守的战术要求 …… 121
2.6 由守转攻（反击打法） …… 123
2.6.1 比赛的4个时刻 …… 123
2.6.2 反击打法概念和缘由 …… 124
2.6.3 反击打法的基本条件 …… 125
2.6.4 反击打法的战术要求 …… 125
2.6.5 反击打法的4种形式 …… 125
2.7 射门技巧 …… 132
2.7.1 现代足球射门进球的基本特征 …… 132
2.7.2 守门员害怕出现的情况 …… 132
2.7.3 射门失败的原因 …… 133
2.7.4 如何改进射门技巧 …… 134
2.7.5 得分训练指南 …… 134
2.8 定位球进攻 …… 136
2.8.1 定位球进球数概率 …… 136
2.8.2 定位球种类 …… 136
2.8.3 定位球原则 …… 137
2.8.4 定位球进攻 …… 137
2.8.5 定位球进攻关键要素 …… 137

2.8.6　角球进攻 …… 138
2.8.7　任意球进攻 …… 139
2.8.8　球门球进攻 …… 142
2.8.9　掷界外球进攻 …… 144
2.9　定位球防守 …… 148
2.9.1　防守组织 …… 148
2.9.2　区域防守 …… 149
2.9.3　盯人防守 …… 150
2.9.4　区域结合盯人防守 …… 152
2.9.5　角球防守 …… 153
2.9.6　任意球防守 …… 155
2.9.7　界外球防守 …… 158
2.9.8　心理素质 …… 158
2.10　个人、小组和全队战术 …… 160
2.10.1　足球战术 …… 160
2.10.2　战术训练指南 …… 161
2.10.3　个人进攻战术 …… 161
2.10.4　个人防守战术 …… 163
2.10.5　小组进攻战术 …… 166
2.10.6　小组防守战术 …… 168
2.10.7　进攻战术训练思路 …… 172
2.10.8　防守战术训练思路 …… 173
2.10.9　全队战术 …… 174

3　足球裁判法 …… 176

3.1　比赛场地 …… 176
3.1.1　场地表面 …… 176
3.1.2　场地标识 …… 176
3.1.3　场地尺寸 …… 176
3.1.4　国际比赛场地尺寸 …… 176
3.1.5　球门区 …… 178
3.1.6　罚球区 …… 178
3.1.7　角球区 …… 178
3.1.8　旗杆 …… 178
3.1.9　技术区域 …… 178
3.1.10　球门 …… 179
3.1.11　球门线技术（GLT） …… 179
3.1.12　商业广告 …… 180
3.1.13　标志和图案 …… 181

3.1.14 视频助理裁判（VARs） …… 181
3.2 比赛用球 …… 181
3.2.1 质量与测量 …… 181
3.2.2 坏球的更换 …… 182
3.2.3 其他比赛用球 …… 182
3.3 队员 …… 182
3.3.1 场上队员人数 …… 182
3.3.2 替换人数 …… 183
3.3.3 替换程序 …… 183
3.3.4 更换守门员 …… 184
3.3.5 违规与处罚 …… 184
3.3.6 场上队员和替补队员被罚令出场 …… 184
3.3.7 比赛场地内多出的人员 …… 185
3.3.8 比赛场地外的队员 …… 185
3.3.9 比赛场地内多出人员时出现进球 …… 185
3.3.10 球队队长 …… 186
3.4 队员装备 …… 186
3.4.1 安全性 …… 186
3.4.2 必要装备 …… 186
3.4.3 着装颜色 …… 186
3.4.4 其他装备 …… 187
3.4.5 标语、言论、图像及广告 …… 188
3.4.6 违规与处罚 …… 189
3.5 裁判员 …… 189
3.5.1 裁判员的权力 …… 189
3.5.2 裁判员的决定 …… 189
3.5.3 权力和职责 …… 189
3.5.4 视频助理裁判（VAR） …… 191
3.5.5 裁判员的装备 …… 192
3.5.6 裁判员的示意信号 …… 192
3.5.7 比赛官员的责任 …… 193
3.6 其他比赛官员 …… 193
3.6.1 助理裁判员 …… 194
3.6.2 第四官员 …… 194
3.6.3 附加助理裁判员 …… 194
3.6.4 候补助理裁判员 …… 195
3.6.5 视频比赛官员 …… 195
3.6.6 助理裁判员的信号 …… 195
3.6.7 附加助理裁判员的信号 …… 197

3.7　比赛时间 …… 197
3.7.1　比赛阶段 …… 197
3.7.2　中场休息 …… 197
3.7.3　对损耗时间的补足 …… 197
3.7.4　罚球点球 …… 198
3.7.5　中止的比赛 …… 198
3.8　比赛开始与恢复 …… 198
3.8.1　开球 …… 198
3.8.2　坠球 …… 199
3.9　比赛进行与停止 …… 199
3.9.1　比赛停止 …… 199
3.9.2　比赛进行 …… 199
3.10　确定比赛结果 …… 199
3.10.1　进球得分 …… 199
3.10.2　获胜队 …… 200
3.10.3　球点球决胜 …… 200
3.11　越位 …… 202
3.11.1　越位位置 …… 202
3.11.2　越位犯规 …… 202
3.11.3　不存在越位犯规 …… 203
3.11.4　违规与处罚 …… 203
3.12　犯规与不正当行为 …… 209
3.12.1　直接任意球 …… 209
3.12.2　间接任意球 …… 210
3.12.3　纪律措施 …… 211
3.12.4　犯规与不正当行为出现后的比赛恢复方式 …… 216
3.13　任意球 …… 216
3.13.1　任意球的种类 …… 216
3.13.2　程序 …… 217
3.13.3　违规与处罚 …… 217
3.13.4　使用手臂等部位拉扯、阻止对方队员行动 …… 218
3.14　罚球点球 …… 218
3.14.1　程序 …… 218
3.14.2　违规与处罚 …… 219
3.14.3　概要 …… 219
3.15　掷界外球 …… 220
3.15.1　程序 …… 220
3.15.2　违规与处罚 …… 220
3.16　球门球 …… 221

3.16.1 程序 …… 221
3.16.2 违规与处罚 …… 221
3.17 角球 …… 221
3.17.1 程序 …… 221
3.17.2 违规与处罚 …… 222
3.18 视频裁判操作规范——原则、实施方法和操作程序 …… 222
3.18.1 原则 …… 222
3.18.2 可“回看分析”的改变比赛走势的决定/事件 …… 223
3.18.3 实施方法 …… 224
3.18.4 操作程序 …… 224

4 VR/AR 及数字人基础 …… 227

4.1 Unity 简介 …… 227
4.2 Unity 发展历程 …… 227
4.3 Unity 软件安装 …… 228
4.4 Unity 编辑器 …… 231
4.4.1 界面布局 …… 232
4.4.2 工具栏 …… 234
4.4.3 菜单栏 …… 238
4.4.4 常用视图栏 …… 240
4.5 创建游戏场景 …… 247
4.5.1 创建游戏工程和场景 …… 247
4.5.2 创建光源和阴影 …… 250
4.5.3 添加静态物体 …… 252
4.5.4 添加碰撞体 …… 254
4.5.5 添加音效 …… 256
4.6 数字人相关技术介绍 …… 258
4.6.1 数字人简介 …… 258
4.6.2 动作捕捉系统 …… 259
4.7 增强现实（AR）技术 …… 264
4.7.1 增强现实（AR）简介 …… 264
4.7.2 HoloLens 设备介绍 …… 266

1 足球技术及其智慧化训练

1.1 现代足球技术特征

足球技术在足球比赛中有着特殊的地位，它是完成战术配合、决定战术效果的前提和保证。著名的联邦德国足球教练绍恩曾说过：“足球运动最重要的、决定性的部分是技术。”随着现代足球比赛攻守速度的不断加快、对抗争夺的日趋激烈，对足球技术也提出了新的更高的要求。

（1）技术与目的结合。各项技术的运用都离不开其目的性，初学者与低水平的运动员运用足球技术的盲目性较大。随着水平的逐步提高，盲目性则越来越小，目的性越来越强。因此，可以说运动技术水平与比赛技巧的提高过程就是减少盲目性、提高目的性的过程。

足球比赛的目标是不让对方将球攻入自己的球门而千方百计地设法将球攻入对方球门。要实现这一目标，必须牢牢地掌握控球权，此时各项技术的运用也将围绕着这一目标展开。因此，控球并获胜是足球比赛的根本目的。

要做到技术与目的相结合，运动员除了具备全面、坚实的技术基础外，还需娴熟、自如地运用各项技术，特别是要在技术的实用性上狠下功夫。

（2）技术与速度结合。现代足球正朝着高速度、强对抗的方向发展，赛场上给予运动员完成各项技术、战术动作的时间越来越短，空间越来越小，要想真正适应激烈争夺中的快速攻守，最重要的因素是速度。特别是在快速中运用技术完成动作的速度以及技术动作之间的衔接速度，如果缺乏速度，那么再漂亮的技术在比赛中也难有“用武之地”。

（3）技术与意识结合。技术必须赋予意识才有活力和威力。所谓意识，即运动员对足球运动比赛规律的认识，并根据临场变化而适时地采取正确、合理、有效行动的一种敏捷的思维能力。足球场上运动员的一举一动，包括在有球和无球的情况下，均有意识的反应。

从单一的技术动作到局部的战术配合，直至全队的整体打法，无不受意识的支配。因此，技术与意识的结合是一项高难度的艰巨工程，不仅要求运动员具备坚实的技术基础和娴熟的运用能力，还要精通足球比赛的规律及各种战术打法的要求，熟悉同伴与对手的球路和习惯，并能在瞬息万变的复杂形势中迅速做出抉择和行动。

意识的培养与技术、战术的训练是一对孪生兄弟，球员从儿时初学足球开始，就应把意识的培养贯穿在技术、战术训练中，寓意识于一切技术行动之中，使它们同步存在与发展。

意识基本上属于人的思维范畴，意识的发展受多方面因素的影响，如文化素质、理论水平、思维逻辑、外界条件等。但不可忽视的现实是人的天赋不同，所以在训练中除了加强意识的培养、训练外，还应尽量挖掘培养那些意识天赋好的运动员。

（4）技术与意志结合。意志品质是足球运动员必不可少的重要素质之一，特别是在那些具有特殊意义的比赛中，意志品质具有举足轻重的作用。

足球运动员的意志品质基本上体现在3个方面：勇敢顽强的拼搏作风，自我控制情绪的能力，敢于冒险的无畏精神。

足球是勇敢者的运动项目，这是由足球运动的特点所决定的。随着比赛争夺的日趋激烈，对运动员的意志品质也提出了更全面、更突出、更明确的要求。没有良好的意志品质，再好的技术、战术能力也难以正常发挥；反之，没有出色的技、战术能力，良好的意志品质亦无表现之处。两者只有完美地结合才能如虎添翼。

（5）技术与位置结合。当前，足球技术正朝着全面、快速、娴熟、简练、强对抗的方向发展，自1974年第10届世界杯赛后，足球运动对运动员的全面性提出了更高的要求。每名队员都身负攻守双重任务，必须掌握攻守的技术才能适应战术的变化和比赛的需要。近几十年来，全面型的整体和全面型的个人都在不断发展和提高。但是场上仍有位置分工，不同位置均有不同特点，这就要求运动员在掌握全面技术的基础上，根据个人的特长和位置的需要发展专长技术。运动员既是足球场上的多面手，又是具有个人特点和某个位置上的专家。

（6）技术与即兴结合。足球比赛经常出现一些令人难以预测的变化与结果，人们曾幽默地说“足球是圆的”，以此作为没有答案的答案。随着技、战术水平的全面提高与发展，比赛中运动员处理球的时间越来越少，空间越来越小，这就需要某些超常的技术才能满足比赛的要求。

所谓超常技术和即兴发挥，是指根据赛场上瞬间即变的环境及突发的情况，随机采取应急手段，打破原有技术动作的结构，达到出奇制胜的目的。

随看足球运动的发展，运动员的即兴发挥将会运用得越来越广泛，水平越来越高、魅力越来越大。它要求运动员必须具有全面而娴熟的技术、突出的意识、敢于冒险的精神、机敏冷静的头脑和迅速的应变能力，而且这些都要在一刹那的时间内表现出来。

1.2　有球技术及其智慧化训练

1.2.1　颠球

颠球是指运动员用身体的各个有效部位连续地触击球并加以控制，尽量使球不落地的技术动作。颠球是运动员熟悉球性的一种练习手段，以增强对球的弹性、重量、旋转及触球部位、击球时用力轻重的感觉。

1.2.1.1　技术动作要领

A　双脚脚背颠球（图1-1~图1-4）

双脚脚背颠球指用双脚脚背连续不断地将处于空中的球轻轻击起的动作，它是增强球感、熟悉球性的有效方法，也是最简单、最重要的颠球练习。

双脚颠球的技术动作要领为：支撑脚膝关节略微弯曲，颠球脚向前上方摆动，用脚背击球，击球时踝关节固定，击球的下部。两脚可交替击球，也可一只脚支撑，另一只脚连续击球。击球时用力均匀，使球始终控制在身体周围。

图 1-1

图 1-2

图 1-3

图 1-4

B 双脚内侧颠球（图 1-5～图 1-8）

双脚内侧颠球的技术动作要领为：支撑脚的膝关节微屈，身体重心移到支撑脚上，当球落至低于膝关节以下时，颠球脚的膝、踝关节适当放松，并柔和的用脚的内侧向上带动小腿摆动，脚尖稍翘起，用脚轻击球的下部，将球向上颠起，两脚内侧交替击球。

图 1-5

图 1-6

图 1-7

图 1-8

C 双脚外侧颠球（图 1-9～图 1-12）

双脚外侧颠球的技术动作要领为：支撑脚的膝关节微屈，身体向支撑脚一侧稍倾斜，重心移至支撑脚上，当球下落到膝关节高度时，颠球腿屈膝撇腿，颠球脚外侧向上摆动，脚外翻轻击球的底部，将球向上颠起，两脚外侧交替击球。

D 大腿颠球（图 1-13～图 1-16）

大腿颠球主要锻炼球员对球的控制能力，是经常应用在比赛中停球、控球时的技术动作。

大腿颠球的技术动作要领为：支撑脚的膝关节微屈，身体重心移至支撑脚上，两臂自然张开，当球下落到接近髋关节高度时，颠球的大腿屈膝上摆。当大腿摆到成水平状态时，用大腿的中前部位击球的底部，将球向上颠起，两腿可交替击球，也可一只脚做支撑，用另一侧的大腿连续击球。

图 1-9

图 1-10

图 1-11

图 1-12

图 1-13

图 1-14

图 1-15

图 1-16

E　头部颠球（图 1-17~图 1-20）

头部颠球即前额正面颠球，就是用头顶的发迹线以下和眉毛以上的部位颠球。在足球比赛中的停球和头球攻门会经常用到这个部位。所以，很好地掌握前额正面颠球这项技术对熟悉球性和提高自身的足球技术都有着很重要的意义。

图 1-17

图 1-18

图 1-19

图 1-20

头部颠球的技术动作要领为：两脚开立略宽于肩，膝盖微屈，上半身伸直，双手自然张开保持身体平衡，头部上抬45°，脖子锁紧，用前额中部连续顶球的下部。顶球时，双眼观察足球的运动轨迹，两臂自然张开，双腿弯曲下蹲发力，带动上半身进行颠球，脚下需要根据足球落点不断调整，足球颠起后运行轨迹应尽量保持垂直。

1.2.1.2 易犯错误

（1）脚击球时踝关节松弛，造成用力不稳定。

（2）击球时脚尖向下或向上勾，造成球受力后向前或向后触碰身体，使球难以控制。

（3）颠球时身体其他部位不够放松，以至于动作僵硬。

（4）头部颠球时腿部、躯干、颈部配合用力不协调，仅靠颈部。

1.2.1.3 练习方法示例

（1）一人一球颠球。体会触球的时间、部位、力量和整个动作的协调配合。

（2）两人一球颠球。用脚背、大腿、头部以及身体各部位触球，掌握好触球的力量，尽量不让球落地。每人可触球一次顺给对方，也可触球多次互颠。

（3）四五人一组，围圈用两球颠球。可规定每人触球的次数与部位，也可自由掌握触球的次数与部位。颠传时要注意观察，防止两个球同时颠传给同一伙伴。

1.2.2 踢球

踢球指运动员有目的地用脚把球击向预定目标的技术。踢球是足球技术中最重要的技术，主要用于传球和射门。

1.2.2.1 技术动作结构分析

踢球的方法很多，动作要领也有所不同，但是每一种踢法都是由助跑、支撑脚站位、踢球腿的摆动、脚触球和踢球后的随前动作5个环节组成。

（1）助跑。助跑是指踢球前的几步跑动，它的作用在于调整人与球的方向、距离，以便在踢球时支撑脚能够处于所需要的正确位置，从而增加击球的力量。助跑最后一步要大一些，这为踢球腿的充分摆动、增大摆腿速度、制动身体的前冲和提高击球的准确性创造了条件。助跑分为直线助跑和斜线助跑。助跑的方向和出球的方向相同的叫直线助跑；助跑的方向和击球的方向成交叉的叫斜线助跑。

（2）支撑脚站位。支撑脚的位置要以踢球腿的摆动能达到最大的摆幅、发挥最大的速度和有利于踢球脚准确地接触球的合适部位为原则。支撑脚的位置一般是由所使用的踢球方法（脚法）来决定。凡采用的踢法需要踩在球的侧方的，一般距离球10~15cm；凡采用的踢法需要踩在球侧后方的，一般距离球25~30cm。踢活动球时，更要掌握好支撑脚的位置，因为支撑脚落地时球仍在继续运行之中，所以要把踢球腿后摆的时间计算在内。例如追踢向前滚动的球时，支撑脚落地的位置要稍靠前，这样才能与球保持合适的距离。支撑脚要积极踏地以制动身体的前冲力量，膝关节要微屈以维持身体的平衡和保证充分地摆腿和自如地踢球。实际上，支撑脚起着固定支点的作用。

（3）踢球腿的摆动。击球力量的大小由多方面的因素决定，而主要取决于踢球腿的摆动，它是踢球力量的主要来源。摆幅大，摆速快，踢出去的球力量就大，球的运行速度就快，运行距离就远。因此，踢球腿的摆动动作是否正确直接关系到踢球的力量、击出球的速度和球的运行距离。踢球腿的摆动是在支撑脚跨步时（助跑最后一步）顺势向后摆起的，在支撑脚着地的同时以髋关节为轴，大腿带动小腿由后向前摆。当膝关节摆到接近球的垂直上方的刹那间，小腿加速前摆击球。

（4）脚触球。触点包括踢球脚的部位和击球的部位。一般来说，用脚的某一部位击球的后中部，作用力通过球心，出球平直。当踢各种活动来球时，比如来自不同方向的地滚球或长传球，应准确判断来球的速度、方向，并根据出球目标，合理选择踢球脚以及脚与球的部位。

在现代足球比赛中，运动员已广泛地采用了弧线球（香蕉球）踢法。这种踢法主要运用脚背内侧或外侧击球，击球的作用力不通过球心，使球产生旋转，并沿着一定弧线运行，这种球具有一定的隐蔽性。此外，也可以用正脚背抽踢前旋球。

（5）踢球后的随前动作。踢球后随着腿的前摆和送髋，使身体重心向前移动，这样既易于控制出球方向和加大踢球力量，又能缓和因踢球腿急速前摆而产生的前冲惯性，以维持身体的平衡。此外，踢球后的随前动作还便于与下一个动作衔接。

在上述5个环节中，支撑脚的站位、踢球腿的摆动、脚触球是主要的环节。

1.2.2.2 各种踢球技术动作要领

A 脚内侧踢球

（1）脚内侧踢定位球（图1-21～图1-24）。脚内侧踢球又称脚弓踢球，是运动员有目的地用脚的内侧（脚弓）将球击向预定目标的技术动作。脚内侧是踢球时最常使用的部位，它触球的面积比脚的其他部位都大，这使得在踢球时可以更容易地控制住球。因此，脚内侧踢球是进行短距离传球和射门的理想方法。但由于踢球时要求大腿前摆到一定程度需要外展且屈膝，故大腿与小腿的摆动都受到限制，因此出球力量较小。

图1-21

图1-22

图1-23

图1-24

脚内侧踢定位球的技术动作要领为：直线助跑，跨步支撑时眼睛看球，支撑前的最后一步稍大些，脚落地时支撑脚足尖应与出球方向保持一致，距球10～15cm，支撑腿膝关节微屈，两臂自然张开，维持好身体平衡。在支撑脚着地时，踢球腿以髋关节为轴由后向前摆动，在前摆过程中髋关节外展，当膝关节的摆动接近球的正上方时小腿做爆发式摆动，将脚跟送出使得脚内侧部位所形成的平面与出球方向垂直，脚内侧与出球方向约成90°，在触球前踢球脚脚底与地面平行，脚尖微微翘起，踝关节功能性地绷紧使脚型固定，触（击）球后身体跟随移动，髋关节向前送。

（2）脚内侧踢空中球（图1-25～图1-28）。脚内侧踢空中球的技术动作要领为：脚内侧踢空中球时，身体要正对来球方向，两眼准确观察球在空中飞行的路线，根据来球速度和运行轨迹及时移动到位，踢球腿大腿抬起（屈）并外展，小腿屈并绕额状轴后摆，利用小腿绕额状轴由后向前摆动，当摆至额状面时与球接触，击球的后中部，如要踢出高球，可踢球的中下部。

图1-25

图1-26

图1-27

图1-28

（3）脚内侧踢不同方向滚来的地滚球（图1-29～图1-36）。

脚内侧踢不同方向滚来的地滚球的技术动作要领与脚内侧踢定位球的技术相同。但脚内侧踢地滚球时，由于支撑脚落地时球仍在运行中，故一定要根据脚接触球时的入射角及球运行的速度把踢球腿从后摆动到前摆击球的时间计算在内，摆腿击球动作一般多运用小腿爆发式的摆动敲击球，击球时间以球正滚到支撑脚脚尖的平行位置为宜。球向前滚动时，应调整跑动速度，尽快接近球。踢球前，根据球向前滚动的速度，支持脚要稍向前踏些，以便在摆腿击球时能够踏在所需要的正确位置。摆腿击球时多运用摆击的方法将球击出。同时，还应考虑脚触球瞬间，支撑脚与球的相对位置能否保证与踢定位球时基本相同。

（4）脚内侧踢反弹球。脚内侧踢反弹球常用于激烈的比赛中，球员在球没有完全停稳或

图1-29

图1-30

图1-31

图1-32

图 1-33

图 1-34

图 1-35

图 1-36

者遭受到其他队员干扰的情况下，抢先触球时机传球或射门。脚内侧踢反弹球时首先要根据来球的角度和速度判断落点及时移动到位，身体正对来球，支撑脚的站位与球的落点应保持10~15cm 的距离。支撑腿膝关节微屈，两臂自然张开，维持好身体平衡。踢球腿以髋关节为轴由后向前摆动，在前摆过程中髋关节外展，带动小腿快摆击球。(图 1-37~图 1-40)

图 1-37

图 1-38

图 1-39

图 1-40

当球在反弹刚要离开地面的刹那，小腿做爆发式摆动，将脚跟送出使得脚内侧部位所形成的平面与出球方向垂直（约成 90°），用脚内侧击球的中部。如来球弧度小，可身体偏后站位，以便能够及时准确地掌握落点，最后提腿用摆击的方法击球的后中部。(图 1-41~图 1-44)

图 1-41

图 1-42

图 1-43

图 1-44

B 脚背正面踢球

（1）脚背正面踢定位球。脚背正面踢球是运动员有目的地用脚背正面将球击向预定目标的技术动作。脚背正面踢球，其摆幅相对较大，摆踢动作顺畅快速，便于发力，适用于远距离的发球和大力射门。由于其踢出球的性质多为不旋转的直线球，因此出球路线或性能缺乏变化。

脚背正面踢定位球的技术动作要领为：直线助跑，最后一步稍大些，支撑脚积极着地支撑，在球的侧面 10~12cm 处，脚尖正对出球方向，支撑腿膝关节微屈，踢球腿小腿屈曲，以髋关节为轴，大腿带动小腿由后向前摆动。（图 1-45~图 1-48）

图 1-45

图 1-46

图 1-47

图 1-48

当膝关节摆至接近球的正上方时，小腿做爆发式的摆动，脚趾屈，以脚背正面部位击球的后中部。击球后身体及踢球腿随球前移。（图 1-49~图 1-52）

图 1-49

图 1-50

图 1-51

图 1-52

（2）脚背正面踢反弹球。脚背正面踢反弹球的技术动作要领为：踢球前根据来球的速度、运行轨迹判断落点，身体正对来球方向，双臂自然张开维持平衡，支撑脚踏在球落点的侧面，支撑腿膝盖微曲。（图 1-53~图 1-56）

在球落地时，脚尖下指，用脚背正面迎球。（图 1-57~图 1-60）

图 1-53

图 1-54

图 1-55

图 1-56

图 1-57

图 1-58

图 1-59

图 1-60

在球刚弹离地面时，用脚背正面击球的后中部，并通过控制小腿的上摆（送髋、膝关节向前平移），控制出球高度。在练习初期可由另一名持球者用手抛球的形式来锻炼判断球落点的能力。随后逐渐采取远距离高空传球，从而创造踢反弹球的机会。（图 1-61～图 1-64）

图 1-61

图 1-62

图 1-63

图 1-64

（3）脚背正面踢侧面半高球。脚背正面踢侧面半高球的技术动作要领为：根据来球速度及运行轨迹，选好击球点，身体侧对出球方向，身体向支撑脚一侧倾斜展腹，双臂自然张开保持身体平衡，踢球腿抬起。（图 1-65～图 1-68）

图 1-65

图 1-66

图 1-67

图 1-68

当球快要到达击球点时，大腿伸、小腿屈，大腿带动小腿由后向前急速摆动，用脚背正面击球的中部，同时身体向出球方向扭转，击球后踢球脚随球前摆着地以维持身体平衡。(图 1-69~图 1-72)

图 1-69

图 1-70

图 1-71

图 1-72

（4）脚背正面踢倒勾球。在足球比赛中，当门前埋伏的球员在身体背对球门的时候，接到队友的高空传球，通常不会再调整转身射门，而是下半部分身体飞离地面并翻转到空中，用空中的脚踢触足球，完成射门动作，这称为踢倒勾球。

脚背正面踢倒勾球的技术动作要领为：根据来球的速度、运行轨迹，判断击球点及时移动到位。踢球脚上步蹬地起跳，同时另一腿上摆，使身体腾空后仰，眼睛注视来球。在另一腿下摆的同时，上体后仰，踢球腿以髋关节为轴向上方摆动，当球落到身体前上方适当高度时，踢球腿以大腿带动小腿急速挥摆，两腿在空中成剪式交叉，以脚背正面踢球的后中部，踢球后，两臂微屈，手掌向下撑地，手指指向出球的相反方向，屈肘。然后背部、臂部依次着地。

落地以手掌撑地时，手指方向不对，容易造成肘、腕挫伤。该动作具有一定难度和危险性，因此练习前一定要做好充分的热身。在练习时，根据场地等条件，选择松软的垫子进行保护。(图 1-73~图 1-76)

图 1-73

图 1-74

图 1-75

图 1-76

（5）搓击球。搓击球是使用脚背正面与脚趾连接部位接触球的一种踢球方法。其技术动作要领为：踢球腿的摆动主要依靠小腿的前摆。助跑和支撑与脚背正面踢定位球相同。（图 1-77～图 1-80）

图 1-77

图 1-78

图 1-79

图 1-80

当脚插入球下部触球的一瞬间，脚背屈，小腿做急速向上提摆动作，施加给球的力量不通过球的重心，使球产生回旋。（图 1-81～图 1-84）

图 1-81

图 1-82

图 1-83

图 1-84

C 脚背内侧踢球

(1) 脚背内侧踢定位球。用脚背内侧踢定位球是一种可以将球罚出弧线的方法，而且在脚的各个击球部位中，脚背内侧是踢球时相对比较容易控制的部位，所以，在比赛中很多球员都是利用脚背内侧罚定位球。

脚背内侧踢定位球的技术动作要领为：斜线助跑，助跑方向与出球方向约成 45°，最后一步稍大，以支撑脚底积极着地，脚尖指向出球方向，距球内侧后方为 20~25cm，膝关节微屈，两臂张开保持身体平衡。在支撑同时，踢球腿已完成后摆，并开始以髋关节为轴，大腿带动小腿由后向前摆动。(图 1-85~图 1-88)

图 1-85

图 1-86

图 1-87

图 1-88

当大腿摆至与支撑腿接近同一平面时，小腿做爆发式摆动，此时脚尖外转、脚背绷直，以脚背内侧部位触击球。击球后踢球腿及身体继续随球向前。(图 1-89~图 1-92)

图 1-89

图 1-90

图 1-91

图 1-92

在踢定位球的时候，在脚接触球的瞬间，切记不要身体后仰或者臀部后坐，因为这样会导致脚部接触球的部位不正确，将球踢高。

（2）脚背内侧踢反弹球。脚背内侧踢反弹球的技术动作要领为：根据来球的落点及时移动到位，身体正对来球，支撑脚的站位与球的落点应保持 10～15cm 的距离。支撑腿膝关节微屈，两臂自然张开，维持好身体平衡。踢球腿以髋关节为轴由后向前摆动，在前摆过程中髋关节外展，带动小腿快摆击球。（图 1-93～图 1-96）

图 1-93

图 1-94

图 1-95

图 1-96

在球离地（反弹）的瞬间，小腿做爆发式摆动，用脚背内侧击球的中部。（图 1-97～图 1-100）

图 1-97

图 1-98

图 1-99

图 1-100

击球后踢球脚随球前摆着地以维持身体平衡。这种踢球方法多用于踢侧方或侧前方来的空中下落的球。（图 1-101～图 1-104）

图 1-101

图 1-102

图 1-103

图 1-104

（3）脚背内侧踢空中球（侧面半高球）。脚背内侧踢空中球的技术动作要领为：根据来球速度、运行轨迹，选好击球点及时移动到位，身体侧对出球方向，用来球方向的异侧脚支撑，支撑脚脚尖指向出球方向，身体向支撑脚一侧倾斜，展腹。支撑脚站位后，大腿

带动小腿由后向前摆动。（图 1-105～图 1-108）

图 1-105

图 1-106

图 1-107

图 1-108

当大腿摆至接近与击球点成一直线时，小腿做爆发式摆动，用脚背内侧击球的中部。同时身体向出球方向扭转，眼睛始终注视球。（图 1-109～图 1-112）

图 1-109

图 1-110

图 1-111

图 1-112

击球后，踢球腿顺势前摆以维持身体平衡。（图 1-113～图 1-116）

图 1-113

图 1-114

图 1-115

图 1-116

（4）脚背内侧削踢定位球。脚背内侧削踢定位球的技术动作要领为：直线助跑，支撑脚踏在球的侧方 15cm 左右处，膝关节微屈，在支撑脚着地的同时踢球腿以髋关节为轴由后向前摆动。在前摆过程中屈膝外转，踢球脚的内侧正对出球方向，小腿加速前摆，摆腿的方向不通过球心，沿弧线前摆，脚尖稍翘起，脚掌与地面平行用脚背内侧部位击球的后中部，在击球的瞬间，踝关节用力向内转，使球侧旋沿弧线运行。

脚内侧削踢定位球在脚与球接触过程中有两种方法：一种是推送的踢法。这种踢法脚触球时，踢球腿要继续前摆，这样踢球脚与球接触的时间较长，出球易平稳。另一种是敲击踢法。踢球时，踢球腿的大腿摆动不大，只是小腿快速前摆击球，击球后，小腿突然停止前摆，该动作接触时间短促，动作有力。(图 1-117)

图 1-117

D　脚背外侧踢球

(1) 脚背外侧踢定位球。脚背外侧一般用来大力射门，有时也用来传球。射门时这个技术特点和正脚背射门相似，不同的是抽射球时用的是外脚背，这个技术动作比起正脚背抽射难度更大。脚背外侧踢定位球的技术动作要领为：抬头观察决定踢球角度，助跑后支撑前的最后一步稍大些，脚落地时支撑脚踏在侧后方 10~15cm 处，足尖与出球方向保持一致，支撑腿膝关节微屈，两臂自然张开，维持好身体平衡。(图 1-118~图 1-121)

图 1-118

图 1-119

图 1-120

图 1-121

在支撑脚着地时，踢球腿以髋关节为轴由后向前摆动，当膝关节的摆动接近球的正上方时小腿做爆发式摆动，用脚背外侧部位踢球的后中部。此时要求膝关节和脚尖内转，脚背绷紧，脚趾紧屈，踢球腿随球继续前摆。(图 1-122~图 1-125)

(2) 脚背外侧踢地滚球。脚背外侧踢地滚球的技术动作要领为：脚背外侧踢地滚球时，根据身体和来球的方向（前方、侧前方及正侧方、侧后方来的地滚球）和出球方向分别采用直线和斜线助跑。一般靠近踢球脚一侧来球多用直线助跑，正对踢球脚和内侧来球多用斜线助跑。支撑脚站位时应考虑球的滚动速度，以保证在脚触球的瞬间支撑脚与球的

图 1-122

图 1-123

图 1-124

图 1-125

相对位置符合规格要求。支撑脚位置距球较远，一般踏在球的侧后方 20~25cm 处，斜线助跑则较近，为 10~15cm。足尖与出球方向保持一致，支撑腿膝关节微屈，两臂自然张开，维持好身体平衡。在支撑脚着地时，踢球腿以髋关节为轴由后向前摆动，当膝关节的摆动接近球的正上方时，小腿做爆发式摆动，用脚背外侧部位踢球的后中部。此时要求膝关节和脚尖内转，脚背绷紧，脚趾紧屈，踢球腿随球继续前摆。(图 1-126~图 1-129)

图 1-126

图 1-127

图 1-128

图 1-129

（3）脚背外侧踢反弹球。脚背外侧踢反弹球一般用于处理距离短、速度快的来球，以便将球迅速转移至身体侧前方。其技术动作要领为：踢球前根据来球的速度、运行轨迹判断落点，支撑脚踏在球落点的侧面，支撑腿膝盖微曲，双臂自然张开以维持身体平衡。(图 1-130~图 1-133)

图 1-130

图 1-131

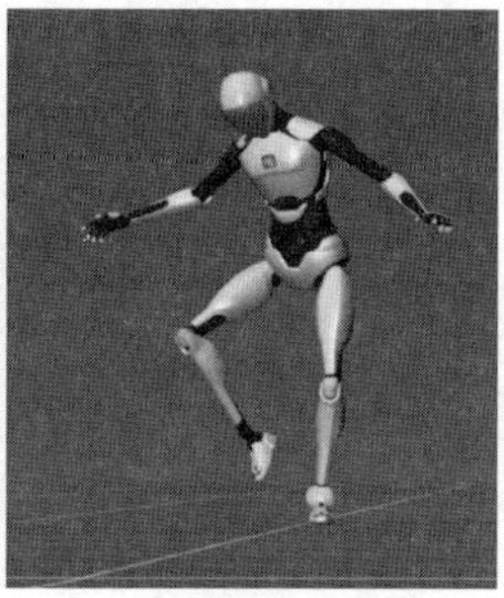

图 1-132

图 1-133

在球刚弹离地面时，踢球腿向斜前方爆发式摆动，用脚背外侧击球的后中部，击球后通过控制小腿的上摆（送髋、膝关节向前平移），控制出球高度。（图 1-134~图 1-141）

图 1-134

图 1-135

图 1-136

图 1-137

图 1-138

图 1-139

图 1-140

图 1-141

（4）脚背外侧削踢定位球（图 1-142~图 1-145）。脚背外侧削踢定位球的技术动作要领为：利用直线或从相反的一侧呈弧线助跑，根据定位球的力度决定助跑距离。助跑越远，力量越大。射门时两臂张开，支撑腿微曲保持平衡，击球时身体需要有一些倾斜，支撑腿本身离球较远，如果腿打直则容易失去平衡。同时，支撑腿微曲也更有助于用脚正确的部位（正脚背与脚外侧交汇的地方）触球。脚踝绷紧锁死，击球时大腿带动小腿爆发式前摆，摆腿的方向不通过球心，沿弧线前摆，使球侧旋沿弧线运行。脚尖稍微内收，将胸

图 1-142

图 1-143

图 1-144

图 1-145

部置于球上，这样可以压住皮球，防止球高飞出横梁。同时身体前倾，球踢出以后，脚要跟着有一个随球动作，向着目标的方向顺势向前，自然的将支撑脚落地后再将踢球脚落地。

E　脚尖踢球（图 1-146~图 1-149）

脚尖踢球是一种用脚尖部位接触球的方法，由于脚尖踢球时出球异常迅速，雨天场地泥泞时多使用这种踢法。这种方法可以借助踢球腿的最大长度，踢那些距离身体较远的用正常脚法无法踢到的球。脚尖踢球的技术动作要领为：用支撑腿跳跃上步，踢球腿屈膝前跨，髋关节尽量前送，两肘上摆协助身体向前，小腿前伸，在踢球脚落地前用脚尖捅球的后中部。

如果用脚弓推球，要先将腿部向外翻，让脚弓对准球的中部。用脚背踢球要摆动大腿，这样都会废掉一些时间，而利用脚尖踢球，则省去了许多踢球前的身体准备环节，只需要快速的摆动小腿就可以，加快出球的速度，为进攻赢得时间。

图 1-146

图 1-147

图 1-148

图 1-149

F　脚跟踢球（图 1-150~图 1-153）

脚跟踢球是用脚跟（跟骨的后面）接触球的一种踢球方法。脚跟踢球的技术动作要领为：球在支撑脚外侧时，踢球脚在支撑脚前面交叉摆到支撑脚外侧用脚跟击球。球在支撑脚内侧时，踢球脚后摆用脚跟踢球。由于人体结构的特点，决定了这种踢球方法（大腿微伸小腿屈）产生的力量小，但其出球方向向后，故有隐蔽性和突然性。

图 1-150

图 1-151

图 1-152

图 1-153

1.2.2.3 易犯错误

A 踢定位球

（1）支撑脚位置偏后，踢球时身体后仰或臀部后坐，脚触在球的后下部，踢出球偏高。

（2）踢球腿的后摆较小或没有后摆，而仅是将球踢出以致前摆过分，造成踢球无力或出球较高。

（3）在前摆过程中小腿爆发式的摆动过早，脚出球时并非是小腿摆速最大之时，因而出球无力（对出球方向也有影响）。

（4）踢球腿摆动方向不正，以致踢球施力方向没通过球的重心，出球旋转。

（5）脚趾屈得不够，以致不能用脚的正确部位触球，出球力量和方向均受到影响，且易损伤脚趾。

（6）踢球脚与球接触时未能按要求接触球的合理部位，影响了出球的准确性，对出球力量及性质也相应产生影响。

B 踢地滚球

（1）支撑脚站位不当，没有根据来球的方向、速度、性能等选择支撑脚的位置，也没有对自己踢球腿的摆动速度加以控制。

（2）没有根据来球的方向和速度合理选择助跑路线和脚法。

C 踢空中球

（1）支撑脚位置或摆击球时间不当，出现踢空现象。

（2）踢球的部位不准，出球偏离预定目标。

D 踢旋转球

（1）削球太“薄”，出球乏力。

（2）削球太“厚”，球的转速差，弧度小。

（3）踢球时不会做沿球面弧形摆动，影响球的旋转效果。

1.2.2.4 练习方法示例

（1）各种踢球技术动作的模仿练习。在地面设想有一目标（足球），跨步上前做踢球动作，然后过渡到几步慢速助跑的踢球模仿动作练习，最后可做快速助跑踢球的模仿动作练习。练习中应注意有设想球，尤其注意设想触球一瞬间踢球脚踝关节的固定和脚背绷紧。

（2）一人用脚底挡球，另一人踢球。此方法应注意踢球腿摆动与触球部位的正确与否，同时还要检查其支撑阶段的状况。

（3）距足球墙 5m 左右进行踢球技术练习。此种方法主要强调小腿的摆动（但仍是以大腿带动小腿进行摆动，只是由于距离墙近用力较小）、脚与球接触面、支撑环节是否正确。练习一段时间后，可将距离加到 25m 左右，再进行中等力量的练习，此时大腿的摆动更应引起重视。当踢静止球有一定基础后，可逐步增加踢个人控制的活动球及球墙所碰回来的活动球。利用足球墙进行各种踢球技术练习时，一般都应从静止到活动，从注意技术环节的正确与否到要求踢向预定的目标。

（4）利用足球墙和标杆做踢旋转球的练习。可将标杆插在踢球者与墙之间，标杆与人及墙的距离视需要而定，开始可大些，当技术掌握后再逐步缩小。各种旋转球的练习都可以利用足球墙进行，尤其对初学者，使用足球墙既可充分利用练习时间增加练习次数，又能使练习者较好地集中注意力，掌握技术规格。对于要求提高技术的练习者，足球墙同样也是一个有力的帮手。

（5）各种脚法的两人练习。不论是传球还是射门练习，都可两人进行，若两人练习踢定位球，则辅以接球练习；若进行活动球练习，则可相隔一定的距离进行不停顿的连续传球练习。两人进行射门练习时，可采取一人传球一人射门。而传球，可根据需要传出各种性能和各种类型的球供射门练习。另外，两人一组的练习还可以进行有对抗的传射练习。

1.2.3 接球

接球是指运动员有目的地用身体的合理部位把运行中的球接下来，将其控制在所需要的范围内，以便更好地衔接下一个技术动作。接球是为下一个动作服务的，接球质量的好坏直接影响下一个动作是否顺利完成。比赛中来球性质状态不同，所以接球应根据不同情况，采用不同的动作方法。

1.2.3.1 技术动作结构分析

无论采用哪一种接球方法，动作结构都是由以下 4 个环节组成：

（1）观察和移动。为了更好地完成接球动作，事先要注意观察来球的情况。从球的运行路线、球的旋转与速度等情况中，迅速判断落点，及时移动，使自己能处于做接球动作时所需要的最佳位置。

（2）选择接球的部位和接球方法。接球的不同部位和采用不同的方法，各有其不同的作用，因此，必须根据临场情况及下一步动作的需要，恰当地选择接球的部位与接球方法。

（3）改变来球的力量。根据来球力量大小和接球实际需要，可分别采取加力或减力（缓冲）方法。根据来球力量的方向和接球实际需要，还可按照反射定律调整入射角，获取理想的反射角。

（4）随球移动。接球动作一做完立即随球移动，紧密衔接下一个动作，在接球与处理球的动作之间不能有停顿。

1.2.3.2 技术动作要领

A 脚内侧接球

（1）脚内侧接地滚球（图 1-154~图 1-157）。脚内侧接地滚球的技术动作要领为：支撑脚脚尖正对来球，膝关节微屈，同侧肩正对来球。接球腿提膝大腿外展，脚尖微翘，脚底基本与地面平行，脚内侧正对来球并前迎，当脚内侧与球接触的一刹那迅速后撤，把球接在脚下。当来球力量不大时，只需将脚提到一定的高度，并使脚内侧与地面形成锐角轻触球。也可在触球时用下切动作使球前进之力部分转变为旋转力，而将球接在脚下。

图 1-154

图 1-155

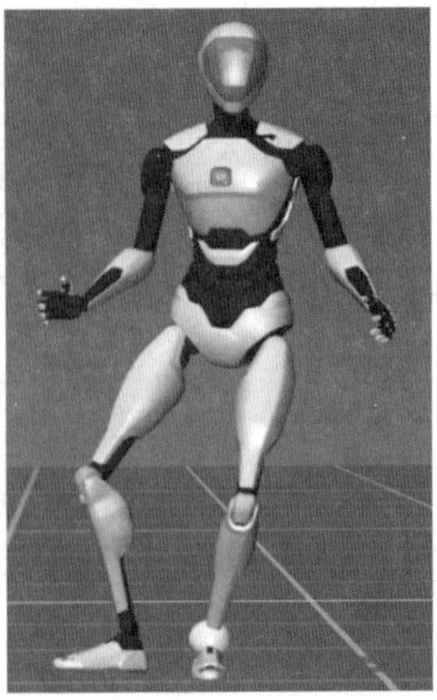
图 1-156

图 1-157

（2）脚内侧接反弹球（图 1-158～图 1-161）。脚内侧接反弹球的技术动作要点为：根据来球的落点，及时移动到位，支撑脚在球落点的侧后方，支撑腿膝关节微屈，身体向接球后球运行的方向偏移。接球腿提起且小腿放松，脚尖微翘，脚内侧对着接球后球运行的方向并与地面成一锐角，当球落地反弹刚离地面时，大腿向接球后球运行的方向摆动，用脚内侧部位轻推球的中上部。用这种方法接球时，也可在触球时使球产生旋转以达到接好球的目的，但应注意球的旋转并及时加以调整。

图 1-158

图 1-159

图 1-160

图 1-161

（3）脚内侧接空中球（图 1-162～图 1-165）。脚内侧接空中球的技术动作要领为：根据来球的速度及运行轨迹，及时移动到位。若为抛物线较小的平空球则应根据临场的实际情况选择适当高度的接球点，将接球腿抬起，使脚内侧部位对准来球的方向并前迎，脚在接触球的瞬间后撤，并将球接在所需的位置上。

B　脚背外侧接球

（1）脚背外侧接地滚球（图 1-166～图 1-169）。脚背外侧接地滚球的技术动作要领为：将接球点放在接球腿一侧，支撑腿膝关节微屈。接球腿提起屈膝，脚内翻使小腿和脚背外侧与地面成锐角，并对着接球后球运行的方向，脚离地面的高度应略等于球的半径，然后大腿向接球后球运行的方向推送，同时身体随球移动。

图 1-162

图 1-163

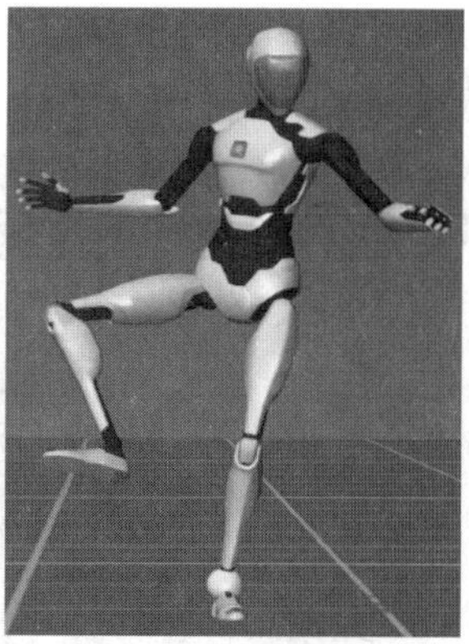

图 1-164

图 1-165

图 1-166

图 1-167

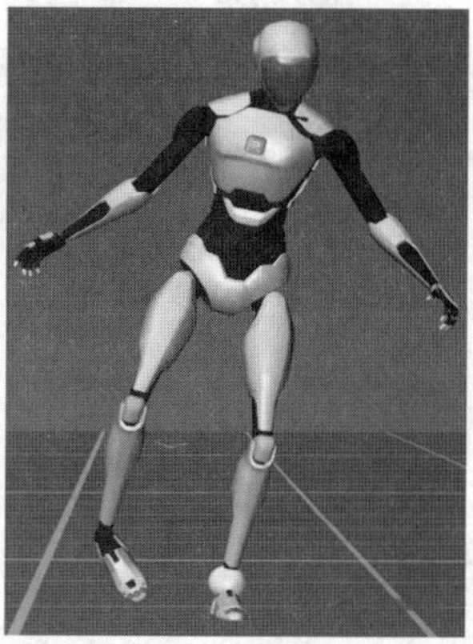

图 1-168

图 1-169

（2）脚背外侧接反弹球（图 1-170~图 1-173）。脚背外侧接反弹球的技术动作要领为：根据来球的落点及时移动到位，支撑脚站在来球落点的侧后方，接球腿提起屈膝，脚内翻使小腿和脚背外侧与地面成锐角，并对着接球后球运行的方向，脚离地面的高度应略等于球的半径，然后大腿向接球后球运行的方向推送，同时身体随球移动。

图 1-170

图 1-171

图 1-172

图 1-173

C 脚背正面接球（图 1-174~图 1-177）

脚背正面接球多用于接有较大抛物线的来球。

脚背正面接球的技术动作要领为：根据球的落点及时移动到位，脚背正面上迎下落的球，当球与脚面接触的一瞬间，接球脚与球下落的速度同步下撤，此时大腿膝关节、踝关节、脚趾均保持适度的紧张，脚尖微翘将球接到需要的地方。

图 1-174

图 1-175

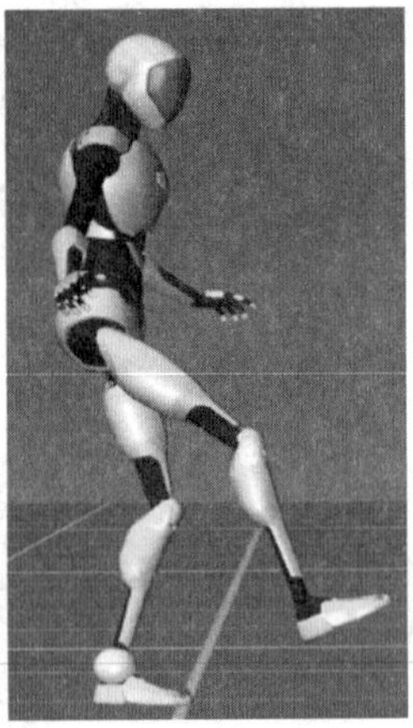
图 1-176

图 1-177

D 脚底接球

（1）脚底接地滚球（图 1-178~图 1-181）。脚底接球的技术动作要领为：身体正对来球方向，移动前迎，支撑脚站在球的侧面（或前或后均可），脚尖正对来球方向，膝关节微屈。同时接球腿提起，膝关节微屈，脚背略屈，使脚底与地面成约小于 45°角（且脚跟离开地面），一般以前脚掌接触球的上部为宜。在触球瞬间接球脚可轻微跖屈（前脚掌下点）将球停住，也可根据需要在接球同时将球推向前方或拉向身后。

图 1-178

图 1-179

图 1-180

图 1-181

（2）脚底接反弹球（图 1-182~图 1-185）。脚底正面接反弹球的技术动作要领为：根据来球落点，及时前移迎球，支撑脚站在落点侧后方，脚尖正对来球方向，球落地瞬问，用前脚掌去触球的中上部，微屈膝，用脚掌将球接在体前。若需接在身后则应在触球瞬间继续屈膝，将球回拉，并伴随支撑脚以前脚掌为轴旋转 90°以上。

图 1-182

图 1-183

图 1-184

图 1-185

E　大腿接球

（1）大腿接高空球（图 1-186～图 1-189）。大腿接高空球的技术动作要领为：面对来球方向，根据球的落点迅速移动到位，接球腿大腿抬起，当球与大腿接触的瞬间，用大腿的正中部位接球，大腿下撤将球接到需要的位置上。

图 1-186

图 1-187

图 1-188

图 1-189

（2）大腿接低平球（图 1-190～图 1-193）。大腿接低平球的技术动作要领为：面对来球方向，根据来球高度，接球腿大腿微屈，送髋前迎来球，当球与大腿接触瞬间收撤大腿，使球落在所需要的位置上。

图 1-190

图 1-191

图 1-192

图 1-193

F　腹部接球

（1）腹部接反弹球（图 1-194～图 1-197）。腹部接反弹球的技术动作要领为：接球者的身体正对来球方向跑动，判断好球的落点，身体前倾，腹部对准落地反弹的球，腹直肌保持紧张，推压球前进。也可在触球瞬间身体侧转，将球接向所需要的侧面。

图 1-194

图 1-195

图 1-196

图 1-197

（2）腹部接平空球（图 1-198～图 1-201）。腹部接球一般用于接来球较突然且与腹部同高的球，腹部接球的技术动作要领为：双脚开立，膝盖微曲，髋关节微曲，先挺腹，在腹与球接触瞬间迅速含胸收腹，身体前倾，将球接下，停至想要控球的位置。

图 1-198

图 1-199

图 1-200

图 1-201

G 胸部接球

（1）挺胸式接球（图 1-202～图 1-205）。胸部接球是指运动员运用胸部，将运行中的球有目的地接控在所需位置上的动作方法，是运动员获得球的重要手段。胸部接球技术的特点是触球点高、面积大，适用于接胸部以上的高空球。

挺胸式接球的技术动作要领为：面对来球站立（两脚左右或前后开立），两膝微屈，重心置于两脚之上，上体后仰，下颌微收，两臂自然张开，维持身体平衡。接触球瞬间，两脚蹬地，膝关节伸直用胸部轻托球的下部使球微微弹起于胸前上方。挺胸式接球的其他形式有跳起和蹲跪式。跳起和蹲跪的技术要领同挺胸式接球一样，只是在接球前做跳起或蹲跪的动作。

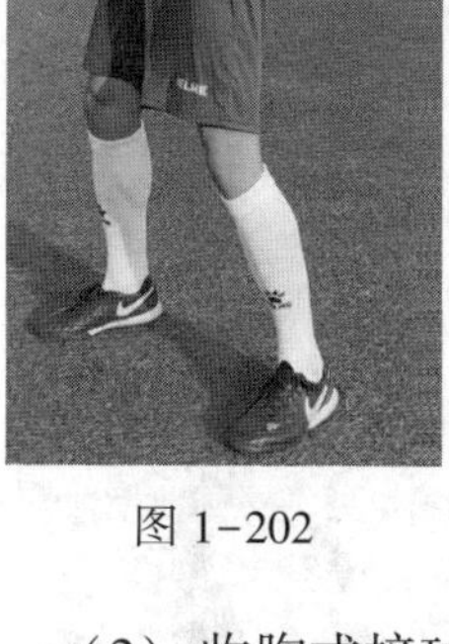
图 1-202

图 1-203

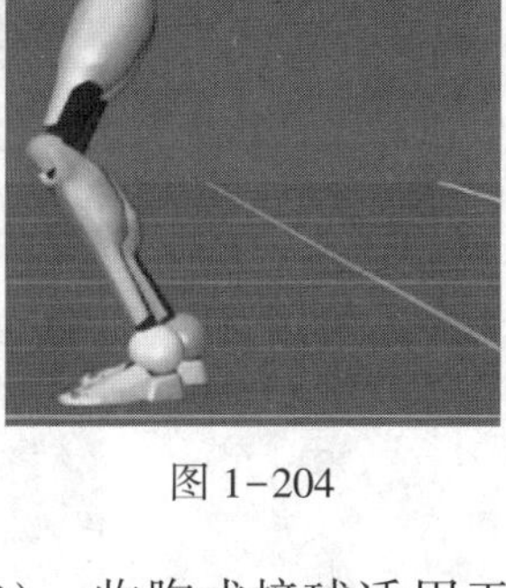
图 1-204

图 1-205

（2）收胸式接球（图 1-206～图 1-209）。收胸式接球适用于接齐胸的平直球。收胸接球与挺胸接球的动作差异在于触球刹那。当球接近时，将手臂向后放并张开胸部。当球触胸瞬间，迅速收腹、缩胸，缓冲来球的力量，使球落于体前。

图 1-206

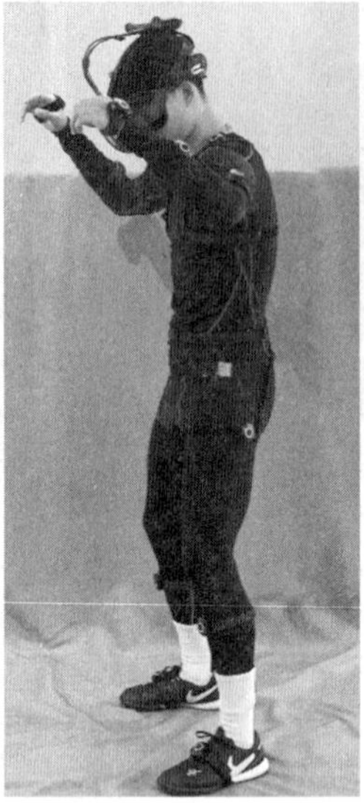
图 1-207

图 1-208

图 1-209

胸部接球的触点高，接球后下落反弹。因此，做完胸部动作后，需要及时将球控制在脚下。如果要将球接向身体两侧时，在触球的刹那要突然转动身体，带动球变向。

收胸式接球多用于接齐胸高的平直球。收胸式接球的技术动作要领为：面对来球，两脚左右或前后开立，两臂自然张开，挺胸迎球，触球瞬间收胸、收腹、臀部后移将球接在体前。若需将球接在体侧时，则触球瞬间转体将球接在转体后相应的一侧。

H　头部接球（图 1-210~图 1-213）

头部接球的技术动作要领为：根据球的运行路线，脚步灵活调整，寻找落点。面对来球，用前额正面接触球的中下部，下颌微抬，两臂自然张开，提踵伸膝，触球瞬间全脚掌着地，屈膝、塌腰、缩颈，全身保持上述姿势下撤将球接在附近。

图 1-210

图 1-211

图 1-212

图 1-213

1.2.3.3 易犯错误

A 接地滚球

(1) 球从脚下漏过。主要原因是未掌握好脚的触球部位距离地面的高度。

(2) 接球时将球卡死在接球地点（本想接成活动球），触球的部位过高（接近球的直径）。

(3) 接球后，球未能达到理想的位置，缓冲、加力或触球时所形成的反射角不当。

(4) 接球后身体不能及时跟上，影响控制球。

B 接反弹球

(1) 球从脚下漏过，未能准确判断球的落点和从地面反弹的路线。

(2) 接球时将球卡在触球点，影响下一个动作的衔接。

(3) 未能将球接在理想的位置上。

C 接空中球

(1) 对球在空中运行的速度与轨迹判断不准确——或迟或早、或高或低而造成漏接。

(2) 未能将球接到理想的位置。

D 接旋转球时

(1) 对运行中旋转球速度轨迹判断不准确，造成接球时间和接球点选择失误。

(2) 接触球时未考虑旋转球的特点，完全按不旋转球的技术处理，或者对旋转球的转速估计不准确，造成接球力量和方向的错误，不能将球接到理想的位置上。

1.2.3.4 练习方法示例

A 个人接球技术练习

(1) 利用足球墙进行练习。采用足球墙练习各种方法接地滚球。由开始原地接逐渐过渡到迎上去接，或开始接在脚下。逐渐过渡到接所设想的适宜的位置上去。根据需要可加大踢球力量，提高反弹球速，增加接球难度。另外，也可练习接反弹球与空中球，但利用足球墙进行接旋转球的练习效果不佳。

(2) 个人将球踢高，然后进行接反弹球的各种练习（用手抛起后再进行练习也可以）。

B 多人接球技术练习

(1) 正面接地滚球。两人对面站立，相距 10m 左右，一人踢地滚球，另一人迎上去接球。

(2) 两人在跑动中进行传接球练习。两人一组使用一球，在一定范围内跑动中练习，要求接球时尽量使用多种方法。传球时可传出各种性质的球，距离近时以地滚球为主，距离远时以空中球为主，以提高接球能力。

(3) 两人一组对面站立，相距 5m 左右，一人用手抛球，一人接各种空中球（如大腿、腹部、胸部、头部），可逐渐加大距离、加大力量（或增加旋转）以适应各种变化的来球。

(4) 3 人一组进行接球转身的练习，每人相距 10m 站成一条直线，甲传球给中间的乙（正对接球人传，或传到接球人附近），乙迎上来接球转身，传给另一端的丙，丙迎上接球然后再回传给乙，乙接球转身传给甲，如此循环往复。中间位置的人可轮流交换。也可采用这种方法练习接反弹球与空中球，并要适当的加大距离。这种形式也可用来交叉练习接地滚球、反弹球与空中球，若甲传给距离 20m 外的丙（越过乙的头顶），丙就可以练习接反弹球与空中球，再传地滚球给乙，乙练习接地滚球转身后再传给甲，甲接地滚球后再传给乙。乙的位置可轮流交换，丙、乙位置和传出的球也可变换。

1.2.4 运球

运球技术从狭义上讲，仅是指运球的方法，即指用身体的某一部分触球，使球能随运球者一起运动；从广义上看则不仅让球随人运动还必须越过对方的防守，也就是说如何使用这些运球方法达到越过对方防守的目的。这里包含了运球方法的运用问题。

1.2.4.1 技术动作结构分析

运球技术动作通常是由运球方法的选择与准备、跑动中间断触球、为下一动作的连接做好准备 3 个环节组成。

（1）运球方法的选择与准备。这一环节根据临场情况瞬间做出，而且随时根据需要改变运球方法，所以这一环节仅仅指开始实施运球技术时应进行的。

（2）跑动中间断触球。这一环节是运球技术的最关键部分，当开始实施运球技术后，应根据临场情况的需要使用适宜部位去间断触球，并使球始终处在自己的控制范围内，为了达到这个目的，必须注意如何避开（或越过）对手，注意触球时的力量及球运动的方向。运球跑动要自然、重心低、步幅小、频率快。这些要求是根据比赛的实际提出的。协调自然的跑动能使得动作自如，变向、变速较易进行。重心低便于突停突起、变换方向，而且不易在对抗中失去平衡。频率快是为了利于动作随时变换，并能随时触到球以保持对球的控制权。运球过程中眼睛不要只注视在球上而应注意周围情况，这样才能在临场情况发生突然变化时迅速采取措施，并将球控制到所需要的位置上去。

（3）为下一动作的连接做好准备。这里主要是指运球的任务已经结束，接着需要传球和射门时，球所处的最佳位置，以及身体应处于何种状态更有利于下一个动作。这就需要在运球即将结束时迅速做好上述准备，这种准备应是在运球过程中自然协调地进行，从而使得运球与传球（射门）一气呵成。

1.2.4.2 技术动作要领

A 脚内侧运球（图 1-214~图 1-217）

脚内侧运球的技术动作要领为：在运球前进时支撑脚始终领先于球，位于球的侧前方，肩部指向运球方向，支撑腿膝关节微屈，重心放在支撑腿上，另一条腿提起屈膝，用脚内侧推球前进，随后运球脚顺势着地。

B 脚背正面运球（图 1-218~图 1-221）

脚背正面运球的技术动作要领为：运球时身体持正常跑动姿势，上体稍前倾，步幅不宜过大，运球脚提起，膝关节稍屈，髋关节前送，提踵，脚尖下指，在着地前用脚背正面部位触球后中部将球推送前进。

图 1-214

图 1-215

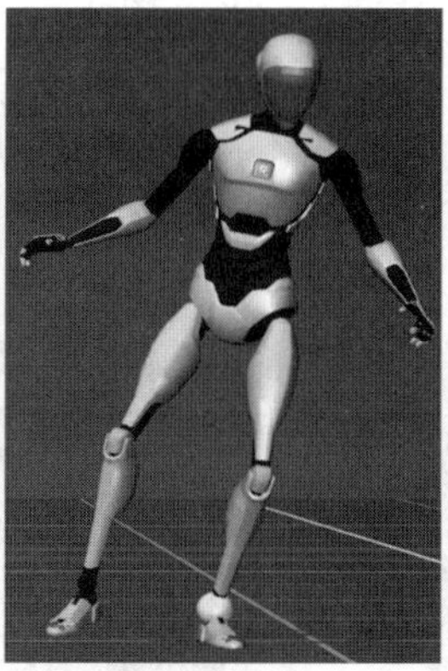
图 1-216

图 1-217

图 1-218

图 1-219

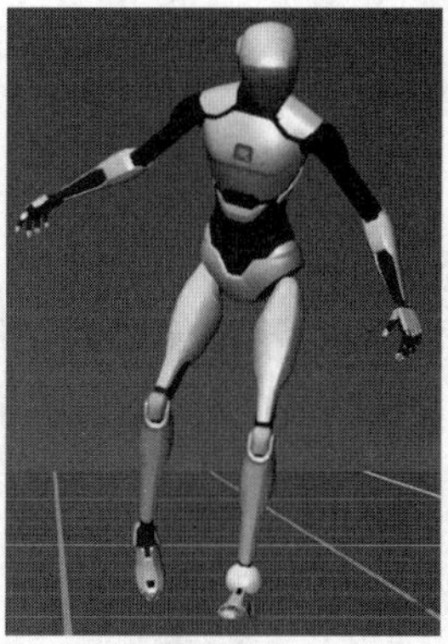
图 1-220

图 1-221

C 脚背外侧运球（图 1-222~图 1-225）

脚背外侧运球的技术动作要领为：运球时身体持正常跑动姿势，上体稍前倾，步幅不宜过大，运球腿提起，膝关节稍屈，髋关节前送，提踵，脚尖绕矢状轴向内旋转，使脚背外侧正对运球方向，在运球脚落地前用脚背外侧推拨球的后中部。

图 1-222

图 1-223

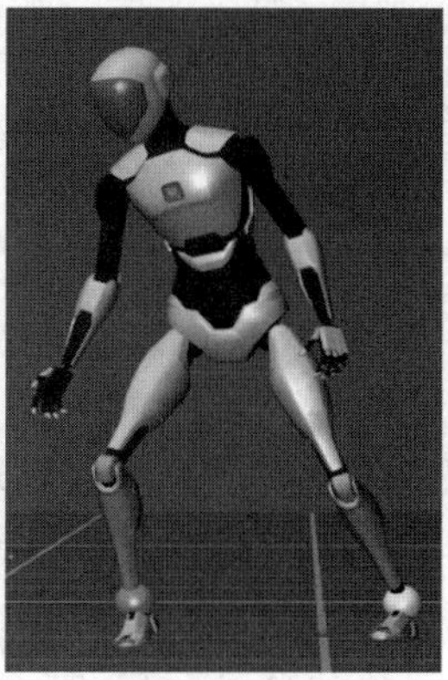
图 1-224

图 1-225

D　脚背内侧运球（图 1-226~图 1-229）

脚背内侧运球的技术动作要领为：身体稍侧转并自然协调放松，步幅小，上体前倾，运球腿提起外展，膝微屈外转，提踵，脚尖外转，使脚背内侧正对运球方向，在运球脚落地前用脚背内侧推拨球，使球随身体前进。

图 1-226

图 1-227

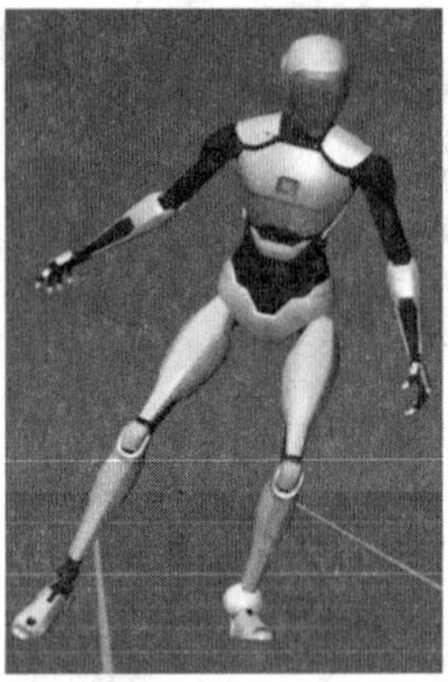
图 1-228

图 1-229

E　拨球（图 1-230~图 1-233）

拨球的技术动作要领为：利用脚踝关节向侧的转动，以达到用脚背内侧或脚背外侧触球，将球拨向身体的侧前方、侧方、侧后方的目的。

图 1-230

图 1-231

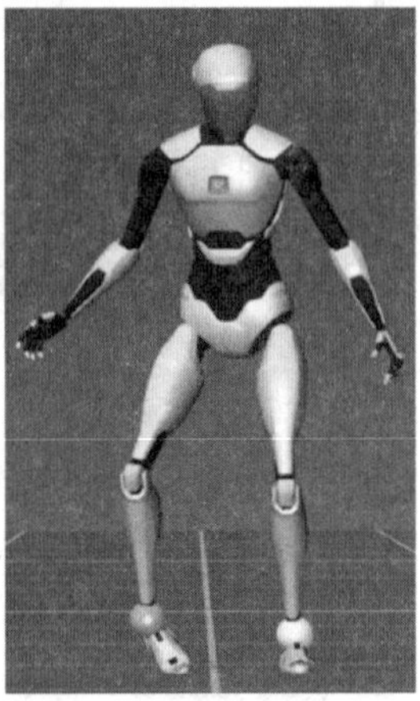
图 1-232

图 1-233

F　拉球（图 1-234~图 1-237）

拉球是指用前脚掌触压球，并向某一方向拉动的动作方法。拉球到位后，通常要连接一个推拨动作，使其球离开原地。拉球在足球比赛中常用于过人变向前或传球射门前的准备动作，特点是动作幅度小，易于掌控。

拉球的技术动作要领为：支撑脚踏在球的侧后方，双臂自然张开维持身体平衡（也用于和对方队员进行身体对抗保护球权），支撑腿膝盖微曲，身体稍微前倾，重心偏向支撑腿，利用触球脚的前脚掌触及球的上部或侧上部，然后触球脚向后下方用力将球拉回。面对来球方向，用前脚掌触压足球，脚掌压球不要太紧，以免拉动不灵活。髋关节转动要明显，才能使拉球变向明显。

图 1-234

图 1-235

图 1-236

图 1-237

G 扣球（图 1-238~图 1-241）

扣球是通过突然转身或急停，使对手在来不及调整重心的瞬间，从反方向推送球越过对手的技术动作。扣球的技术动作要领为：向前运球时，在距离防守队员 1~2m 处向突破的反方向晃动上身，达到欺骗防守队员的目的，随即利用运球脚迅速蹬地，同时在经过球的瞬间利用脚背内侧扣击球的侧方，达到变向的目的。

图 1-238

图 1-239

图 1-240

图 1-241

H 挑球（图 1-242~图 1-245）

挑球的技术动作要领为：支撑脚立于球的侧后方 20cm 处，支撑腿膝盖微曲，触球部位从脚尖过渡到正脚面，脚尖触球的下部，当球滑至脚面后，将球迅速上提并突然向上方挑起，在对手来不及实施挡球动作时球已越过，运球者随球迅速跟进。注意球一般不要挑得太高。

1.2.4.3 运球过人方法

前面所述仅是运球的基本方法，掌握了这些基本方法后，在无对手阻拦时可以将球控制在自己的周围。但若遇对手阻挡时要想越过对手的阻拦，必须恰当地综合使用这些方法，抓住对手瞬间出现的漏洞，达到越过对手的目的。

图 1-242

图 1-243

图 1-244

图 1-245

（1）利用速度强行过人。持球者以突然的快速推拨球（力量较大）并与快速的奔跑相结合越过对手的阻拦。使用这种方法必须具备以下几个条件：对手身后的较大纵深内无其他的防守者，或其他防守者难以补位，或持球者高速运球。对手跑上来准备抢球，或持球者与防守者僵持时持球者突然推拨球起动，这种方法主要是利用自己的起动速度或抓住对手突停突起、突然起动时所误的时间。

（2）利用身体的掩护强行过人。当持球者接近对手时双方速度减慢，持球者侧身用身体靠住对手以另一侧脚将球拨出，同时转身将对手倚在身后并随球越过对手。这种方法一是要求持球队员有能力倚住对手而不被对方挤开；二是将球控制在远离对手一侧，对手伸脚时不能触及球；三是在抵住对手时不可将重心偏离支撑面，否则一旦对手闪开时自己也将失去平衡。

（3）利用变速运球过人。对手在持球者侧面，持球者用另一侧脚运球，利用运球速度的变化达到甩掉对手或越过对手的目的。这种方法主要针对防守者是被动的，容易被运球者甩掉，达到过人的目的。有时则采用突停突起甩掉对手，运球者必须能很好地控制球与自己的身体，做到球随人来，人随球走，才能达到过人的目的。

（4）恰当地组合推、拨、挑、扣、拉、颠等动作过人。以单脚或双脚轮流选用上述动作，使组合起来的动作适时地改变运球的方向与速度，使对手难于判断过人的方向与时机，或造成对手重心出现错误的移动，运球者抓住其漏洞而越过对手。

（5）利用穿裆球过人。当运球者遇到对手从正面阻拦时，发现对手两脚开立较大，而且重心在两脚之间，运球者应侧身运球接近对手，抓住时机将球从对手两脚之间推（拨）过，身体也随着从防守者侧面越过并控制球。这种过人的方法有时可以收到奇效，因为一般防守运球队员多把注意力放在防止运球者从身体侧面越过，加之防守者使用左右开立的站法，脚下站得较死，转身比较困难，妨碍了转身、起动的速度。而当防守者两腿左右开立并不大时，可以用假动作引诱防守者使其两腿分开较大，然后再使球穿裆而过。

（6）人球分路过人。这种方法主要是利用防守者注意力集中在球上，并认为可以触到球的心理，达到过人的目的。因此当防守者出脚抢球时，运球者抢先将球推（拨）到前方，而防守者的抢球脚未触到球着地时，身体重心也移过来了，这时运球者迅速从防守的另一侧越过去控制球，防守者再转身起动很难追上。若在推球时使用蹭的方法，出弧线球时就更有利于运球者越过防守者后控制球。

（7）运球假动作过人。这种方法是运球者利用腿部、身体的晃动使对手产生错觉，在对手做抢球动作时，使其重心产生错误的移动，运球者则抓住时机从另一方向越过对手。比赛中运球过人的方法很多，只有熟练地掌握上述各种运球方法和动作，并注意掌握下列诸因素，才能在比赛中较有把握地完成运球过人。

1）注意观察对手所处的位置，然后再决定自己所采取的过人方法。运球者应根据临场防守者所处的位置及状态来决定自己应采取的过人方法。例如，当运球者高速运球接近对手时，若对手快速迎上来抢球，就可以利用速度强行过人。

2）掌握好过人时机。过人的时机要根据临场防守者的情况而定。如运球行进速度很快时，则应离对手距离移近些再实施过人动作，否则对手将有时间转身起动将球追上。用假动作过人时，应善于利用对手因判断错误而造成重心移动的时机实施过人动作，这样对手再调整重心时为时过晚。

3）掌握好过人时的距离。除利用速度强行过人外，其他方法都应是在距离对手一大步的地方并应大于运球者与球的距离，对手勉强可以触到球，但不会先于运球者触及球。另外，这样的距离也便于运球者在做出动作使防守者重心发生错误移动时越过对手，而对手则难于再进行成功的回追抢截。

1.2.4.4 易犯错误

（1）眼睛只盯着球不能随时观察周围情况，因而不能根据临场情况及早采取措施。

（2）身体僵硬影响了动作的协调自如，造成不恰当的触球或触球时力量过大。

（3）运球技术运用不合理造成脚尖捅球。

（4）运球时步幅过大重心偏高，不能随心所欲地触球控球。

（5）由于触球部位不恰当，运球时球不能按照运球者的意图运行。

1.2.4.5 练习方法示例

（1）在慢跑中分别用单脚脚内侧运球、脚背正面运球、脚背外侧运球，运球方向沿直线进行。

（2）在慢跑中沿弧线运球。用脚内侧、脚背内侧、脚背外侧沿中圈线做顺时针、逆时针运球练习。

（3）慢跑中单脚交替用脚背内侧和脚背外侧运球，沿折线运行。

（4）在慢跑中双脚交替用脚背内侧运球，沿折线运行。

（5）拨球练习。在一定范围内自由运球，按手势用一只脚做支撑，另一只脚用脚背内侧或外侧拨球，绕支撑脚做圆周运球，两脚轮流练习。

（6）拉球练习。在一定范围内自由运球，听哨音后用一只脚做支撑脚，另一只脚用脚前掌触球顶部，拉球绕支撑脚做圆圈运动，一步一步拉球。

（7）拉球转身180°运球练习。在一定范围内自由运球，听哨音后用一只脚支撑，另一只脚拉球至身后，沿拉球脚一方转体 180°继续运球。

（8）扣球转身变向运球练习。在一定范围内自由运球，听哨音后用一只脚支撑，一脚用脚背内侧做扣球，使球改变方向应在 90°以上，身体随其转动，沿改变后的方向继续运球。

（9）单脚交替后拉球转体 180°练习。如先用左脚支撑，右脚拉球向后转体 180°，右脚迅速着地做支撑，左脚踏在球顶部，如此交替进行。

（10）运球绕杆练习。队员成一路纵队，第一人依次过杆后传球给后人，后人重复第一人的动作，依次进行。若每人一球则可在前一人运球后，次一人即开始，依次运球绕杆到排尾。

（11）运球中扣球变向 180°再运球练习。练习者成一路纵队，第一人向标杆运球，越过标杆后扣球急停转身 180°，然后从标杆另一侧运球返回，在返回时第二人可开始运球。

（12）抬头运球练习。队员站在教练员对面成一列横队（或不成队形），相距 15m 以外。教练员给手势后，队员按教练员手势所指方向运球前进，队员要随时注意教练员不断变换的方向和不断变化的位置。

（13）扣拨组合练习。每人一球沿折线向前运球，运球中用右脚脚背内侧扣球，扣球后用右脚支撑，接着左脚脚背外侧立即向斜前方拨球，可继续运两步球（或不运球），然后右脚支撑，左脚脚背内侧向右斜前方扣球后成左脚支撑，接着用右脚脚背外侧向斜前方推拨球，依次进行。进行这种练习应注意扣球方向能保证运球路线沿折线行进，扣球变向的角度不可太大，扣球后另一只脚应立即用脚背外侧拨球。

（14）扣推组合练习。运球中，右脚脚背内侧侧向（或侧后向）扣球，左脚脚内侧推直线球。依次交替进行。

（15）拉、推（拨）组合练习。用右脚将身前的球拉到身后，接着用脚内侧（或脚背外侧）向同侧斜前方推（拨）出，跟上后继续运球，重复上述动作，两脚轮流进行。

（16）练习同上。推球时用脚内侧由支撑脚的后面向异侧将球推出，身体跟上后再运球，并用相同的方法，用另一只脚做相同的练习。

（17）假动作过人练习。

1）右（左）跨、左（右）拨练习。直线运球过程中，右腿从球的上方跨过，着地后变支撑脚接着用左脚脚背外侧向左侧前方拨球。

2）左（右）晃右（左）拨练习。运球中上体向左（右）晃动，同时用右（左）脚脚背外侧向右（左）拨球，身体跟上。

1.2.5 抢截球

抢截球技术是指运动员在规则允许的范围内，使用身体的合理部位将对手的控球权夺过来或破坏掉。

1.2.5.1 技术动作结构分析

抢截球技术的动作结构是由选位、抓住时机实施抢截动作、实施抢截动作后与下一动作紧密衔接 3 个环节组成。

（1）选位包括对对方控制球情况和接应队员情况的观察以及对对方意图的分析判断。根据观察、分析和判断，及时移动到实施抢截球最有利的位置上，这一环节虽短暂，但它是成功地实施抢截球的先决条件，不具备这些条件，抢截球则是盲目的。有时为了抢截成功，在条件允许情况下，可以拖长这一环节的时间和过程，甚至引诱控球队员做出错误的决定，以达到抢截球的成功。

（2）抓住时机，果断实施动作。在实施动作时，时机是最重要的因素，过迟过早都会影响抢截的效果，甚至造成失败。一般说，抢截的时机可分为两种：一是对个人控球企图越过防守时的抢截时机，这种情况多是在控球者做触球动作后，触球脚即将落地或重心已移至即将落地的触球脚时实施抢截动作，此时持球者已无法再改变球的运球路线。另一种为对方传接球过程中的抢截时机，这种时机都是在对方将球传出后未被同伴接到前，抢先出击截获或触及球。时机的选择与选位直接有关，而使用的抢截动作又与时机的选择有密切的关系。

（3）在实施抢截动作后，应迅速使身体恢复到下一个动作所需要的状态和位置。抢截技术需要在不同情况下使用不同的抢截动作，有时在实施抢截动作时身体会呈现各种状态，可能不利于下一个动作的连接（例如倒地铲球后身体已失去正常状态），为保证与下一动作的紧密连接，应使身体恢复到所需要的状态和位置。

1.2.5.2 技术动作要领

A 正面跨步堵抢（图 1-246~图 1-249）

正面跨步堵抢的技术动作要领为：抢球者两脚前后开立，迎着运球者而站，两膝微屈，身体重心下降并置于两脚间，当运球者与抢球者间的距离缩小到一定范围（即抢球者上前跨一大步可能触及球），运球者脚触球后即将落地或刚刚落地时，抢球者后脚用力蹬地并跨步向前，以脚内侧去堵截球，当已堵住球时，另一只脚应迅速上步。若抢球脚堵住球，对手也堵住球时，则抢球者应将另一只脚迅速前移做支撑脚，抢球脚在不脱离球的情况下迅速向上提拉，使球从对手脚面滚过，身体重心也迅速跟上并将球控制好。

图 1-246

图 1-247

图 1-248

图 1-249

B 合理冲撞抢球（图 1-250~图 1-253）

合理冲撞抢球的技术动作要领为：当防守者并肩与运球者跑动追球时，防守者重心稍下降，靠近对手一侧的手臂紧贴身体，利用对方同侧脚离地的过程，用肘关节以上部位适当冲撞对手同样部位，使对手身体失去平衡，乘机将球控制住。

图 1-250

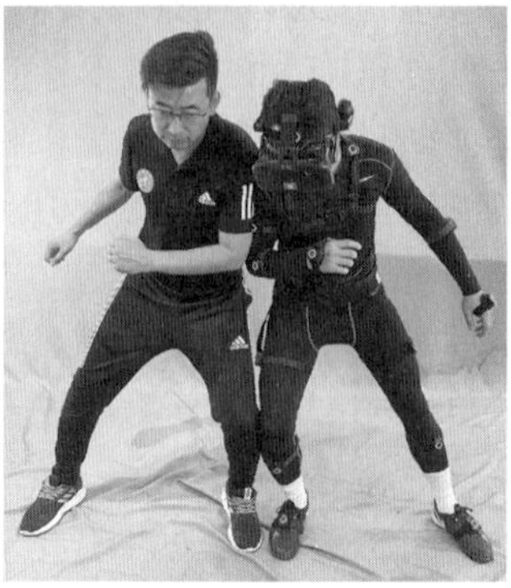

图 1-251

图 1-252

图 1-253

C　正面铲球（图 1-254～图 1-257）

铲球是足球运动抢截球的一种，是利用倒地时脚或腿的伸、扫、蹬、勾等动作进行抢截或控球、传球、射门的技术。一般在来不及用其他方法触及球时采用，具有快速、突然的特点。

正面铲球的技术动作要领为：迅速移动接近控球者，膝关节微屈，重心下降，当控球者触球脚触球后尚未落地时，抢球者双脚沿地面向球滑铲，随即用手扶地做向一侧的翻滚，并尽快起身。

图 1-254

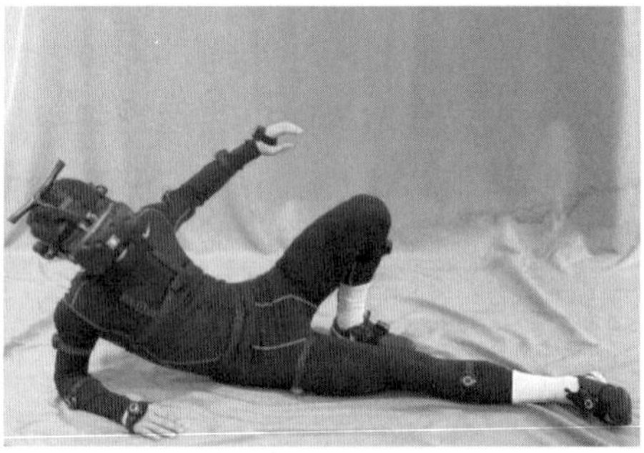

图 1-255

图 1-256

图 1-257

D　异侧脚铲球（图 1-258～图 1-261）

异侧脚铲球的技术动作要领为：当双方都不能用正常的动作触球时（指跑动中），防守者应根据与球的距离，同侧脚用力蹬地使身体跃出，异侧脚向前沿地面对着球滑出，脚底将球铲出，然后小腿外侧、大腿外侧、手依次着地。或铲出球后身体向铲球腿一侧翻转，手撑地后立即起身，使身体恢复到与下一动作衔接的状态和位置。

图 1-258

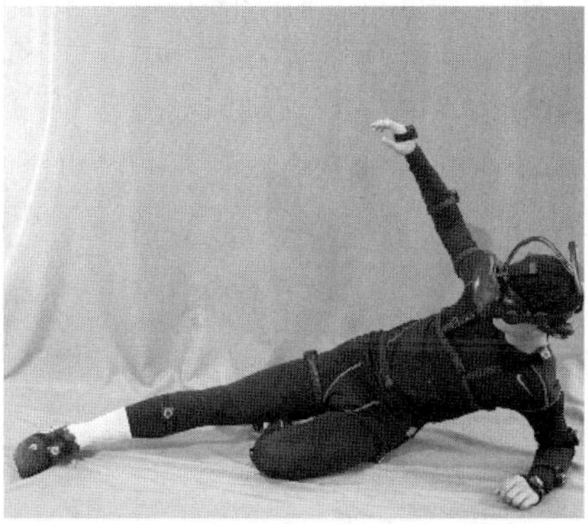

图 1-259

图 1-260

图 1-261

E　同侧脚铲球（图 1-262~图 1-265）

同侧脚铲球的技术动作要领为：防守者在跑动中根据双方离球的距离做出判断，当对手不能立即触球时，用异侧脚用力蹬地，使身体向前方跃出，同侧脚沿地面向前滑出的同时向外摆踢（脚踝应有向外的动作），用脚背外侧将球踢出。也可用脚尖将球捅出，接着向对手一侧翻转，手撑地迅速恢复到下一个动作所需要的位置。

图 1-262

图 1-263

图 1-264

图 1-265

1.2.5.3 易犯错误

（1）正面堵抢时，易产生堵抢触球部位不准确造成失误。当双方同时接触球时，未能及时提拉球而被对方抢先，造成堵抢失误。还有堵抢时机不对，或迟、或早都会造成堵抢失误。

（2）侧面抢球冲撞时，冲撞动作不正确造成犯规。时机选择不当，不应选择在对手同侧脚支撑时。

（3）铲球时易犯错误：

1）铲球脚离地面超过球的高度，易伤害对手造成犯规。

2）由于时机选择不当，或时机与实施的动作配合不当，未触及球而铲到对手造成犯规与失误。

3）动作不协调造成失误或影响下一个动作的衔接。

4）着地动作不正确易使抢球者受伤。

（4）“抢断”球的时机选择，以及出击时机与动作配合不及时、不协调造成失误，以致扑空。

1.2.5.4 练习方法示例

（1）两人一球练习。将球放在队员甲脚前，队员乙与其相距 2m，队员乙上步做正面脚内侧堵抢练习，当队员乙触球瞬间，队员甲也用脚内侧触球。让抢球队员乙体会上步动作及触球部位，两人可轮换做抢球。

（2）两人一球练习。甲、乙两队员相对站立，队员甲运球跑向乙（慢速），队员乙选择好时机实施正面脚内侧堵抢技术。

（3）重复示例（2）的练习。当甲、乙两队员在练习中同时触球时，抢球队员乙立即提拉球，将球拉过队员甲的脚面并控制住球。经过一段练习后，可在触球瞬间两人同时提拉，体会掌握提拉的时机。

（4）两人同方向慢跑，在跑的过程中两人可做适当的合理冲撞，体会冲撞的时机和冲撞的部位以及冲撞时如何用力等。

（5）在两队员前 5m 处放一球，听哨音后两人同时向球跑去。要求两人同时跑动（互相配合）选择适当的位置和时机合理冲撞将球控制。经过一段练习后，可将静止球变为活动球，即教练员持球站立，两队员站立在其两侧，当球沿地面抛出后，两队员同时起动追赶球，利用合理冲撞将球控制住。也可采用此方法练习在冲撞的瞬间做身体超前和迟后的突然躲闪后控制球。练习时，事先应明确练习不一定用冲撞后控球的方法，让练习者在追抢过程中自由选择抢球方法，达到控球的目的。

（6）一人直线运球前进，另一队员由后追赶至成并肩时伺机实施合理冲撞并控制球。练习时要求运球者能给予抢球者配合，让抢球者得到练习，速度可以由慢速到中速循序进行。

（7）铲球练习。一人一球将球放在前面某一位置，练习者选择适当位置站立，原地做铲球动作练习。当基本掌握铲球动作后，练习者可将球沿地面缓慢抛出，自己追球将球铲掉，以体会如何对滚动的球实施铲球动作。待较熟练地掌握铲球动作后，再用以上方法进行铲控、铲传的练习。

（8）一人直线运球前进，另一人由后追赶至适当位置抓住时机进行铲球练习。要求运球者给予适当的配合，使铲球者能在对手运球过程中体会实施铲球动作。

（9）将抢截球技术的练习与射门或传球等练习结合起来进行，根据训练任务，对攻守方分别提出不同的要求。

1.2.6 头顶球

头顶球是指运动员有目的地用前额将球击向预定的目标的动作。足球比赛中不仅要处理各种各样不同形式和不同性质的地滚球，同时也要处理各种空中球。当遇到胸以上部位不能触及或规则不允许触及的一些球时就需要用头部来处理，因为头是人体最高的一个部位，额骨的前面较为平坦，只要掌握顶球技术，顶出的球就会有力。现代足球比赛中对时间与空间的争夺异常激烈，头顶球技术的使用不仅使运动员占据空间，又能争取时间，所以头顶球是处理高空球的最重要手段。

使用头顶球技术，不仅可以进行传球、抢断球、高球射门，而且利用鱼跃头顶球可以扩大运动员的控制范围，防守时抢险。

1.2.6.1 技术动作结构分析

头顶球技术的动作结构是由移动选位、身体的摆动、头触球、触球后的身体平衡 4 个环节组成。

（1）移动选位。由于头顶球技术都是用来处理运行的空中球的一种技术，因此要想能处理好来球，首要条件是对来球的速度、运行轨迹作出正确判断，选好击球点，并及时到达顶球位置或起跳位置，同时还应考虑到自己的弹跳能力和比赛当时双方的情况，只有充分地估计了这些情况后的选位，才能保证完成顶球动作。

（2）身体的摇动。身体的摆动是由身体许多部位的肌肉协调用力来完成，其摆动顺序是由下而上，这样才可以使击球部位获得最大的速度。这一环节是顶球力量的主要来源，但球所受力的大小并不完全决定于用力的大小，还将受到头触球环节的准确与否及来球力量的大小等影响。顶出球的方向并非按照垂直碰撞的反射方向顶回，而多与垂直反射方向成一定角度，为了准确地将球击到预定目标，必须在身体摆动时就考虑到来球方向与将球顶出方向间的关系，使身体摆动发挥出最大的作用。

（3）头触球。这一环节的主要任务是保证顶出球的准确性。它有两层含义：一是用头的哪一部位接触球，二是用头的一定部位接触球的哪一部位。比赛中大多数情况不是将球顶回，而是与来球方向成一定角度，并将球顶到一定距离的预定目标，因此要主动用力。在头触球时，必须使身体摆动所获得的速度与由接触部位造成的反射方向一致并指向预定目标，有时由于比赛情况无法保证身体摆动所获得的速度与由接触部位造成的反射方向一致，则必须使这两个不同的力（或速度）的合力（合速度）方向指向预定目标。

（4）触球后的身体平衡。顶球者在触球后维持身体平衡的主要因素一是两臂合理摆动，二是脚步的移动，三是落地时屈膝踝，四是来球的冲力。顶球者应根据不同来球和顶球方法，恰当协调四者关系维持身体平衡。

1.2.6.2　技术动作要领

（1）原地头顶球。原地头顶球的技术动作要领为：身体正对来球方向，眼睛注视运动中的球，两脚左右开立（或前后开立），膝关节微屈，重心置于两脚间的支撑面上（或后脚上），两臂自然张开。（图 1-266~图 1-269）

图 1-266

图 1-267

图 1-268

图 1-269

当球运行到将垂直于地面的垂线时，两腿用力蹬地，迅速向前摆体，微收下颌，在触球瞬间颈部做爆发式振摆，用前额正面击球中部，上体随球前摆。（图 1-270~图 1-273）

图 1-270

图 1-271

图 1-272

图 1-273

（2）原地起跳头顶球。原地起跳头顶球技术在本方传来或对方传来高球时运用。原地起跳头顶球的技术动作要领为：两膝屈，重心下降，然后两脚用力蹬地起跳，同时两臂屈肘上摆，在身体上升阶段展腹挺胸，两臂自然张开，眼睛注视来球，身体自然成背弓。（图 1-274～图 1-277）

图 1-274

图 1-275

图 1-276

图 1-277

当球运行至身体额状面时，迅速收腹，上体前摆，触球、瞬间颈部做爆发性振摆，用前额正面将球顶出。（图 1-278～图 1-281）

图 1-278

图 1-279

图 1-280

图 1-281

击球后两腿向前做振摆，球顶出后两腿屈膝屈踝落地。（图 1-282～图 1-285）

（3）跑动跳起头顶球。一般助跑跳起顶球时都使用单脚起跳。跑动跳起头顶球的技术动作要领为：根据来球的速度、运行轨迹，选好起跳位置，及时跑到起跳点，起跳前一步稍大些，起跳脚用力蹬地跳起，同时另一腿屈膝上摆，两臂屈肘自然上提。（图 1-286～图 1-289）

当球运行至身体额状面时，迅速收腹，上体向侧前方摆动，触球、瞬间颈部做爆发性振摆，用前额正面将球顶出。（图 1-290～图 1-293）

图 1-282

图 1-283

图 1-284

图 1-285

图 1-286

图 1-287

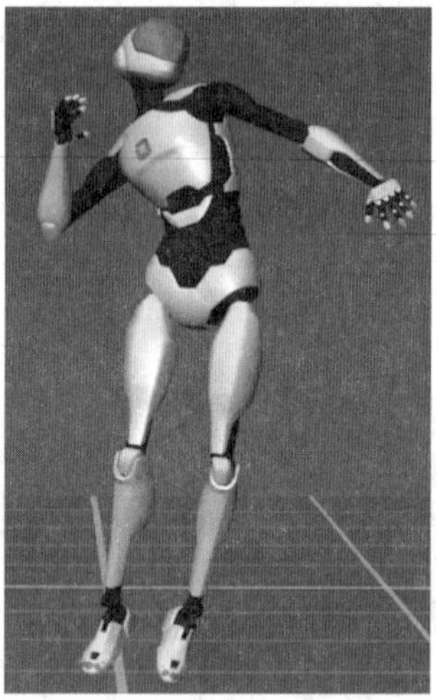
图 1-288

图 1-289

图 1-290

图 1-291

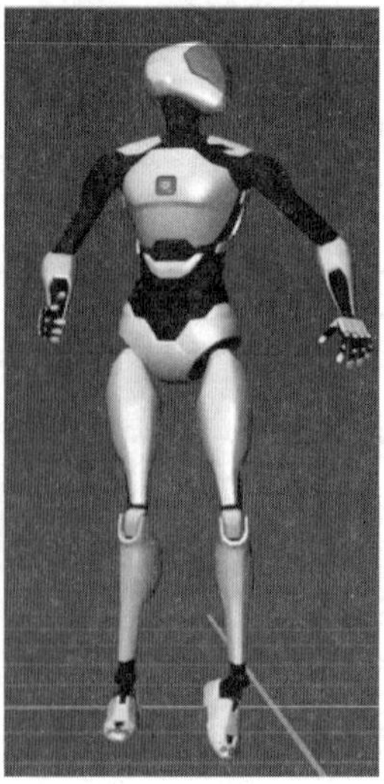
图 1-292

图 1-293

（4）鱼跃头顶球（图 1-294～图 1-297）。对于离身体较远的低空球来不及移动到位处理，必须抢点击球时（如抢救险球、射门等）可使用鱼跃头顶球技术。鱼跃头顶球的技术动作要领为：当判断好来球的路线和选择好顶球点后，以单脚或双脚用力向前蹬地，身体接近水平状态向前跃出，同时两臂微屈前伸，手掌向下，眼睛注视来球，利用身体向前跃出的冲力，以前额正面顶球。顶球后，两手先着地，手指向前，接着胸部、腹部和大腿依次着地。

图 1-294

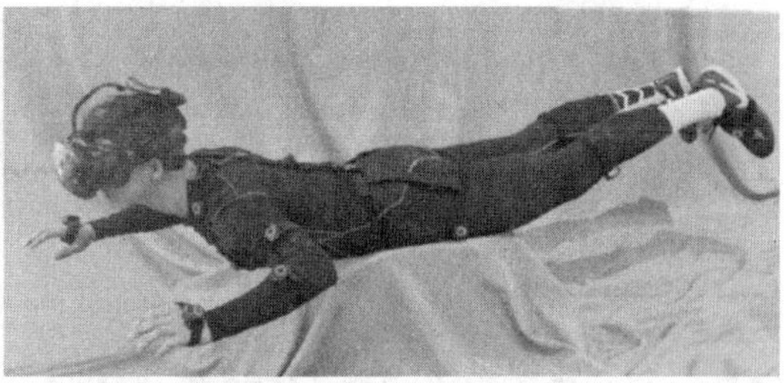

图 1-295

图 1-296

图 1-297

（5）向后蹭顶球。向后蹭顶球分原地蹭顶与跳起蹭顶。其技术动作要领为：提前判断球的落点，选择站位，身体下蹲，膝盖微曲，双臂自然张开，双眼目视来球。(图 1-298～图 1-301)

图 1-298

图 1-299

图 1-300

图 1-301

当球运行到身体上空时，利用挺胸、展腹、扬下颌，身体向后上方伸展，用前额正面靠上的部位用力击球的下部，将球向后上方顶出。(图 1-302～图 1-305)

图 1-302

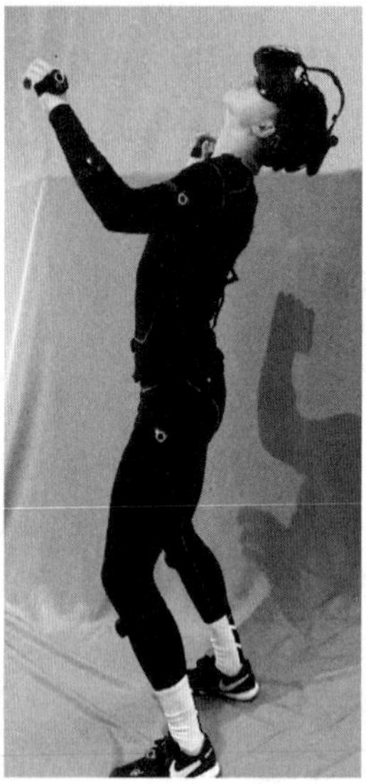
图 1-303

图 1-304

图 1-305

1.2.6.3 易犯错误

（1）由于害怕心理，顶球时闭眼，以致造成错误部位顶球。

（2）对运行中球的速度、轨迹判断不准确，因而不能很好地选择顶球位置与起跳位置，顶不着球。

（3）掌握不好起跳时机，造成顶不着球（或早或迟），有时虽可顶着球，但顶球无力。

（4）身体摆动环节不能协调有力地进行，影响顶球力量。

（5）由于习惯性闭眼或害怕缩颈等使接触球部位不准，影响出球准确性。

（6）跳起头顶球时，由于不能很好地控制身体，容易产生不协调的摆动，不仅影响出球的力量，也影响出球的准确性。

1.2.6.4 练习方法示例

（1）个人进行头顶球练习。

1）做各种头顶球的模仿动作练习。

2）自己双手举球在头前，用前额正面或侧面去触击球，体会触球部位，培养顶球过程中注视来球的习惯。

3）利用吊球进行练习。改变吊球架上足球的高度进行各种顶球的练习。

4）利用足球墙进行练习。自抛球由墙弹回进行各种顶球练习，这样就更进一步接近场上的实际情况，也能提高自己对来球的判断能力。

（2）多人头顶球练习。

1）两人或两人以上在一起进行抛球—头顶球练习，这样可以培养对运行中球的速度、轨迹的判断能力，身体摆动协调正确及出球的准确性等。

2）顶球射门练习。顶球队员站在罚球点附近，掷球队员站在球门内或球门侧面将球抛至罚球点附近，顶球队员跑上顶球入门。

3）两人一球，相距 20m 左右，甲传过顶球飞向乙，乙顶回给甲。数次后轮换传、顶球。

4）向后蹭顶球。3 人一组排成一条直线，各相距 10m 左右，甲抛球给乙，乙蹭顶给丙，丙接球后再给乙，乙又蹭给甲，如此循环（中间队员可轮流担任）。

5）争顶球练习。3 人一组，一人传球，另两人与传球人相距 20m 以外，传球人传出高球，两人争顶（一人防守，一人进攻）。这种对抗性的练习，更接近比赛实际情况。可将上述练习移至门前，一人在侧面传高球（或踢角球），另两人在罚球点附近，其中一人向外顶球，另一人向球门里顶球。

6）鱼跃头顶球练习（在垫上或沙坑里练习）。先进行鱼跃落地动作练习，较好掌握落地动作后，一人抛球，一人在垫上进行鱼跃头顶球练习。最后从原地过渡到跑动中鱼跃顶球练习。

1.2.7 假动作

足球比赛中，运动员为了争取时间、空间的优势，取得控球权或控制好球以达到射门的目的，常采用一些虚假动作掩饰自己的真实意图。虚假动作使对手产生错误的判断，造成重心错误的偏移，形成对自己有利的形势以实现自己的目的。

假动作渗透在各种技术中，如踢球、接球、顶球、运球、抢截球、掷界外球以及守门员技术等。

1.2.7.1 技术动作结构分析

由于各类技术中均有假动作，为了分析方便，下面将按照假动作的特点，从两个方面进行概括分析。

（1）决定使用何种假动作并加以实施。比赛中根据临场的需要及时作出使用何种假动作的决定，如在运球过人时，要根据对手的技术特点、当时所处状况、周围对手的状况及同伴的情况选择运球过人假动作并加以实施。在实施假动作时动作必须逼真，假动作暴露的程度及实施假动作的速度要适当。假动作的实施并非都是一次性的，有时为了使对手重心产生不适当的移动需要连续做几个假动作才能奏效。特别是实施假动作时最好能在活动中进行。

（2）假动作实施后的衔接动作。实施假动作后应根据对手的反应，迅速决定自己所采取的对策。当假动作实施成功后，即对手已经上当，重心发生了不适当的偏移时，应迅速实施真动作；当假动作实施后，对手并未上当，重心未发生偏移，则可将实施的假动作当做真动作或继续实施假动作，以达到真真假假，真假结合的效果。

1.2.7.2 技术动作要领

A 传球前的假踢

如传球前为了使堵住传球路线的对手闪开空当，可先向一方做假踢动作，当对手去堵假踢的传球路线时，突然改变踢球脚法将球从另一方向传出。

B 接球前的假接

如对手在体侧紧逼的情况下，可先向一侧做假接球动作，当对手重心发生不适当的偏移时，突然改变向另一侧接球。

C 接球前的假顶

接高度在胸或头部的空中来球，对手迎面上来准备在自己接球后立即抢截，接球者可做出假顶的动作，迫使对手减速或停下，远离自己准备截获顶出之球，此时突然用头或胸将球接在自己控制范围。

D 顶球前的假接

面对高空来球，做出胸部接球的假动作，诱使对手逼近准备抢球，等对手逼近时，突然用头将球传出，使对手来不及去防守接球的队员。

E 运球过人假动作

（1）运球过人时的虚晃假动作。如面对对手控球过人时，对手逼得较紧，可向一侧用身体或腿部做虚晃动作（或是身体与腿同时并用）诱使对手跟随运球虚晃动作发生重心的偏移，然后迅速用另一侧脚背外侧向同侧拨球，并转身越过对手。

（2）用减速或停顿的假动作后突然起动超越对手。快速运球时，对手在自己一侧紧追不舍，待与自己跑平时，做一个减速或停顿的假动作，使对手产生错觉。当对手也减速或停顿时突然加速推球向前甩掉对手。

（3）扣球过人假动作。当对手在侧后追抢时，运球者上前用异侧脚向前从球上跨过，诱使对手堵抢，然后用同一脚脚背外侧将球向另一侧扣回（或用另一脚脚背内侧将球扣回），甩掉对手。

（4）变向胯下过人假动作。防守者从正面迎上准备抢球，运球者用一只脚假做向另一侧前方踢球，诱使对手上前堵截，此时改假踢脚为支撑脚，用另一脚内侧将球向另一侧推出或向对手胯下将球推过，接着迅速绕过对手运球前进。也可用脚背外侧做假踢将球从对手胯下拨过，运球继续前进。

F 抢球假动作

作为防守者，当对手运球向自己跑来时，如果防守者能调动进攻者，就可以变被动为主动，而抢截假动作就是达到此目的的一种手段。如先使用假动作去堵截某一方向，使进攻者不敢从这一方向出球或运球，而从另一方向出球或运球，却正是抢截真动作实施的方向，就可将球截获。

1.2.7.3 易犯错误

（1）假动作不够逼真，易被对方识破。

（2）真动作衔接太慢不易收到意想的效果。

（3）缺乏观察判断和随机应变能力，不善于假作真来真作假，真真假假迷惑对手。

1.2.7.4 练习方法示例

（1）在无对抗的情况下一人一球做假动作练习。

1）向右（左）假踢，向左（右）拨球前进。

2）向右（左）假拨，向左（右）拨球前进。

3）向右（左）假踢，触球瞬间改用前脚掌将球拉回，再向左（右）推拨球前进。

4）向右（左）越过球，向左（右）拨球前进。

5）个人顺球，将球抛高然后练习做下肢或身体虚晃假动作接球，接球部位用头、胸腿、脚均可，假动作与真动作的方向可完全相反，也可相差一定的角度。

以上各种假动作练习与真动作的实施可用同一条腿，也可不用同一条腿。

（2）在对抗情况下练习。

1）两人一组，其中一人进行消极防守，两人轮流进行假动作练习。

2）在掌握一定的假动作技术基础上可结合传球和射门进行假动作后的传球、假动作后的射门练习，也可利用 3 对 3 或 4 对 4 的传抢练习或用小比赛进行假动作的练习。

1.2.8 掷界外球

由于掷界外球时接球人不受越位规则的约束，因此，掷界外球不仅用于恢复比赛，而且可以为进攻创造有利条件。尤其是在前场 30m 内掷界外球，将球直接掷入门前，可以给对方造成很大威胁。

1.2.8.1 技术动作结构分析

（1）掷界外球的动作是一个下端固定的爆发式的平摆运动，需要稳固的支撑。

（2）根据身高和臂长掌握合理的掷出角（不超过 45°），它是影响远度的重要因素，一般球出手早掷出角大，反之则小。

（3）球出手速度快则掷得远，这需要力量基础和协调用力能力。

（4）充分利用助跑的初速度有助于将球掷远。

1.2.8.2 技术动作要领

A 原地掷界外球

原地掷界外球的技术动作要领为：面对出球方向，两脚前后或左右开立，每脚均应有一部分站立在边线上或边线外。膝关节弯曲，上体后仰成背弓，重心移到后脚上（左右开立时，重心在两脚间），两手自然张开，拇指相对，持球的侧后部，屈肘将球置于头后。（图 1-306~图 1-309）

掷球时，后脚用力蹬地（或两脚用力蹬地），两腿迅速伸直，身体重心由后脚移到前脚，收腹屈体，同时两臂急速前摆。当球摆到头上时用力甩腕将球掷入场内。掷球时，后脚可沿地面向前滑动，但两脚均不得离地。（图 1-310~图 1-313）

图 1-306

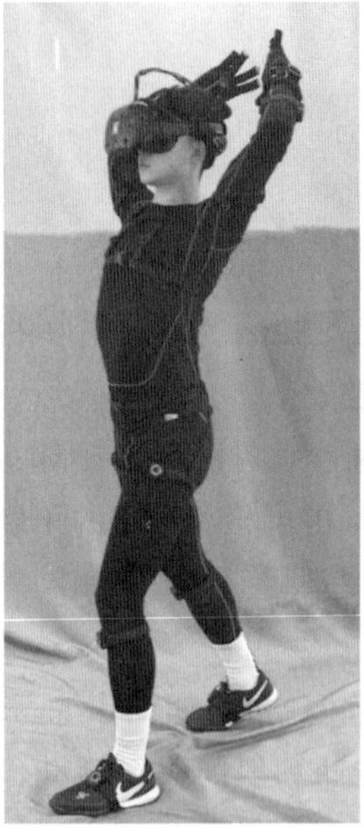

图 1-307

图 1-308

图 1-309

图 1-310

图 1-311

图 1-312

图 1-313

B 助跑掷界外球

当球员想利用界外球的方式进行一次战术配合时，可以将球抛掷距离较远的位置。助跑掷界外球的技术动作特点为：两手持球放在胸前，在助跑迈出最后一步时，上体后仰成背弓，同时将球上举至头后掷出球，掷球时的动作与原地掷界外球动作相同。将球掷出后，后脚可在地面上向前滑行，但不得离地。

1.2.8.3 易犯错误

（1）掷界外球时动作不符合规则要求，造成犯规。
（2）用力不协调，掷出角不合理，影响出球的远度。

1.2.8.4 练习方法示例

（1）两人一球，相距 15m，原地对掷界外球。
（2）两人一球，相距 25m，两端设两条平行线，助跑对掷界外球。
（3）前场界外球战术练习。
1）选择掷球力量较大的队员，将球直接掷入罚球区内攻门。
2）将球掷向近门柱的罚球区线附近，由身材高大的前锋将球蹭顶给罚球点附近的同伴攻击球门。
3）通过队员跑动，调动对方的防守，将球掷入空当，继续组织进攻。

1.3 守门员技术及其智慧化训练

守门员是全队最后一道防线，主要任务是守住本方球门。随着现代足球运动的发展，守门员除镇守球门外，还要协助控制罚球区，组织和指挥全队的防守和进攻。因此，足球比赛中守门员是一名特殊的、举足轻重的人物。守门员出色的技能和顽强的斗志，不仅可以提高防守的稳固性和进攻的有效性，而且还能提高全队的士气和战斗力。相反，守门员的微小失误，则可能使全队奋力拼搏的战果毁于一旦。由此不难看出守门员在一个球队中的重要作用。

守门员的职能决定了他与其他队员之间有着许多不同的特点。如为了守住球门，守门员较多地处于相对静态，一般一场比赛移动距离不多，但其他队员为了摆脱防守和寻找战机，则每场比赛需奔跑 7~12km；场上队员在频繁的无球和有球运动中，相互之间可以接应、支援，协同完成某一技、战术目标，而守门员则更多的是独自一人处理各种来球，他的行动更需果断、准确、迅速，在心理上承受着更大的压力。

守门员的职能在各个方面均有特殊的要求：

（1）技术上，守门员应掌握移步、接球、扑球、托球、拳击球和手掷球、脚踢球等技术动作并达到熟练程度。

（2）战术上，应占据有利位置，合理控制罚球区，防守球点球，组织与指挥防守、发动进攻。

（3）身体素质上，应具有良好的反应速度、起动速度、爆发力、灵敏和柔韧素质。

（4）心理上，应具有稳定的情绪、顽强的意志、敏捷的思维、神经过程的灵活性和高度责任感。

（5）智力上，应深刻理解足球攻守规律，特别对罚球区附近攻守战术应全面了解。应有敏锐的观察力、准确的判断力、坚强的意志力、良好的记忆力、快捷的思维力，以及瞬间付诸行动的能力。

1.3.1 基本技术动作分析

1.3.1.1 准备姿势

两脚左右开立，与肩同宽，两脚跟稍提起，身体重心落在前脚掌上。两腿屈膝并稍内扣，上体稍前倾，两臂自然屈肘于体前，手指自然张开，目视来球。（图 1-314～图 1-317）

图 1-314

图 1-315

图 1-316

图 1-317

1.3.1.2 移步

（1）侧移步。常用于扑接两侧低平球。向左侧滑步时，先用右脚用力蹬地，左脚稍离地面并向左滑步，右脚快速跟上。向右侧滑步时，动作相同，方向相反。

（2）交叉步。多用于扑接两侧高球。向左侧交叉步移动时，身体先向左侧倾斜，同时右脚用力蹬地，并及时向左前方跨出一步成交叉步，然后左脚向左侧移动，右脚和左脚依次快速移动并蹬地跃出。向右侧交叉步移动时，动作相同，方向相反。

1.3.1.3 接球

A 地面球

（1）直腿式。直腿式接地面球技术动作要领为：面对来球，弯腰时两膝伸直，两腿分开，两手距离不得超过球的直径，两手掌心向上，前迎触球后将球抱于怀中。（图 1-318～图 1-321）

图 1-318

图 1-319

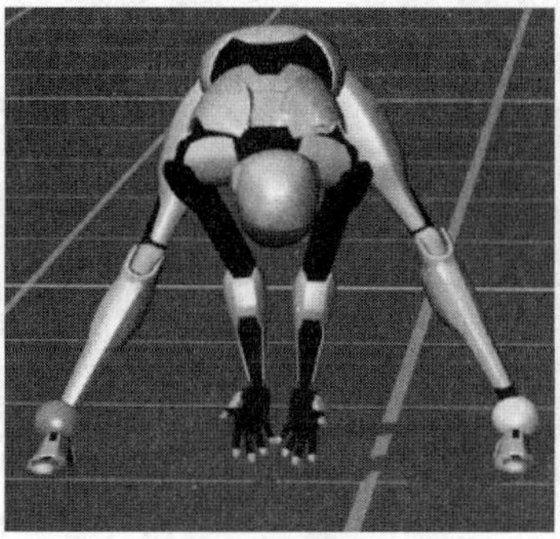
图 1-320

图 1-321

（2）跪撑式。跪撑式接地面球技术多用于向侧移步接球。其动作要领为接左侧球时，左腿屈，右腿跪撑于左脚附近，距离不得超过球的直径，其余动作与直腿式接球相同。接右侧球时，动作相同，方向相反。（图 1-322~图 1-325）

B 平空球

接平空球指接膝以上、胸以下的空中球。接平空球的技术动作要领为：接球时面对来球，两手掌心向上，两手小指相靠，前迎接球。上体前屈，当手触球时微后撤以缓冲来球力量，将球抱于胸前。（图 1-326~图 1-333）

图 1-322

图 1-323

图 1-324

图 1-325

图 1-326

图 1-327

图 1-328

图 1-329

图 1-330

图 1-331

图 1-332

图 1-333

C　高空球（图 1-334~图 1-337）

接高空球的技术动作要领为：面对来球，两臂上伸，两手拇指相对呈八字形，其余四指微屈，手掌对球。在最高点手触球瞬间，手指、手腕适当用力，缓冲来球并将球接住，顺势转腕屈肘、下引将球抱于胸前。

D　扑接球

（1）扑侧面球（图 1-338~图 1-341）。扑侧面球的技术动作要领为：异侧脚用力蹬地，双手快速向侧伸出，一侧手置于球后，另一侧手置于球的侧后上方。同时身体向同侧脚方向倒地，落地时以小腿、大腿、臀、肘外侧依次着地，落地后即团身。

图 1-334

图 1-335

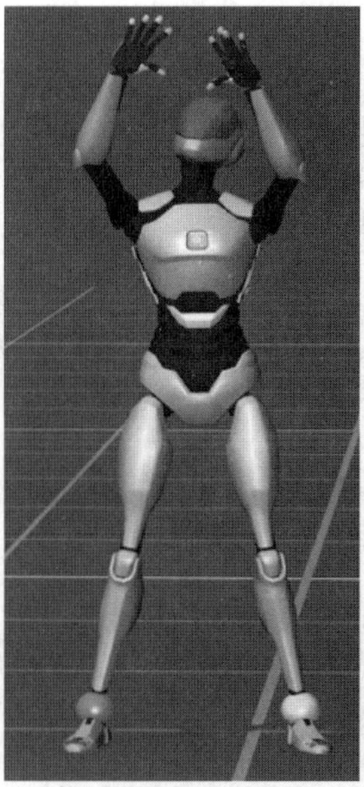

图 1-336

图 1-337

图 1-338

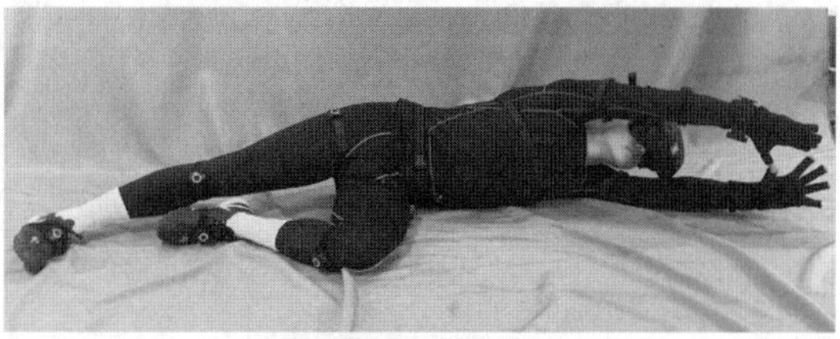

图 1-339

图 1-340

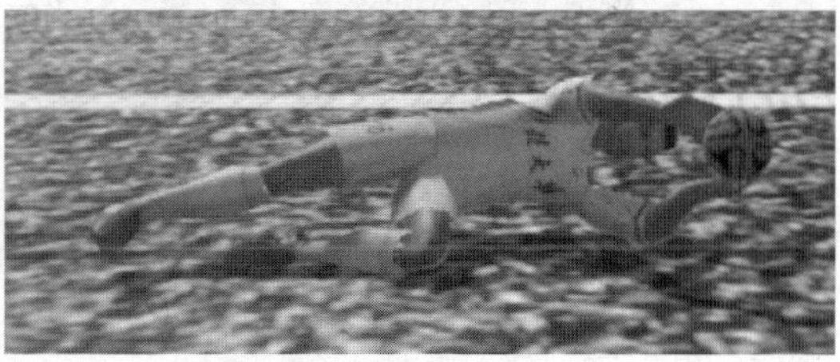

图 1-341

（2）扑平空球（图 1-342~图 1-345）。扑平空球的技术动作要领为：身体重心移向靠近来球一侧的脚上，该脚用力蹬地使身体跃起，身体在空中伸展，手指用力抓住球或以手掌扑出，接球后以球、肘、肩、上体、臀、腿外侧依次着地，并迅速屈膝团身。

E 托球（图 1-346~图 1-349）

为对付来球弧度较大且近球门横梁或力量大、角度刁的射门，接球把握不大或无法直接接到球时通常采用托球技术。托球技术的技术动作要领为：判断来球运行路线后，向来球方向加速移动，接近球的那只脚蹬地发力，让身体尽量跃起，展体成弓背，单臂快速伸出，掌心向球，手指微张，用手掌前部和手指用力向后上方或侧面托球，使球越过横梁或门柱。向后跃起托球，则使球呈弧形越过球门横梁。

图 1-342

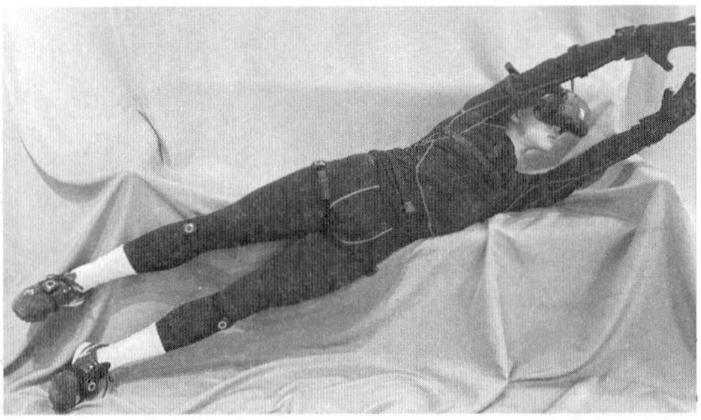
图 1-343

图 1-344

图 1-345

图 1-346

图 1-347

图 1-348

图 1-349

F 拳击球

拳击球技术的动作要领为：准确判断来球运行路线，及时移动到位，双手握紧拳，当球下落时，选择时机跳起，在接近球的刹那迅速出拳击球。拳击球有单、双拳击球，双拳击球接触球面积大，准确性高。(图 1-350~图 1-353)

图 1-350

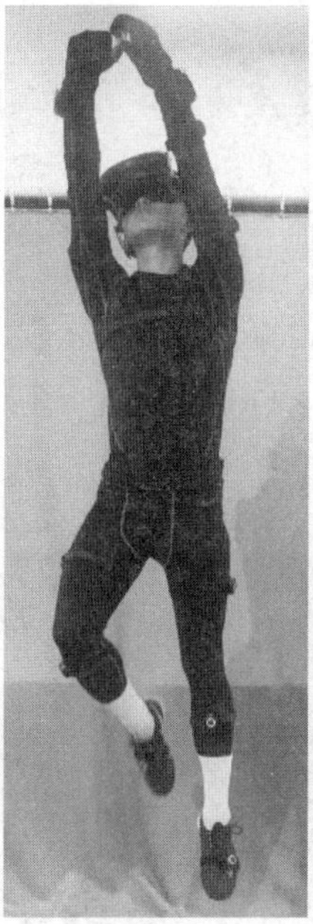
图 1-351

图 1-352

图 1-353

单拳击球动作灵活，摆动幅度大，击球力量大。(图 1-354~图 1-357)

图 1-354

图 1-355

图 1-356

图 1-357

1.3.1.4 发球

A 手掷球（图 1-358~图 1-369）

(1) 单手肩上掷球：充分利用后腿蹬地、持球手臂后引、转体挥臂和甩腕力量将球掷出。

（2）侧身勾手掷球：由于掷球前球从异侧经头顶后将球掷出，作用力距离长，又能较好地借助腰腹力量，故出球速度快，距离远。

图 1-358

图 1-359

图 1-360

图 1-361

图 1-362

图 1-363

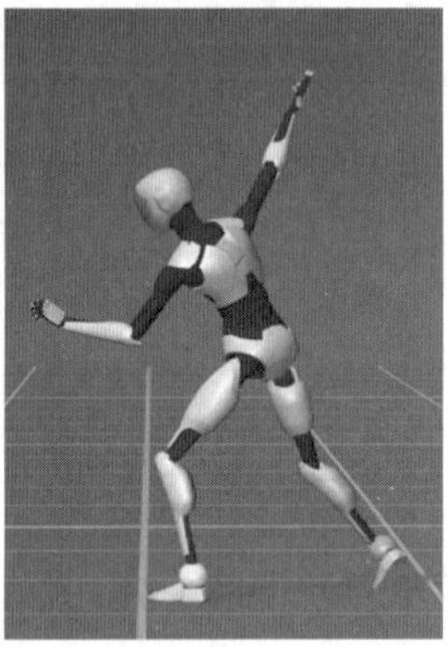
图 1-364

图 1-365

图 1-366

图 1-367

图 1-368

图 1-369

B　脚踢球（图 1-370～图 1-381）

（1）踢空中球：将球置于体前，在球自由下落过程中踢球。它多用于远距离或雨天场地泥泞时。

（2）踢反弹球：体前抛球，球落地后反弹起来的瞬间将球踢出。它比踢空中球准确性要高，速度较快，出球弧度低，隐蔽性强。

图 1-370

图 1-371

图 1-372

图 1-373

图 1-374

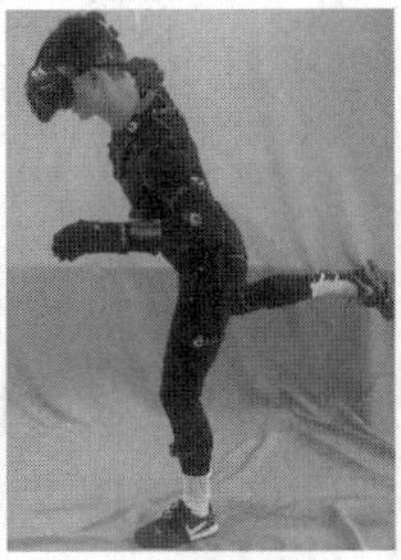

图 1-375

图 1-376

图 1-377

图 1-378

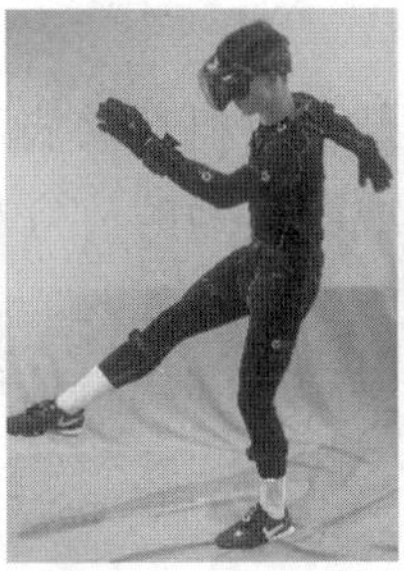

图 1-379

图 1-380

图 1-381

1.3.2 基本技术练习方法示例

1.3.2.1 示例一

方法：守门员接教练员由 10m 外踢来的各种地滚、平空和高球。

要求：基本动作和手形正确，尽可能使球不脱手。

提示：练习时可将隔球者增加至 2~4 人，从多方向踢出多种性质的球，提高守门员快速移动中处理球的能力。

1.3.2.2 示例二

方法：在活动球门前、后侧各设一名守门员，分别接各种来球。

要求：接球动作正确，球不脱手。

提示：守门员每接一次球后，立即互换位置，及时调整身体重心和位置接射来的球。

1.3.2.3　示例三

方法：吊球练习。

要求：拳击、托球时注意起跳时机，拳与手掌作用于球的中下部，鱼跃击球时应使身体充分伸展开。

提示：练习中可由无人干扰到一人或多人干扰，再过渡到对抗中完成动作。

1.3.2.4　示例四

方法：数名队员相向交叉运球，在5m外先后射门，守门员快速连续扑接球。

要求：守门员从预备姿势到移动、直至扑接球，要判断准确，技术规范，动作快速。

提示：队员的射门可由教练员发信号而定，也可让8~10名队员连续在交叉运球中射门。

1.3.2.5　示例五

方法：教练员分别将球掷向左、右、前、后，守门员依次扑接球。

要求：除技术动作正确外，每组4个扑接球之间的衔接速度要快。

提示：水平较高的守门员在训练时，可设置障碍物或加短程助跑。

1.3.2.6　示例六

方法：队员运球直通守门员，守门员选择最佳时机扑接脚下球。

要求：当运球队员运球脚触球后即将落地或刚落地时，守门员迅速将身体紧贴地面扑向球，接球后立即团身。

提示：可由多名队员从各个方向先后运球突破，守门员连续出击扑脚下球。

1.3.3　守门员技术训练中应注意事项

（1）重视基本功训练。守门员的技术核心是接球，而将不同性质的来球稳稳接住的关键是手形。所以，守门员除重视反复练习各项基本技术外，更要狠抓接球、手形等关键性技术训练，使基本功扎实、熟练、稳健。

（2）守门员技术训练应逐步与实战需要相结合，训练中应突出在快速、对抗中高质量完成技术的能力。在训练和比赛中应全面发展守门员观察、思维、判断、反应、指挥等方面的综合能力。

（3）守门员位置的特殊性和守门员技术训练的单调、艰苦性，对守门员的勇敢、顽强、坚毅等意志品质提出了极高的要求，因而在平时的训练和比赛中要特别重视守门员的心理训练。

（4）随着足球竞赛规则的不断修改（例如不得用手接同队队员的回传球和掷界外球），使得守门员用脚处理球的机会大大增加。所以，守门员除必要的单独训练外，还应适当参加队内的综合训练，以提高踢球技术和意识。

1.4 无球技术及其智慧化训练

1.4.1 起动技术

足球比赛中的起动是完成各种技术动作的基础，在一定程度上影响着技术动作完成的质量，突然快速起动能为完成各项有球技术动作赢得时间优势。在紧逼、凶抢的严密防守中要不受到对方阻挠去接应球，只有突然的快速起动，才有可能暂时甩掉对手，抢先插入空档去接到和处理球。在连续快速的传球配合中，防守队员只有突然快速起动，才有可能盯得住对手，去截获或破坏掉对手控制的球。因此，突然快速的起动是在短距离内超越对手或盯住对手，抢占有利位置的有效手段。队员起动时必须注意以下几点：

（1）身体重心低，直体快速前移。

（2）步频快、步幅小，快速有力后蹬。

（3）两臂配合两腿动作用力，快速前后摆动。

（4）眼睛既要注意周围队员的位置变化，又要兼顾球的运动情况。这样有利于起动后动作的衔接。

1.4.1.1 原地起动（图 1-382~图 1-389）

队员在原地静止状态进行起动。

图 1-382

图 1-383

图 1-384

图 1-385

1.4.1.2 活动中起动（图 1-390~图 1-401）

队员在活动过程中进行起动。

图 1-386

图 1-387

图 1-388

图 1-389

图 1-390

图 1-391

图 1-392

图 1-393

图 1-394

图 1-395

图 1-396

图 1-397

图 1-398

图 1-399

图 1-400

图 1-401

1.4.2 跑动技术及其智慧化训练

在足球比赛中，只有掌握正确跑的技术并合理的运用各种方式的跑，才能起到积极的作用。在全面型的足球比赛中，队员随着球的移动及场上的变化情况在高速度的运动着，如进攻队员的摆脱接应拉出空档，占领有利位置等。队员堵截争抢，互相补位，紧逼盯人等，都需要快速跑动来完成。因此，跑已是足球运动中不可缺少的重要无球技术之一。

跑的技术中主要动作是后蹬前摆。后蹬动作，首先以伸展髋关节开始，当身体重心射影线离开支撑点时，要迅速有力地伸展髋关节、膝关节，最后脚趾蹬离地面。在后蹬结束时，髋、膝、踝3关节要充分伸展。前摆是当支撑腿开始后蹬时，摆动腿以膝关节领先，大腿带动小腿积极向前上方摆动，同侧髋随之前送，以带动身体前移，大小腿自然折叠以缩小摆幅，加快前摆速度。当大腿摆到最高点时，又开始积极下压，小腿随惯性向前摆动，用前脚掌自然而积极地着地，完成触地动作。同时上体适当前倾和两臂迅速有力地前后摆动，配合两腿协调快速用力地蹬摆，推动身体快速向前移动。

在足球比赛中，随着攻与守的不断变化，要求队员必须全面掌握快速跑、直线跑、曲线跑、折线跑、侧身跑及后退跑等无球技术。

1.4.2.1 快速跑

快速跑是指跑的速度程度。跑的速度是由步幅和步频决定的，在保持一定步幅的条件下，加快步频是提高速度的重要途径。同样在保持一定步频的条件下，加大步幅也能够提高跑速。但是在足球比赛中由于所处的情况不同，要求跑动步幅、步频都要有变化，如在接近对手和球时及与对方争球的情况下，跑动步幅就要小一些，步频则要快一些，重心低一些，身体前倾角度要小，这样就能够比较容易的控制身体平衡，就可以及时地做出需要做的各种技术动作，并能随时调整改变动作和跑的方向，就有了较大的灵活性，以发挥自己的最大速度。特别是需要进行争抢、抢传、抢射等情况，更需要加大步幅和加快步频，以争得刹那间的有利时机。

1.4.2.2 冲刺跑（图 1-402~图 1-405）

在快速跑的基础上将自己提到顶级速度的跑步方式。

图 1-402

图 1-403

图 1-404

图 1-405

1.4.2.3　曲线跑（图 1-406～图 1-413）

曲线跑是为了绕过对方队员，接应来球，内切包抄，断抢来球，盯住对手时采取的跑动方法。曲线跑时，眼睛注视周围情况和球的发展，身体向内倾斜，内肩低于外肩，内侧膝稍外展，外侧膝稍内扣，以内侧脚的脚掌外侧和外侧脚的脚掌内侧用力蹬地。

图 1-406

图 1-407

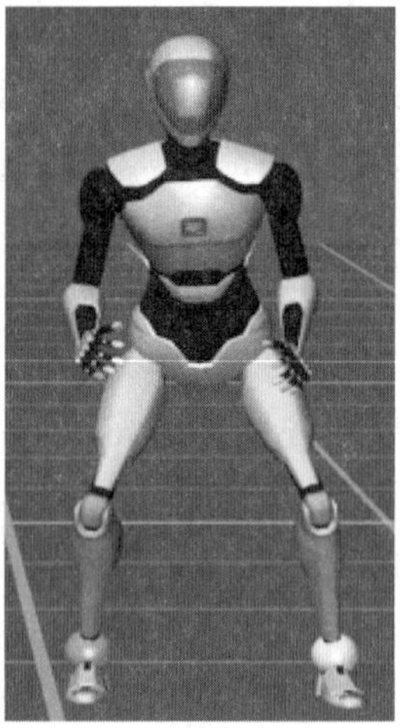

图 1-408

图 1-409

图 1-410

图 1-411

图 1-412

图 1-413

1.4.2.4　折线跑（图 1-414～图 1-421）

折线跑一般多是进攻队员为了摆脱对手或穿越密集防守时采用的一种跑动方法。折线跑时，眼睛要注视自己前面的左、右空档，由一个方向突然折向另一个方向时，上体和头部要突然向预定方向扭转、倾斜，身体重心也迅速移到这一侧，同时异侧脚用力蹬地。

1.4.2.5　侧身跑（图 1-422～图 1-429）

侧身跑是为了便于观察场上情况，随时准备参与攻守的具体配合时采用的调整位置的跑动方法。侧身跑时，上体稍转向有球的一侧，脚尖对着跑动方向，眼睛随时注视球的发展和周围攻守双方队员的位置、活动情况，以便及时参加具体的配合或采取个人行动。

图 1-414

图 1-415

图 1-416

图 1-417

图 1-418

图 1-419

图 1-420

图 1-421

图 1-422

图 1-423

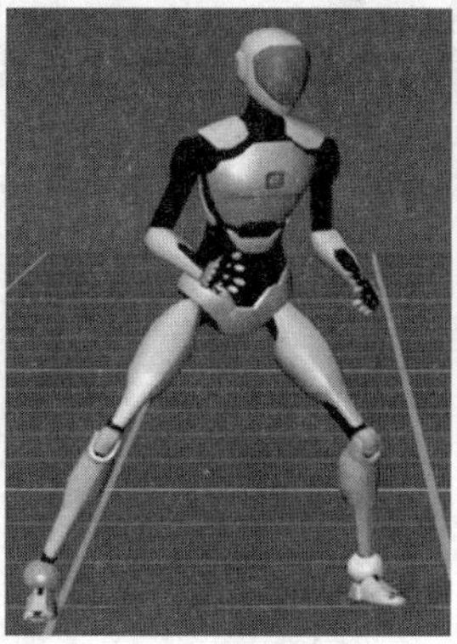

图 1-424

图 1-425

1.4.2.6 后退跑（图 1-430~图 1-437）

后退跑一般是在以多防少时，为了延缓对方的推进速度，伺机进行争抢或是当对方队员在威胁着本方球门的情况下，为了盯住对手，限制其活动而采用的技术动作。后退跑时，重心稍下降并后移，使身体稍后倾。步幅要小，步频要快，脚蹬地后必须离开地面，但不要高抬，两臂稍张开自然摆动维持身体平衡，眼睛注视球的方位、对方队员的位置和活动情况，以及同队队员回防等情况，以便确定自己的下一个动作。

图 1-426

图 1-427

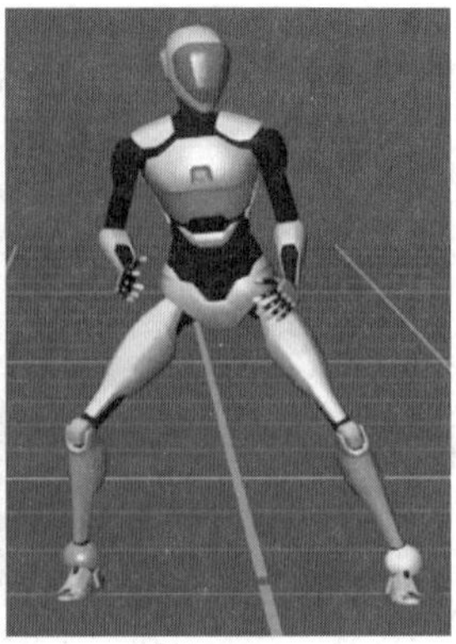
图 1-428

图 1-429

图 1-430

图 1-431

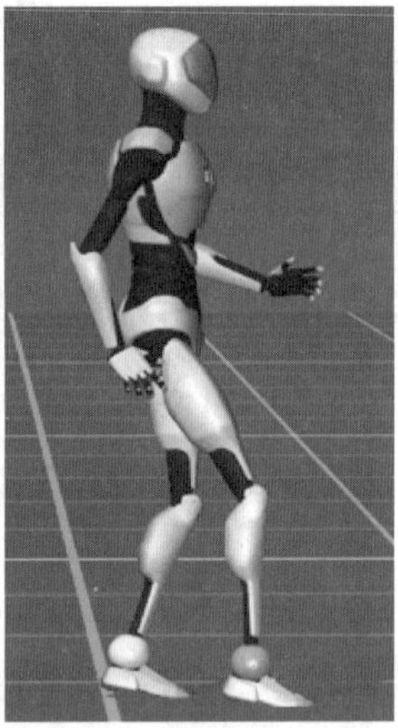
图 1-432

图 1-433

图 1-434

图 1-435

图 1-436

图 1-437

1.4.3 跳跃技术及其智慧化训练

1.4.3.1 正面跳跃（图 1-438~图 1-449）

正面跳跃一般为争抢正面落点在身体前方的高空球时采用的技术动作。

图 1-438

图 1-439

图 1-440

图 1-441

图 1-442

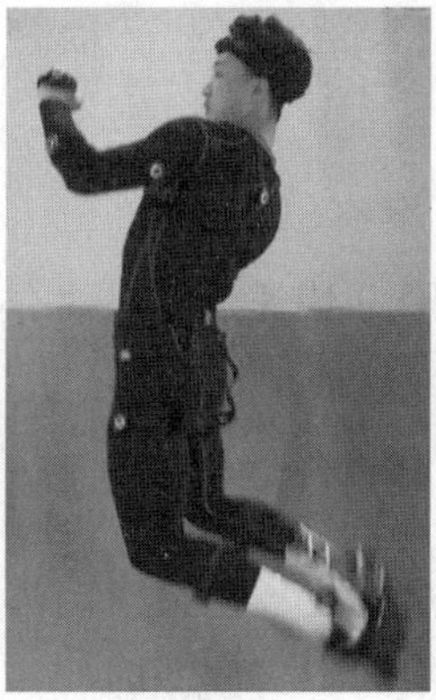
图 1-443

图 1-444

图 1-445

图 1-446

图 1-447

图 1-448

图 1-449

1.4.3.2　后面跳跃

后面跳跃一般结合后退跑，用来争夺落点为身体后方的高空球。

1.4.3.3　侧面跳跃（图1-450~图1-452）

侧面跳跃一般为双方整顶头球时采用的技术动作。

图1-450

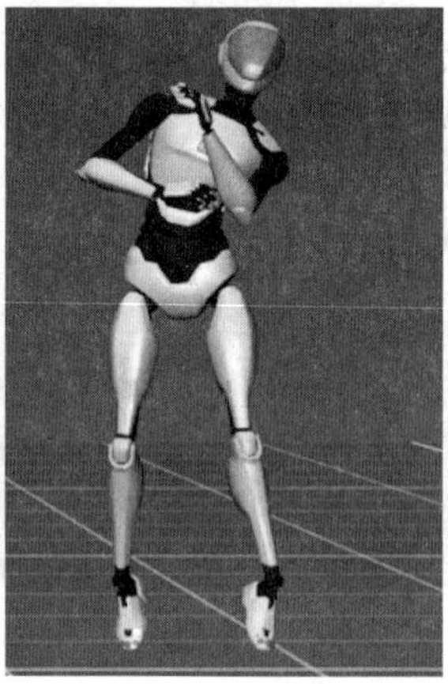

图1-451

图1-452

1.4.4　急停

（1）正面急停。正面急停时，身体重心下降并快速后移，上体稍前屈，一脚向前迈出并以脚全掌着地用力前蹬，使上体成后倾，制动身体前冲，另一腿微屈稍后开立支撑身体的平衡，停止跑动。

（2）转身急停。转身急停时，重心下降，上体稍前屈并快速向转身方向扭转、倾斜，重心移向转身方向的同侧腿屈膝外转，脚掌外侧蹬地，脚尖指向转身方向，异侧腿迅速前迈。脚掌内侧积极着地蹬地，使整个身体成内倾，制动身体前冲，停止跑动。

1.4.5　转身

（1）前转身。前转身时，两膝微屈，重心移向转身方向的同侧脚，上体向转身方向倾斜，扭转和异侧脚前脚掌用力蹬地的同时，身体快速转动，蹬地脚随之上步。

（2）后转身。后转身时，转身方向的异侧脚蹬地，重心后移，在身体开始向后转动的同时，另一脚抬起外转并向后迈出，脚尖向后，身体转向后方。

1.4.6　无球假动作技术

在比赛中，为了摆脱对手的紧逼或为了抢夺对手控制的球，常用快速而逼真的身体虚晃动作，使对手产生错误的判断，导致作出错误的行动或动作，而达到自己的预定目的。逼真的假动作，会使对手产生相应的反应。由假变真的动作必须做得突然迅速，才能达到预期的效果。因此在快速虚晃中自如控制自己身体重心的移动，是顺利完成假动作的关键因素。

2 足球战术及其智慧化训练

2.1 比赛阵型

2.1.1 比赛阵型的解释

比赛阵型是根据队员的不同特点和作用，选择在不同的区域部署和排列基本、相对固定的位置，并赋予其相应的位置分工与职责。如果用人体来比喻的话，比赛阵型就是人体的骨架，而体系就是肌肉，球队的战术就是神经系统。

自19世纪中期，世界上便有了第一个足球比赛阵型，各阵型的名称一般根据不同位置的不同人数排列而定，比如英格兰最早采用的1-2-8阵型，由1名门卫、2名后卫和8名前卫组成。阵型一般具有相当的灵活性，能够根据球的位置的变化，将相应人员组织并形成某种规模的行动单位，以使各个队员的能力得到最大限度地发挥，并使全队有可能根据对手的情况做相应的变化，最终完成攻防任务。为了适应现代足球的不断发展，足球阵型也在不断演进，但无论是最早的1-2-8阵型还是如今主流的4-2-3-1、4-4-2、4-3-3等阵型都是沿着这一客观规律演变和发展的。

2.1.2 比赛阵型的发展

现代足球起源之初，在英格兰，足球的主要战术就是盘带，当时最早的足球竞赛规则“剑桥规则”（1848规则）共11条，除了对场地的解释和进球的判定以外，只有对犯规的粗略定义。其中第六条规定：当进攻队员比球更接近对方底线时便处于离场状态，不得触球也不得用任何方式干扰其他球员触球。换言之，传球只能是横穿和回传，不能向前传球，整个进攻推进只能依靠盘带，所以当时所谓的战术就是追逐皮球，抢到球就想办法突破包围，把球带进对方球门，如果失败了再由队友顶上。因此导致了那个时候的足球竞赛类似于现在的橄榄球，以进攻为主要战术，完全忽略防守，所以阵型这一概念在当时来说并不清晰。

2.1.2.1 足球阵型的雏形（图2-1）

现代足球在19世纪60年代起源于英国，1872年11月30日，历史上第一场国际比赛在格拉斯哥进行。比赛双方为英格兰和苏格兰，由于当时的足球竞赛规则规定进攻球员在球的前面就是越位，于是个人盘带成为了足球运动中的主要技术，当时的球员并没有主动传球的概念，更多的是通过跑动将锋线不断向前推进，直至形成威胁（类似于橄榄球规则）；于是在该场比赛中，英格兰排出了1-2-8阵型与对手周旋，即1名门卫，2名后卫和8名前卫组成了世界上第一个足球比赛阵型。由此可见，在当时的概念里，比赛中进攻是唯一目的，球队往往并不注重防守，所以决定了阵型的出现形式为多锋制，足球阵型的雏形由此诞生。

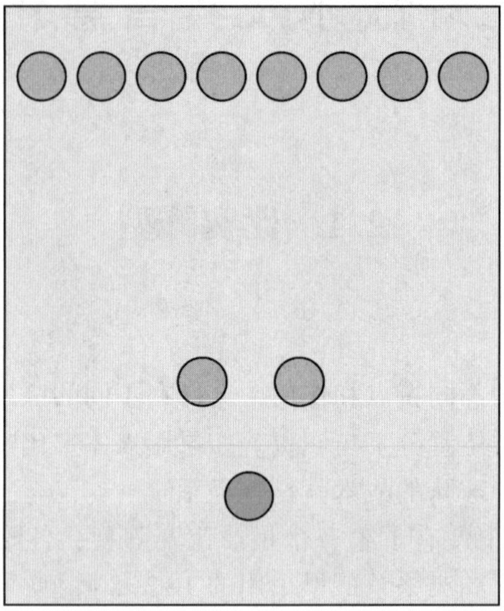

图 2-1

2.1.2.2　苏格兰人尝试改变

为了在比赛中使攻守力量达到相对平衡，苏格兰人首次尝试改变，创造了 1-2-2-6（六锋四卫）的比赛阵型，还引进了在比赛中传球的打法。而最终，在 4000 名到场观众面前，双方战成了 0-0 平，苏格兰队有一粒进球被当值主裁判判定为无效。自此二十多年的时间里，1-2-2-6 成为了足球比赛的主流阵型，其目的是在注重进攻的同时弥补了以往防守位置的空缺，足球阵型中的位置和责任分工逐渐开始出现。(图 2-2)

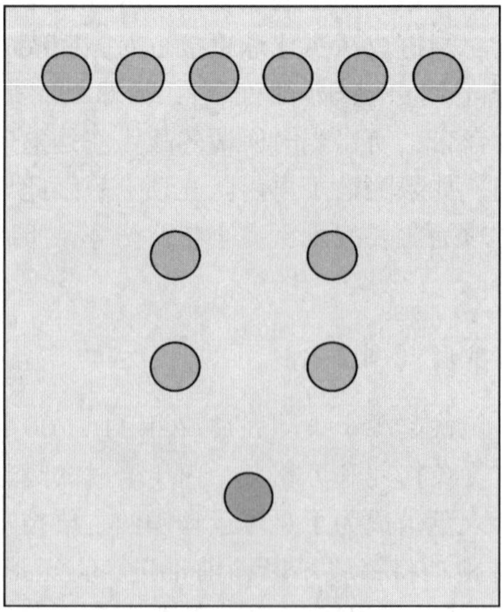

图 2-2

2.1.2.3 规则陷阱——2-3-5 阵型（图 2-3）

到了 1926 年，由于足球竞赛规则的改变，当时对于越位规则的定义是进攻队员与对方底线之间至少要有 3 名对方球员，球队为了让对方轻易陷入越位陷阱，逐渐将阵型改变为 2-3-5 金字塔阵型。

该阵型让前锋由始至终站在对方的禁区，迫使对方的前锋不得不兼顾防守，导致对手不敢贸然出击。在 3 个前锋的旁边又有两个影子前锋，弥补了以前阵型上的脱节，牢牢卡住对手的要害位置，迫使对手被动挨打。

在中场虽然只有 3 个前卫，由于对方的前锋攻击体系被本方的阵型给破坏了，3 名前卫就好像是最后一道关卡，对手根本无法突破他们就已经被拦截了。而后卫以及守门员组成的后防线几乎无事可做，偶尔遇到点威胁，也可以轻松解决。

该阵型让球场上的每个角落都有队员的身影，他们早早地就被划分到各自的区域，所以等对手进入这个区域，该阵型球员已经作好了充分的准备来破坏对手的进攻。而过去的打法则不同，8 名前锋一起追逐着足球，许多队员没有意义地把追逐看作是比赛得分的唯一手段，而最后的结果是他们大量的无谓跑动，消耗了体力，这和以往打法的以逸待劳是有根本性区别的。

2-3-5 打法极大地推动了足球的发展，由于这一阵型在当时攻守兼备的打法上有着优越的进攻和防守理论为基石，许多球队开始效仿，并在当时的世界足坛风行了 30 年。

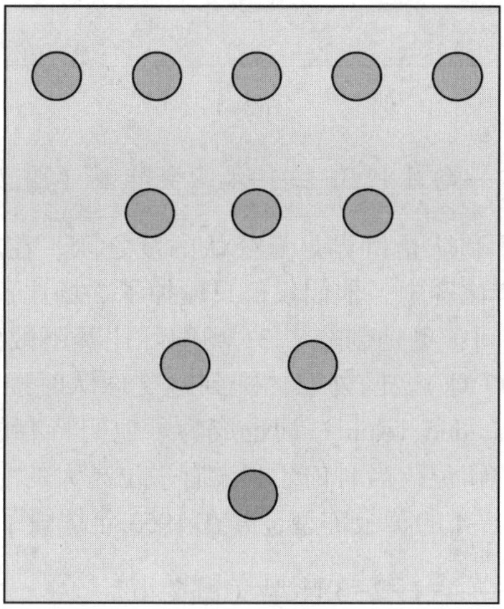

图 2-3

2.1.2.4 传世经典——3-2-2-3 WM 阵型（图 2-4）

越位规则的改变让原本的 2-3-5 阵型变成了进攻方的天堂，各队不得不纷纷选择让后卫更加拖后来加强防守，至此，足球场上的纵向空间被拉长。人们认识到了战术的价值，意识改变之后，其他改变就变成理所当然并能被大众所接受。这个时代的英格兰基于 2-3-5 阵型做出改变，演化为 3-2-2-3 阵型，也叫 WM 阵型：即中前卫回撤，无需组织功能，主要担当防守（增加 1 条后卫线，减少 1 名中场球员），左右内锋回撤，加强中路传切能力（增加 2 名中场球员，减少 2 名前锋）。球队整体后撤，引诱对方后卫压上，令其暴露空挡后打快速反击。

很快，英格兰建立了绝对统治的王朝时代，称霸足坛 20 余年，直到二战爆发为止。而 WM 阵型随着英格兰的成功，也流传开来。这也是现代足球的第一个经典阵型。

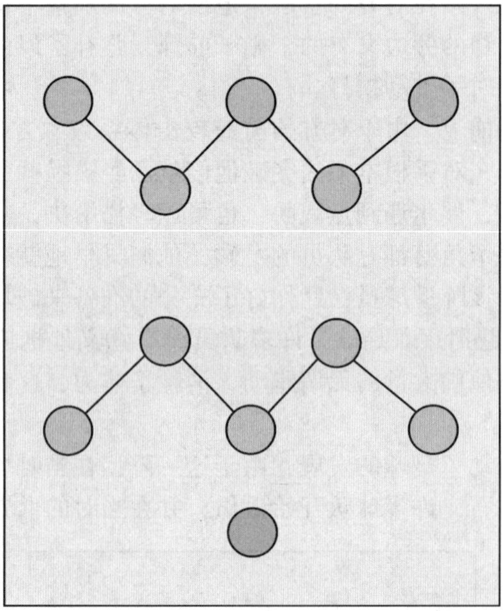

图 2-4

2.1.2.5 打败经典——匈牙利 3-2-1-4 黄金阵型（图 2-5）

20 世纪 50 年代的匈牙利队是世界足坛公认的梦之队。在 1950—1955 年的 6 年时间里，匈牙利队在参加的所有比赛中，他们仅仅只输掉了 2 场比赛（有一场比赛只是东欧阵营内部的交流赛）。在此期间，更是创造了 31 场国际比赛不败的记录（总成绩为 28 胜 3 平，31 场比赛共打入了 143 球）。国外媒体提到这支球队时经常用 Aranycsapat 一词来形容，意指黄金之队，同时 Golden Team 一词也成为了他们特有的标签。在世界足球史中，他们留下了令人难以抹去的印记。当时匈牙利没有一位高大的中锋，于是他们就将个子小的中锋拖后，形成了 3-2-1-4 的黄金阵型，并在 1953 年摧毁了英格兰的 WM 阵型。

2.1.2.6 联邦德国——4-1-2-3 阵型（图 2-6）

1954 年瑞士世界杯期间，巨星云集、战无不胜的匈牙利队被认为是那届世界杯理所应当的冠军。在世界杯之前的几年，匈牙利人已经近 4 年保持不败，他们还夺得了 1952 年赫尔辛基奥运会足球项目的金牌，1953 年 11 月 25 日，匈牙利成为第一支客场击败英格兰的神奇之师，6-3 的比分更是震惊世界。

由于预选赛对手波兰弃权，匈牙利人不费吹灰之力就晋级决赛圈。他们小组赛的对手包括闯入决赛的联邦德国和土耳其，联邦德国于 1950 年 1 月 21 日正式恢复了在国际足联的席位，但在本届世界杯并不被看好。然而联邦德国采用了出击后腰，将其中一支前卫后移改为中后卫

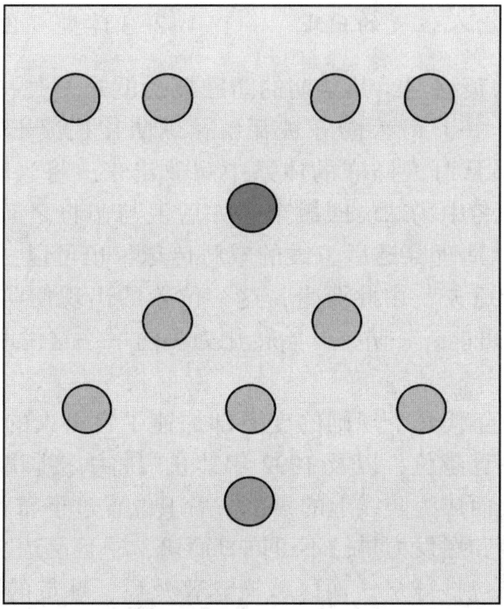

图 2-5

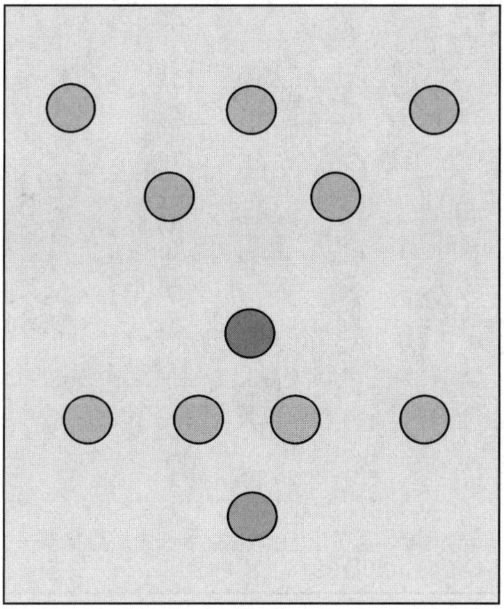

图 2-6

的 4-1-2-3 倒三角阵型。该阵型让联邦德国愈战愈勇，挺入决赛对阵匈牙利。

开场 2min 带伤出战的普斯卡什便破门得分，随后塞博尔扩大优势，仅 8min，匈牙利队就领先两球。然而在 0-2 落后的情况下，联邦德国在接下来的比赛中扳平比分，直到比赛进行至 84min，联邦德国球星拉恩低射破门，绝杀匈牙利，实现了不可思议的逆转。1954 年的瑞士世界杯就在联邦德国的崛起以及匈牙利的落寞之下结束了，至此阵型的发展逐渐由注重进攻向攻守平衡过渡。

2.1.2.7 意大利自由人位置的出现——1-4-2-3 阵型（图 2-7）

现代足球的发源地为英格兰，其早期的防守概念就是一对一的盯人防守，协防的观念不强。在这种情况下，一旦盯人防守被瓦解，球队往往溃不成军。20 世纪 30 年代，意大利人将一名后场球员从盯人防守的体系中解放出来，将当时流行的 WM（3-2-2-3）阵型加以改造，让一名中场球员回撤至本方后卫与门将之间作为自由球员，根据场上形势辅佐防线，他可以清理穿透后卫线的威胁传球，也可以参与对边锋的包夹，活动区域横跨整条防线，“清道夫”由此诞生，这一位置的出现使防守不再仅仅依赖个人能力，“以弱胜强”成为了可能。一防一开始转化为多防一，这说明国际足坛依靠整体防守的思路正在萌发。

然而到了 20 世纪 90 年代几个规则的变更却加速了自由人的消亡，即 1990 年世界杯将越位规则修改为平行不算越位，以及 1992 年禁止门将手接脚踢回传球。这样的变动使自由人不但没有必要，反而成为防线上的累赘。后卫位置过于靠后使得对方容易从两边找到空挡，现代球员的速度和爆发力早已不可同日而语，一旦两边被穿透，拖后中卫显然无法兼顾对方的持球球员与包抄球员。而区域概念普及后，球员的区域专项素质更加重要，由此，自由人逐渐淡出足球阵型。

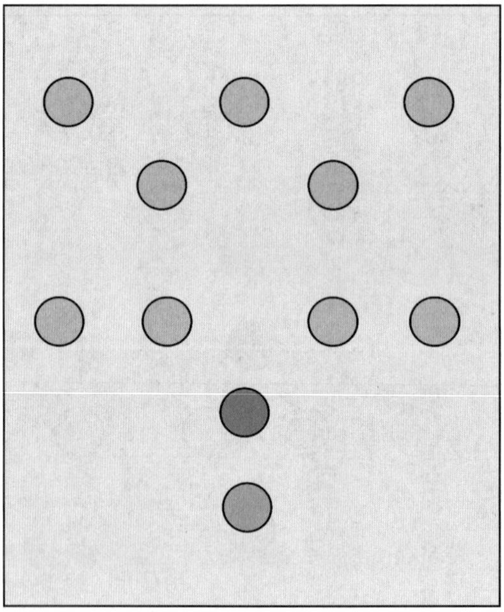

图 2-7

2.1.2.8 桑巴时代——巴西 4-2-4、4-3-3 阵型（图 2-8、图 2-9）

到了 1958 年第 6 届瑞典世界杯，该届世界杯所有比赛于 1958 年 6 月 8 日至 29 日在瑞典境内 12 座城市中的 12 座球场内举行。巴西主帅维森特-弗奥拉吸取了匈牙利 3-3-4 打法的成功经验，首创 4-2-4 阵型。巴西凭借引领革命的技术、战术打法，横扫那些热衷英格兰 WM 和匈牙利 3-3-4 阵型的球队，当届杯赛 6 战 5 胜 1 平进 16 球仅失 4 球，历史上第一次捧起雷米特杯。在当时的特定背景下，4-2-4 阵型较之前流行的 WM 阵型优势在于：4 锋 4 卫攻守相对平衡，攻防层次由 4 层缩为 3 层提高效率，2 位中场球员的设置非常新颖，2 中场位置机动，边后卫和边锋开始参与助攻协防。同时巴西队主要采用准确的短传球和个人技能。到了 1962 年智利世界杯，巴西阵型稍作调整，利用 4-3-3 的阵型再次夺得世界杯。巴西球员也占据了本届世界杯最佳阵容的半壁江山，其中后卫桑托斯，前卫济托，前锋加林查、瓦瓦、扎加洛都来自巴西。

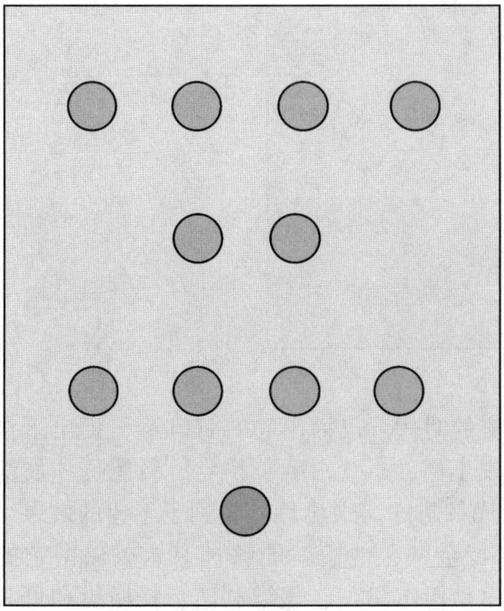
图 2-8

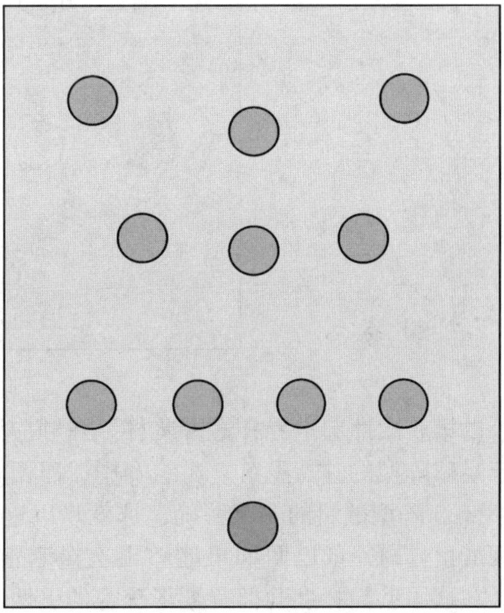
图 2-9

2.1.2.9 英格兰重回巅峰——4-4-2 阵型（图 2-10）

自 1930 年第一届乌拉圭世界杯开始，时隔 36 年，世界杯终于回到了现代足球的发源地英国。在本届世界杯之前，4-2-4 是主流阵型，因为英格兰队中没有强力边锋，所以主教练拉姆塞决定改变阵型来匹配手下的球员。他选择让原本的两个边锋回撤到中场，形成 4-4-2 阵型。增加中场人数，让英格兰可以在中场加强防守，“清道夫”这个角色就此诞生，史上首位“清道夫”斯泰尔斯专门负责中场防守，为身边的博比-查尔顿保驾护航。拉姆塞的这一创举效果非常好，经典的一战就是半决赛对阵葡萄牙，斯泰尔斯全场死盯尤西比奥，尽管不能完全限制住“黑豹”，但他让葡萄牙王牌的冲击力明显下降，与此同时，博比-查尔顿也可以将绝大部分的精力投入到进攻中。同样，决赛时也是如此，联邦德国队由于中场人数比英格兰队少，贝肯鲍尔不得不舍弃一些进攻，将精力放在防守查尔顿身上，结果联邦德国的火力大打折扣。4-4-2 阵型成为了英格兰夺得世界杯的秘密武器，就此成为三狮军团的标志，影响了后来世界足坛约半个世纪。

2.1.2.10 1970 年王者之师——巴西 4-3-3 阵型留住雷米特金杯（图 2-11）

1970 年的墨西哥世界杯，巴西出人意料的使用了复古的 4-3-3 阵型，这使得他们创

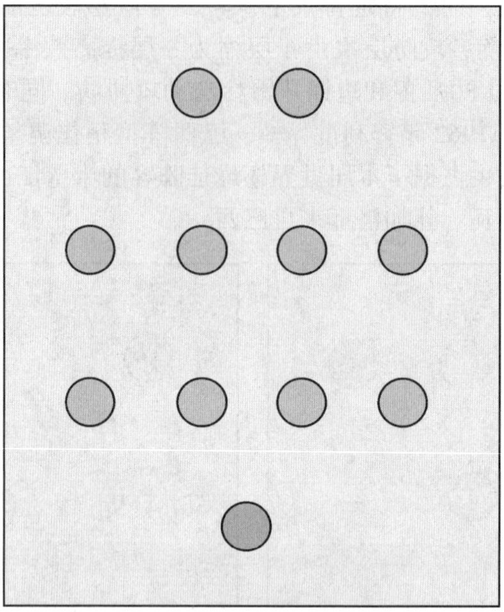

图 2-10

纪录的第 3 次捧起世界杯冠军奖杯。在顺应潮流的时代，巴西不忘昔日阵型，提出了自己对于足球阵型的独特见解。小组赛中，巴西表现不俗，1-0 击败英格兰。教练员扎加洛排出 4-3-3 阵型的目的非常明确，那就是以进攻代替防守。很显然，收到了不错的效果。作为两届世界冠军的巴西如果能够再次捧起雷米特金杯，他们就能够拥有永久保留它的权力。在这届世界杯上，拥有豪华阵容的巴西，由雅伊尔津霍、里维利诺、托斯唐和贝利共同组成了无与伦比的前锋线，并将巴西又一次送上了冠军的领奖台。

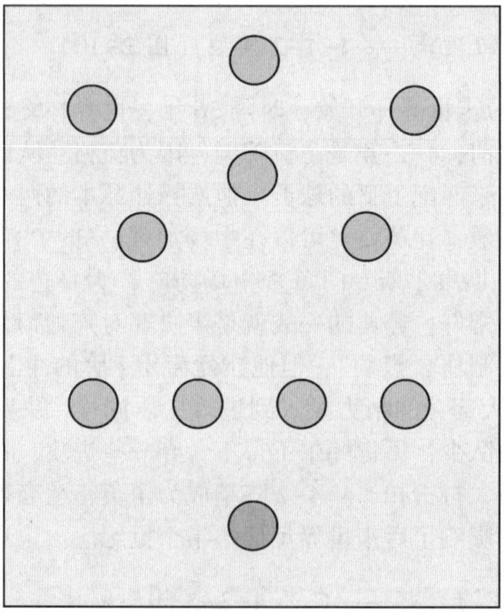

图 2-11

2.1.2.11 荷兰全能足球——全攻全守阵型（图 2-12、图 2-13）

直到 1974 年，荷兰的十上十落全能战术让所有的队员均能锋能卫，这种战术以英式 4-4-2 为基础，将原有的双前锋变为单前锋，再调上一个原来的中场球员配搭另一名前锋成为两个强而有力的边前锋，然后把中场组织交给 3 个中卫，接着把最后面平行站位的 4 个后卫位置推前，从而达到全攻全守的效果。除了守门员之外的 10 名球员全部都要执行进攻和防守的职责，10 名球员在场上的位置也是流动的，不论位置，只讲空间，前锋可以去打后卫，后卫也可以打到前锋的位置上，简单粗暴的全攻全守阵型就此诞生。

该战术打破了阵式对球员的束缚，充分调动球员的积极性和发挥球员的才华。但全攻全守战术，对球员的身体素质、技术、意识等方面，都有极高的要求。由于球员不用刻意地回到原来的位置，从而节省了体能和时间。

在此基础上荷兰还采用 4-3-3 阵型，尤其强调边锋战术，该阵型对运动员的体能提出了极大的挑战，同时推动了荷兰在体能方面科研的发展，因此荷兰在体能训练水平至今始终处于世界一流。

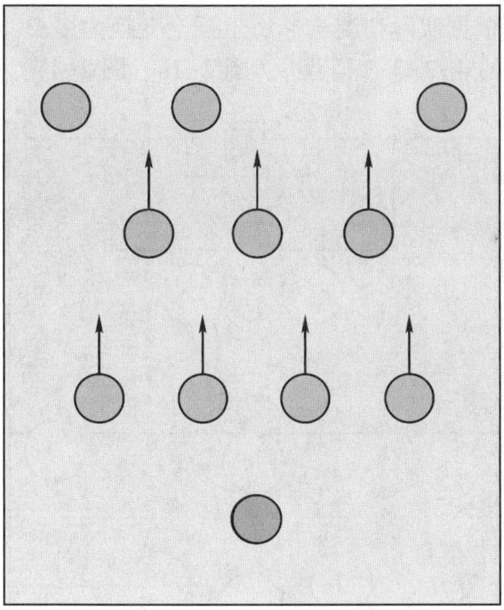

图 2-12

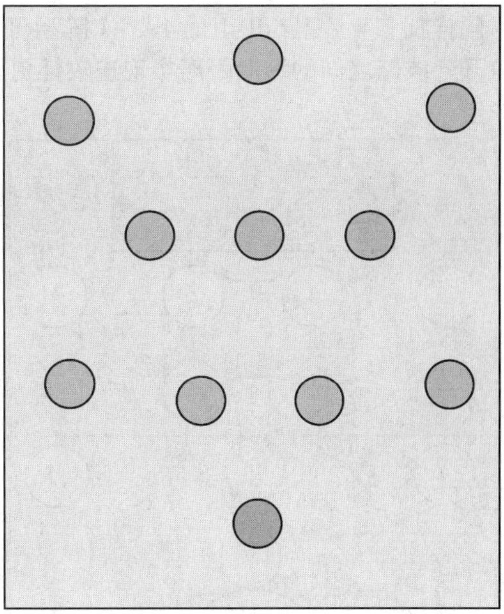

图 2-13

2.1.2.12 比赛中阵型的变化

随后，阵型的发展逐渐放缓，各队将重点放在了比赛中阵型的变化以适应比赛需求，比如以两条防守线的 4-4-2 阵型在进攻时，两侧边后卫补中后卫的空缺，两侧边卫前插形成双锋线，前锋发起进攻从而变化形成 2-4-2-2 阵型。（图 2-14、图 2-15）

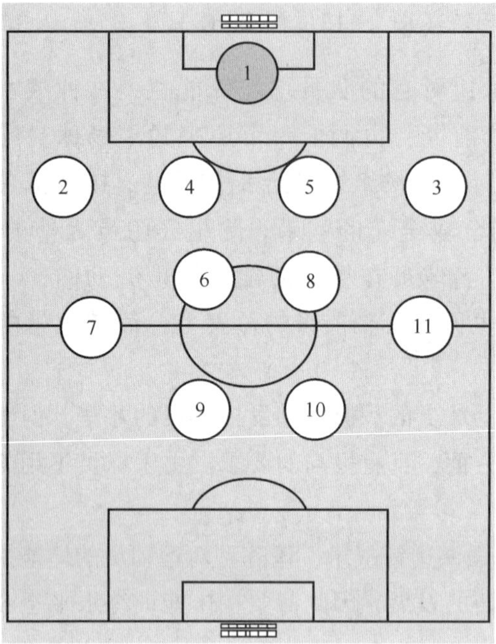

图 2-14

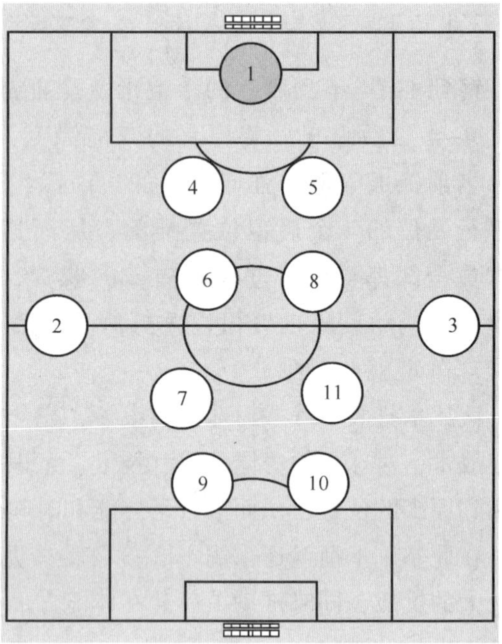

图 2-15

同样拥有 4 后卫 5 中卫的 4-5-1 阵型可以根据实际情况选择后卫插上变换为 2-2-3-3 或拉开各线路之间的纵向距离实现进攻性更强的 4-2-3-1 阵型。(图 2-16、图 2-17)

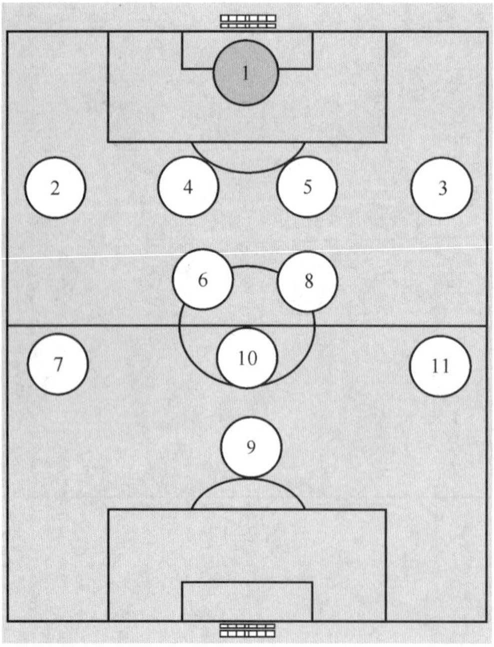

图 2-16

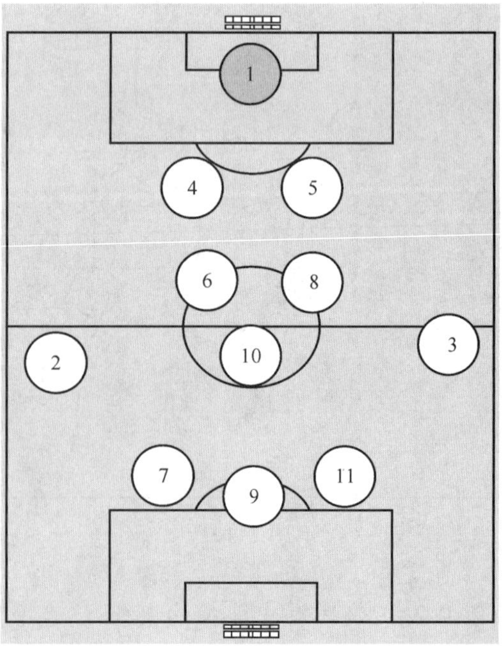

图 2-17

4-3-3 阵型可以先让前锋压上，边后卫前插变为 4 中卫，两名后卫与中卫齐平变为 3 后卫，最终变换为 3-4-3 阵型，加强了中后卫发起进攻的能力或者变化为 4-1-4-1，拉

开了进攻阵型，增加了进攻空间的宽度。(图 2-18~图 2-21)

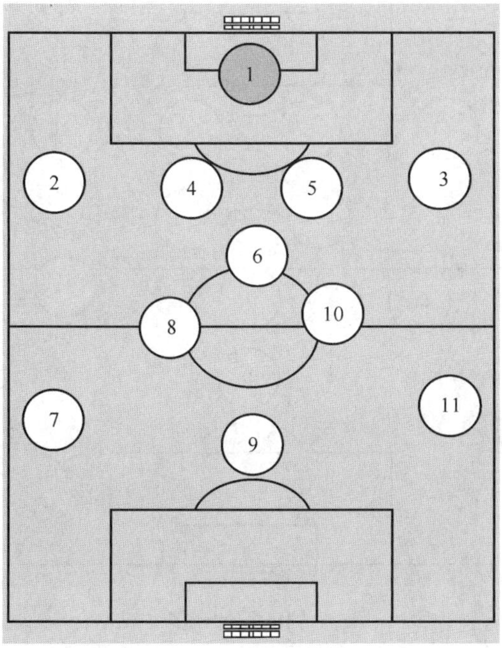

图 2-18

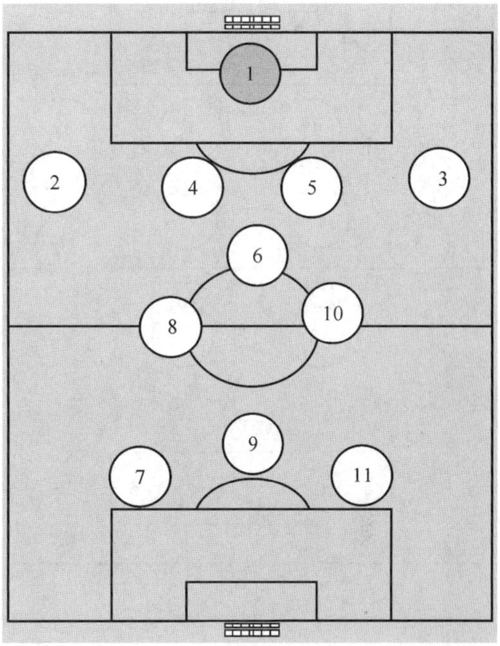

图 2-19

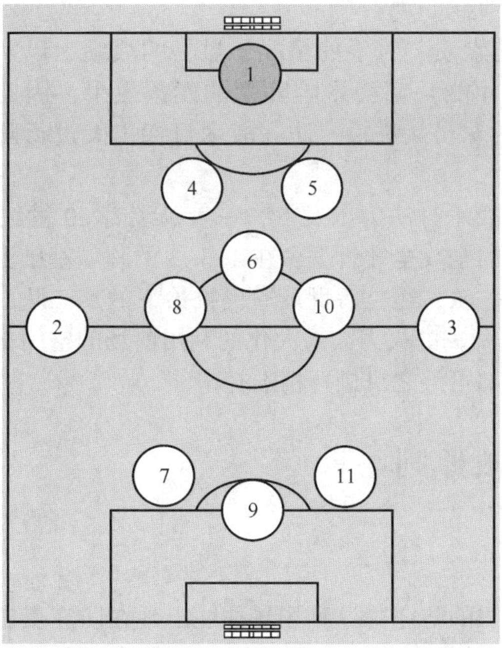

图 2-20

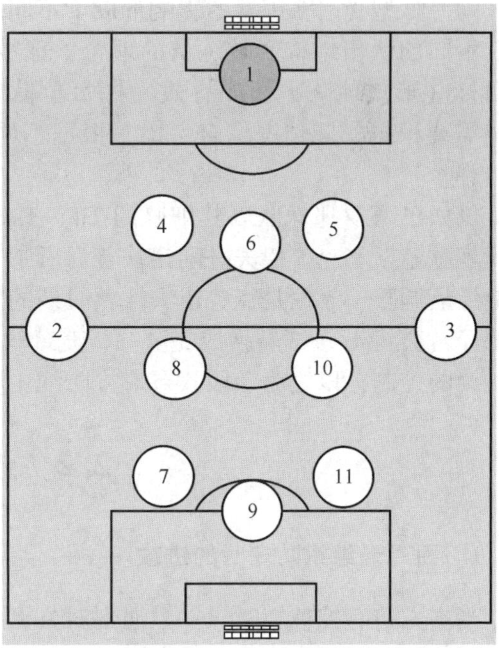

图 2-21

足球阵型发展至今，也深深的影响着亚洲球队的技战术打法，亚洲队伍一直以来以 4-4-2 和 4-5-1 阵型为主流。至此，足球阵型基本趋于稳定。(图 2-22、图 2-23)

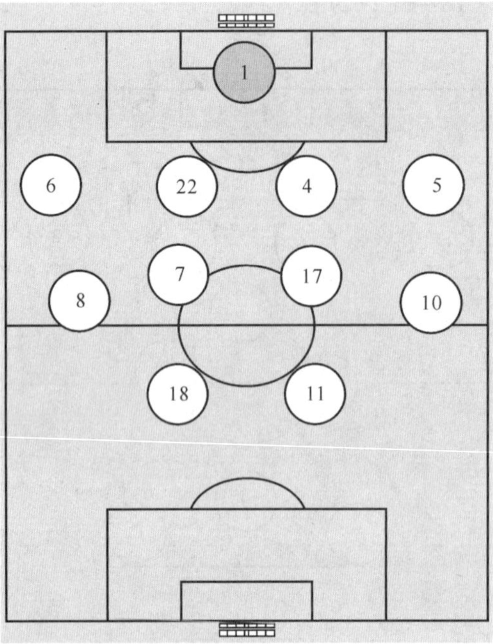

图 2-22

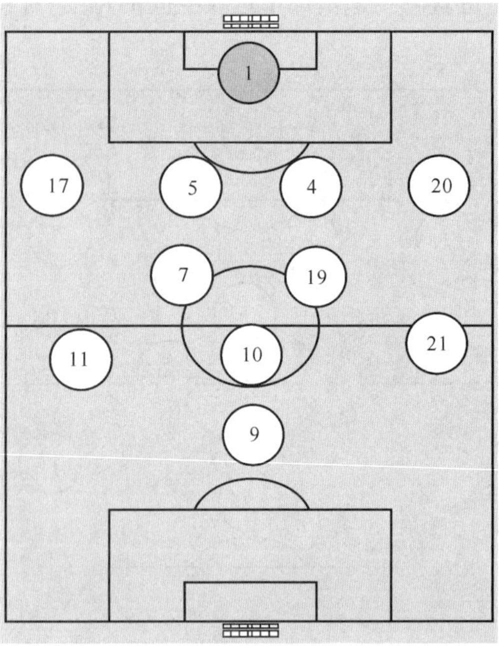

图 2-23

2.1.3 比赛阵型的选择

同一阵型受诸多因素的影响形成了不同的演绎方式。

不同的队伍结构、教练员的理念、球员的素质、对手的情况、过去的战绩、以及战术目标（形成球队平衡或有效发挥每位队员才能）都会影响阵型的发挥效果，因此教练员需要根据实际情况综合考虑，根据不同的球员从进攻、防守战术目标出发进行阵型的选择。

例如巴塞罗那球队以其细腻的 Tiki-Taka 战术打法为出发点，一直延续着 20 世纪 70 年代米歇尔斯和克鲁伊夫登陆诺坎普后所带来的全攻全守哲学，在 4-3-3 的阵型基础上不断地灵活调整，无论是克鲁伊夫执教时期的梦一队，还是后世瓜迪奥拉治下的梦三队，他们都经常会将 4-3-3 转换成 3-4-3，充分解放两翼的火力，最大化的利用前场的空间来形成持续的控制，以之为手段找寻对方防线中肋部可乘之机进行精准打击。

2.2 进攻原则

2.2.1 面对无组织防守时的进攻

当本方持有控球权时，一旦遇到对方无组织的防守（这种场景往往出现在防守反击的球权快速转换场景中），一定要当机立断，快速决策，反击并创造得分。整个过程要求速度必须要快，并且组织进攻的队员必须迅速寻找队友的位置，明确进攻路线，减少失误，提高传球的准确性，利用长传球和渗透球寻找合适落点提高进攻速度，到达可以射门得分的区域果断射门，并且保证射门的角度和力量，确保准确性。

以2018年俄罗斯世界杯小组赛中的一次进攻为例：防守队员的贴身防守导致进攻队员处理队员掷出的界外球出现失误，此时他们面临由守转攻的局面，对方后防线只有两名队员，边锋获得球权后首先抬头观察到队友准备插上，于是他迅速带球向边路进行突破，到达中线附近时选择从防守队员身后向中圈弧附近传中，队友接球后果断向前推进，射门得分，完成了一次经典的面对无组织防守的进攻。

此时进攻队员处理队友掷出的界外球出现失误。(图2-24)

图2-24

防守队员由守转攻，两侧边锋同时观察到对方，并开始反击。(图2-25)

图2-25

面对无组织的防守，左边锋选择在边路区域尽快将球传出，因为此时他面临的防守队员数量较多，而且队友插上的中圈附近没有防守队员。(图2-26)

图 2-26

右边锋拿到球后向前推进，在罚球弧附近稍作调整完成射门。（图 2-27）

图 2-27

2.2.2 面对有组织防守时的进攻

比赛中的攻守转换完成迅速，球员遇到的大多数场景都是有组织的阵地战。当队员面对有组织的防守时，需要耐心组织进攻，通过队员的无球跑动和精准的传控球，将进攻线路不断推进造成威胁，选择从中路或边路进行突破，创造得分机会。队员灵活的无球跑动、突然的渗透性传球和具有攻击性的个人突破都是打破对方有组织的防线并形成进攻的有效方式。

以 2018 年世界杯西班牙对阵摩洛哥的比赛为例：

伊涅斯塔作为西班牙中场核心人物通过传接球和积极的跑位撕开了对方防线，为伊斯科送出助攻完成了一次漂亮的进攻。

伊涅斯塔接队友的传球时对方已经形成防守阵型，并且有一名队员对他进行压迫，另一名队员则向他的传球路线跑动，进行阻挡。（图 2-28）

图 2-28

当伊涅斯塔给队友传球时，防守队员已经形成了围堵。（图 2-29）

图 2-29

队友通过个人能力摆脱防守将球传出，随后伊涅斯塔积极插上与队友完成撞墙式配合后将球带入底线。（图 2-30、图 2-31）

图 2-30

图 2-31

伊涅斯塔底线回传送出助攻，队友射门得分。(图 2-32、图 2-33)

2.2.3 组织进攻的原则

组织进攻的形式虽然千变万化，但是组织进攻的原则万变不离其宗。若想发起并组织一次成功的进攻，必须同时做到对球权的掌控，队员的积极移动和队友的深度支援。球权的掌控是一个队伍组织进攻的基础，也是创造得分机会的方式之一，注重控球的队伍往往能够将比赛掌控在自己的节奏当中。队员可以通过传球、控球和无球接应等方式达到对球权控制的目的。队员的移动是球队战术行为的体现，有威胁的进攻往往是无球队员的移动

图 2-32

图 2-33

和有球队员的传球共同形成的。因此队员需要积极跑动接应持球队友，通过跑动创造空间或是破坏对手防线，可以跑向远端增加进攻纵深呼应队友传长传球，甚至在某些情景，队员需要通过快速移动与队友互换位置，完成阵型变化。足球不是一个人的比赛，只有不断支援队友，才能提高传球效率。每一名队员的出现都为持球队友提供了更多的传球路线，队员应该明白支援的位置，从而让队友从容传球。比如在近、远端的区域无球跑动，不断拉深阵型，或通过在持球队员左、右两侧的区域跑动，拉宽阵型，同时选择在对手的身前和身后接应。其中需要注意的是，横向接应容易造成对方抢断球权，直接形成进攻局面，因此组织进攻时要尽量减少横向的接应。（图 2-34）

图 2-34

2.2.4　得分原则

足球比赛的最终目的是为了得分，因此进攻必须遵循得分原则，球队应通过各种方式完成进球。常见的战术打法有直接打法和渗透打法。

（1）直接打法有很多方式，比如长传直接送入得分区域、中路墙式配合、快速反击、传统反击、中场地带反击和个人反击以及前场截击。这就要求队员在攻防转换的过程中迅速决策，寻找得分机会。以英国、德国为代表的欧洲力量派球队有速度快、力量足的特点，是直接打法的典型代表。他们主要依靠自身身体素质，拼抢积极，强调整体配合。

以 2018 年俄罗斯世界杯的一场比赛为例：

进攻队员由于传球失误，将球传至对方脚下。（图 2-35）

图 2-35

防守球员接到球后立刻长传形成反击，将球送入得分区域。(图 2-36)

图 2-36

前锋接球后射门得分。(图 2-37)

图 2-37

(2) 渗透打法有很多种形式，比如长传冲吊、短传渗透、组织渗透等等。例如当本方球员在边路带球突破时中路队员赶紧插上，渗透对方禁区，以便接应队友的渗透性传中或直塞球，或者由一名球员从中路带球突破，然后在分边形成进攻，又或是中场球员通过地面短传配合组织渗透将球送到对方禁区。

以意大利、法国、西班牙为代表的欧洲拉丁派，打法上依靠技术弥补身体素质的一些欠缺，长短结合，强调个人和整体之间的相互融合，注重肋部的渗透，技术相对细腻，是渗透型打法的典型代表。而以巴西、阿根廷为代表的南美派，打法上依靠自身的技术，两三人间的推进，强调个人表演，足球基本上在地面滚动，速度慢，是组织渗透的典型代表。

以 2018-2019 赛季欧冠半决赛首回合，巴塞罗那对阵利物浦的比赛为例：

巴塞罗那一直以其细腻的 Tiki-Taka 渗透打法而闻名。在这场比赛中，巴塞罗那通过三脚传球就将皮球从中场转移到了门前，最后形成射门得分。

布斯克茨看到了梅西站在对方两条防线中间，并且周围防守并不紧迫，于是通过一个渗透性传球，把球转移到梅西脚下。(图 2-38)

图 2-38

梅西拿到球后，观察到对方右侧防线人员较为密集，而左侧防守队员与队友的距离较远，比较适合突破，于是带球向右侧推进，同时，罗贝托积极前插，准备配合完成进攻。(图 2-39)

图 2-39

梅西通过盘带将球带到球门区弧顶的位置，反向传球，传递给了插入球门区的罗贝托。(图 2-40)

图 2-40

罗贝托中路横敲，苏亚雷斯左侧跟进射中横梁。(图 2-41)

图 2-41

梅西补射得分。(图 2-42)

2.2.5 创造得分机会

足球技术、战术复杂，队员可以通过很多方式创造得分机会，比如边路进攻、个人突破等等。

(1) 边路进攻是指在对方半场两侧地区发展的进攻。边路进攻的特点是充分利用场地

图 2-42

的宽度，拉开对方的防线。边路场区防守队员较少，防守的纵深保护较差，可利用的空当较大。较容易突破对方防线然后采用传中等手段，创造中路射门得分机会。但直接射门角度小很难射中球门。

边路进攻的形式有很多种，比如利用边路拉开对手防线进行边路套边、利用边路传中和下底后回传球得分、大范围调度转移、斜线长传球、边后卫从后协助进攻或是从边路走内线向中路进袭。

以 2018 年俄罗斯世界杯的一次边路调度转移进攻为例：

中后卫拿球时，两名边路球员都在各自的位置上准备向前场推进，创造得分机会。(图 2-43)

图 2-43

中后卫将球带过中场后，传给了前插的左边前卫。(图 2-44)

图 2-44

左边前卫将球带到底线，传中球找到了前插的右边前卫。(图 2-45)

图 2-45

右边前卫射门得分。(图 2-46)

(2) 个人突破是即兴发挥且富有想象力的个人行为，是直接打法的典型方式之一，往往需要队员具有高超的带球技巧，个人突破不但可以吸引对方的防守，还可以形成直接射门得分的机会，具有极高的观赏性。齐达内、马拉多纳等球星都是个人突破能力极强的典型代表。

图 2-46

以 2014 年国王杯决赛巴塞罗那对阵皇家马德里的比赛为例：

贝尔奔袭 59.1m，从左路强行超车巴尔特拉之后，再次带球完成射门绝杀巴塞罗那。

贝尔接到队友的传球前已观察好对方的防守情况，接球后立刻开始个人突破。（图 2-47）

图 2-47

贝尔面对对方的最后一名防守队员，决定一脚将球向前踢出，利用速度抢占球权。（图 2-48）

图 2-48

贝尔被防守队员冲撞至场地外，但是他凭借自身的速度优势弯道超车，超越了对方的防守队员。(图 2-49)

图 2-49

重新拿到球权后，贝尔内切运球至球门区，直接面对守门员。(图 2-50)

在后卫和守门员的双重防守下，贝尔冷静射门，在比赛最后时刻帮助皇家马德里绝杀巴塞罗那。(图 2-51)

图 2-50

图 2-51

2.3 防守原则

防守战术目标应该以保护球门、避免失分，并且通过一切方法夺回控球权为主要目标。因此在进行防守时，队员应该铭记以下几点原则：需要延缓对方的进攻，不断缩小空挡，对持球队员进行夹、围、逼、抢，阻止对方向前传球的路线，压迫对方持球者，并且做到快速转换，在不同地点压迫。时刻让对手在你前面，逼使对手犯错误，如果能逼使对手用长传也达到了战术目的，夺回球权后马上发动进攻。(图 2-52)

图 2-52

2.3.1 面对对手快速反击时的防守

当对手发动快速反击时，往往因为进攻队员的前压导致防守区域变成了人数劣势的局面，当这种情况发生时，就近防守队员应该立刻进行压迫，切断对方向前的传球路线，并且不断逼抢，将持球队员向边路区域驱逐，同时队友上前保护，切断持球队员与同伴的传球路线，最后进行围堵，抢夺球权或逼迫队员将球传出。

以英超联赛托特纳姆热刺对阵利物浦的一场比赛为例：

杜姆和队友的配合切断了一次对手的快速反击。(图 2-53、图 2-54)

图 2-53

图 2-54

此时对手已经没有出球路线，只能等待被围堵或者被迫将球传出。（图 2-55、图 2-56）

图 2-55

2.3.2 面对阵地战进攻时的防守

面对阵地战进攻，防守需要保持防线的统一移动，并且将阵型尽量密集收缩，当球不断向前发展时，就近的队员上前压迫，其余队员分别保护上抢队员的身后以及盯防其他空位队员和危险进攻区域。当上抢队员逼迫对手传球后，迅速回防保护，就近的队员再次上抢，如此反复直至对手失去球权。

图 2-56

以 2018 年俄罗斯世界杯的一场比赛为例：

进攻队员带球突破，就近的防守队员迅速集体上抢，逼迫队员将球传向边路。边路球员持球后，就近的后卫上抢，其余防守队员收缩聚集在球门区内，在保护队友身后位置的同时进行盯人定位。（图 2-57、图 2-58）

图 2-57

此时所有防守队员集中收缩在 6m×11m×18m 的区域进行防守。（图 2-59、图 2-60）

持球队员被迫在两名队员的逼抢下完成射门。（图 2-61）

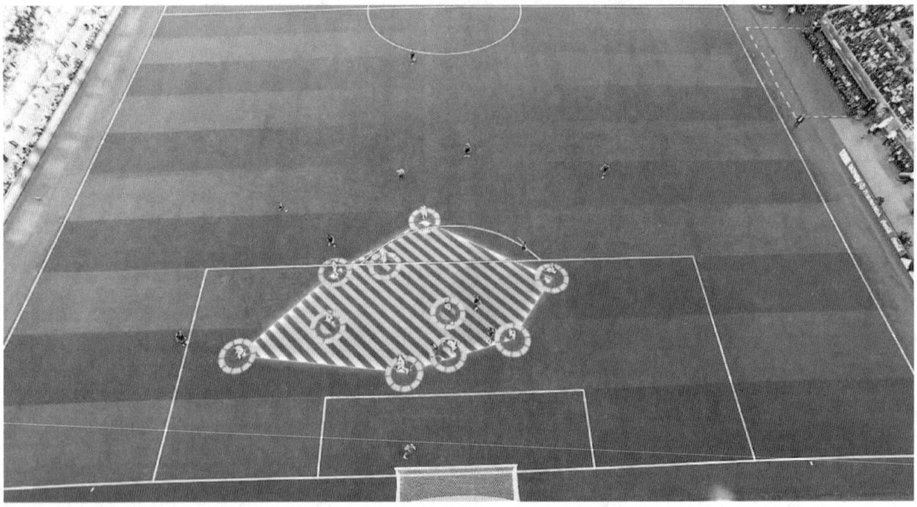

图 2-58

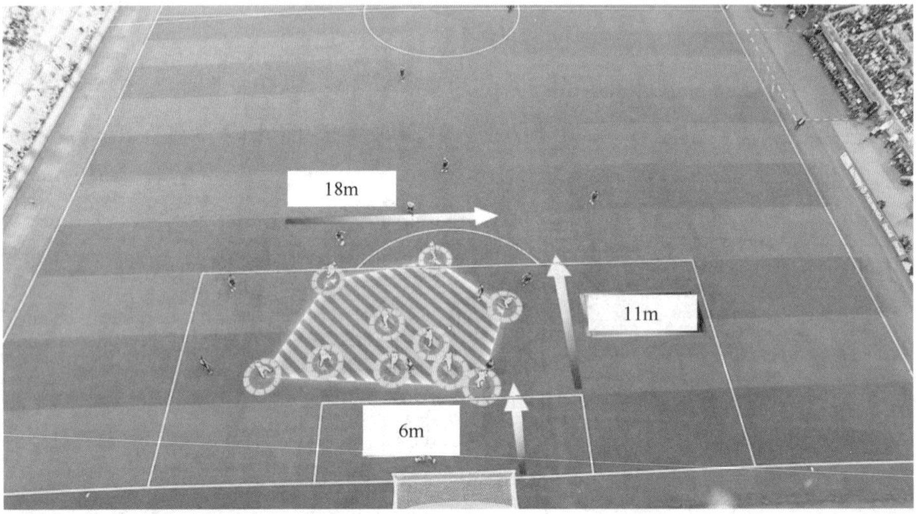

图 2-59

2.3.3 组织防守的原则

2.3.3.1 延缓

球权一旦丢失，球队便从进攻方瞬间转变为防守方，在防守时需要最先考虑延缓对方队员。延缓指遏制对方，阻止其进攻，进行延缓应优先考虑距离（在防守三区，在中场三区或在前场三区）。一般距离最近的队员对持球队员进行延缓，即通过跑动以最短的距离阻挡队员最有威胁的传球路线。

其次应考虑压迫角度，防守队员通常应该将对方队员往边路驱赶，因为边路进攻更为

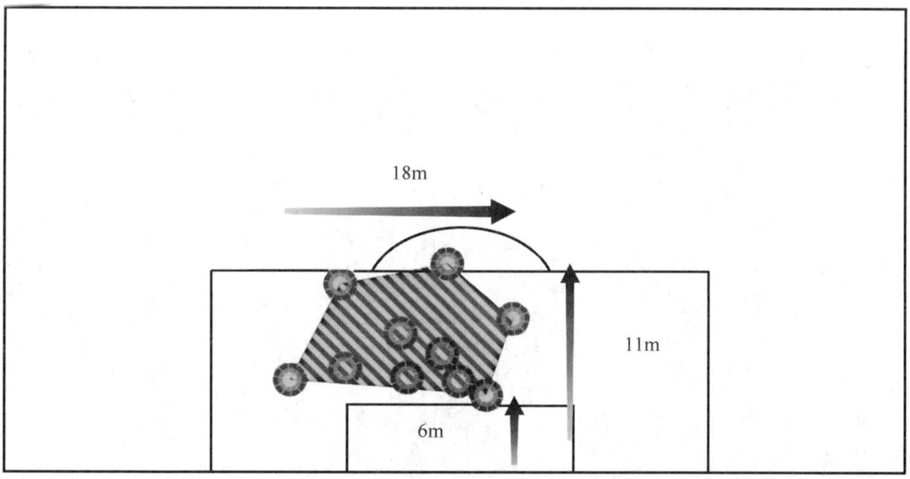

图 2-60

图 2-61

困难，对于防守更容易实施。同时根据不同的情况采取不同的压迫技术进行延缓，如果距离较远，则采用后退跑的方式保持距离，如果速度较快，则采用侧身跑的方式不断拉近与持球队员的距离，并伺机破坏球。

以英超联赛利物浦对阵曼彻斯特城的比赛中利物浦的一次防守为例：

利物浦队丢失球权，球队瞬间由攻转守，距离持球队员最近的范戴克采用侧身跑的防守追逐进攻队员，以延缓其进攻，并且切断他与边路球员的传球路线。而此时 3 名后卫不断后退，与持球队员保持一定的距离，一是为了保持阵型方便防守，二是为了给队友的回撤提供时间。与范戴克处于同一防线的两名队员也在积极回防，至此，形成了 3-3 的防

线，而进攻队员只有4名，至少人数占优，有很大的几率防守成功。(图2-62)

图2-62

2.3.3.2 逼抢（压迫）

当队员通过延缓将持球队员的速度降下来以后应该立刻寻找机会压迫对手，压迫的并不仅仅是离球最近的队员，而且是球周围所有的队员。该场景可能在对方半场和中路出现，也有可能在本方罚球区附近出现，成功的逼抢有赖于团队协作，逼抢也可以用于快速由攻转守。

范戴克以及后防线的队员出色的完成了对进攻队员的防守，此时进攻队员进行变向，向空间较大的左路推进，此时距离球门区大概15m，在队友的积极回防下，形成了4-2的防守局面，此时3名防守队员同时上前压迫，尝试对球进行抢断。(图2-63、图2-64)

图2-63

图 2-64

2.3.3.3 深度支援（保护）

当球队失去球权后除了进行延缓和压迫防守队员，其他人应该立即回撤到球门一侧进行回防，并且最近的队友推至球后进行支援与保护，较远的队员时刻留意身边无球队员的跑动并紧紧贴住对方，注意保护的距离、角度，并且通过队员的相互呼应进行调度。

在第一次压迫逼抢下，皮球离开了持球队员的控制，向边路发展，此时防守队员迅速上前抢夺球权。但是球还是被对方抢下，防守队员持续贴身逼抢，继续延缓和压迫对手的进攻。(图 2-65)

图 2-65

而在此时，同队的防守队员分别在他的身后进行深度支援，防止进攻队员突破后，出现无人盯防的局面。（图 2-66）

图 2-66

2.3.3.4　形成平衡

当防守阵型逐渐形成，所有队员应该各司其职，准确找到自己的位置，并且明确职责，负责盯人、盯位和进一步的保护队友，做到一动全动，让对方找不到进攻机会。

当对方进攻队员尝试再一次突破防线时，利物浦的防线已经形成，并且持球队员一侧分别有球员对其进行延缓、压迫、保护和深度支援，并且在球发展侧的远端，也有队员靠近进攻队员站位，以防进攻队员将球长传转移，打出有效进攻。（图 2-67）

图 2-67

2.3.3.5 收缩集中

当阵地战防守形成，首先应该收缩防守阵型，控制区域，减少对方进攻空间。外围队员进行压迫逼抢，就近的队员进行保护，远端队员进行盯人盯位，继续保持平衡的防守阵型。

当进攻队员晃过了最外侧的防守队员，但是面对他的是两名防守队员的围堵，并且此时利物浦防线已经收缩，持球队员除了将球传给边路球员，别无选择。(图 2-68)

图 2-68

2.3.3.6 控制与解围

防守是主动的行为，当球队一步步引诱对手进入陷阱后，应尽快夺回球权。

当阵型收缩完毕，此时距球最近的队员应该积极上抢，防止进攻队员将球带入危险的得分区域。此时利物浦的两名防守队员已经堵住了持球队员的进攻路线，在团队配合下，夺回球权，完成了一次成功的防守任务。(图 2-69)

图 2-69

2.3.4 不同场区的防守职责

比赛中，将球场从己方底线起平均划分为三个区域，接近己方底线的是防守三区同时也是进攻一区，中场部分既是防守二区也是进攻二区俗称中区，靠近对方底线的区域既是防守一区也是进攻三区。队员在不同的区域承担不同的进攻与防守责任。（图2-70）

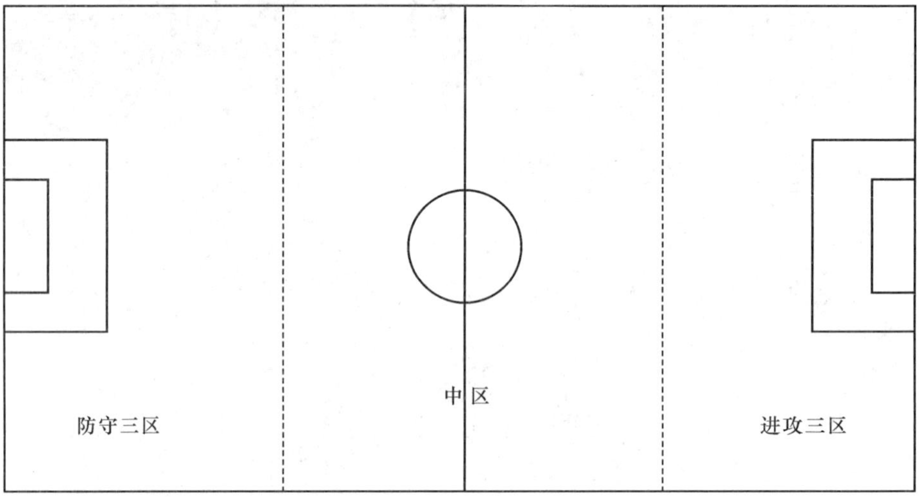

图 2-70

在防守一区即进攻三区，队员职责为通过压迫和逼抢将持球队员逼向边路，避免对方将球带入中区，因为速度一旦提起，或是随着对方队员的无球跑动导致传球路线增多，都将加大防守二区的防守难度。

在中区，队员应加强对对手的压迫，阻断其向前的传球路线，并且拖延对手，使其犯错。

在防守三区，加大对持球队员的压力，队友给予良好的保护以便压迫队员安心上抢，让球远离危险区域，即罚球区周围可以轻易完成射门的区域。

2.4 位置功能

足球比赛的规则是将球打入对方球门，并保护己方球门安全。球员位置靠前，便于射门；位置靠后，便于保护己方球门；位置居中，便于兼顾攻防和串联。球员位置的划分和固定，是为将球员的特长最大限度的发挥。例如，球员善于射门，就把他放到锋线，以有机会更多地射门。

队伍的 11 个位置可以归纳为 7 个：守门员、中后卫、边后卫、防守前卫（后腰）、进攻前卫（前腰）、边路前锋和中锋。

2.4.1 守门员

攻与守是足球比赛中互为对立的两个方面，进攻往往从防守的结束开始，防守的终点就是进攻的起点。守门员作为最后一道防线，往往是对方进攻的终结者，同时又作为本方进攻的发起者，所以在防守端需要有良好的技战术能力，第一要务就是破坏对方的射球与攻门，保护自己的球门不失分。守门员是全队最后一道防线，必须纵观全局，如果在比赛中，后卫队员出现位置错误、漏人和盯人不紧的情况，守门员可以及时提醒后防线的队员如何选位、补位。由于守门员不可以用手触及同队队员故意踢给他的球，所以他必须有能力处理好回传的球，并且充分考虑：在什么位置接球，用什么部位、哪只脚接球，接球后如何处理，是重新组织进攻，还是暂时控制住球，如果对方压迫得紧，是否直接解围，踢向什么方向，用什么脚法，等等。

在组织定位球时，守门员应该组织人墙，确定位置和人数，提醒队友防守队员位置等等。而对于对手从边路不同角度的传中球无论是控制、破坏还是干扰，都要从容应对。

当今足坛技战术的发展，守门员已经不是仅仅守住球门不失分就可以。他是进攻的第一个发起者，我们经常可以看到守门员在比赛中直接发动进攻得分的情况。

以 2018 年俄罗斯世界杯 16 强赛日本对阵比利时的一场比赛为例：比利时队门将利用位置优势对场上局势进行快速准确地判断，快速发动反击，出其不意，获得奇效。

比赛进行到伤停补时最后阶段，日本队发出角球。(图 2–71)

图 2–71

比利时队门将库尔图瓦将球没收，并观察队友位置稍作观察后决定将球送到从后场推进的德布劳内脚下。(图 2–72)

图 2-72

德布劳内带球加速，向前场推进。(图 2-73、图 2-74)

图 2-73

此时比利时其他队员也第一时间参与到反击过程，德布劳内决定分边。(图 2-75)

边路队员传中，将球传至门前罚球区附近。(图 2-76)

比利时队员轻松地将球射入日本队的大门，以 1 球的优势在比赛最后时刻绝杀日本，整个过程仅仅用时 14s。(图 2-77)

图 2-74

图 2-75

2.4.2 中后卫

中后卫位居防线中间，其主要职责是防守时保护本方半场内中路危险的区域，负责对球门保护，适时上前压迫防守，承担攻守转换的任务。这个位置非常重要，可以直接降低对方对本方球门造成威胁的成功率，一般把中后卫称为防守的支柱。每队一般有两名中后卫。现代足球的两名中后卫一般都采取平行站位，在防守中更多的采用区域防守，取代了以前两名中后卫一个盯人一个保护的打法。采用区域防守要求两名中后卫的个人能力以及战术素养更加的严格，同时对防守的技术也有了更高的要求，因为在比赛中他的位置离球门最近，而且还在中路，所防守的是对方进球得分的重点区域，所以需要盯人、卡位、抢截、争抢落点、头球等，那么对其身高、体重、力量、抢点能力、作风性格都有很高的要

图 2-76

图 2-77

求，对身体素质要求很高。由于中后卫负责防守的是对方进球得分的重点区域，所以需要具备出色的防守技术能力。此外，中后卫虽然不需要像前卫队员或者锋线队员有那么好的技术，但是在比赛中要有一定的传接球能力，这样可以配合其他队员组织进攻和控球。中后卫是继守门员外全队最后的防线，也是观察全局最完整的人，而且他的位置是可以移动的，比守门员更加接近球，所以中后卫必须要有较强的阅读比赛能力。因为中后卫具有身高、力量、抢点能力强等特点，所以在本方获得任意球、角球的时候，中后卫通常会参与进攻。

以 2020 年欧冠八分之一决赛次回合利物浦对阵马德里竞技的比赛为例：

利物浦发起进攻，长传渗透球找到了前锋萨拉赫。（图 2-78）

图 2-78

此时后卫全部迅速回追，边后卫直接压迫进攻队员。(图 2-79)

图 2-79

中后卫则负责封堵进攻队员的射门路线，并为边路队员进行保护。(图 2-80)

中后卫对进攻队员进行压迫，并持续对萨拉赫进行逼抢，直到将球解围。(图 2-81、图2-82)

2.4.3 边后卫

边后卫位居防线两侧，主要负责边路的防守，除了防止对手的突破，还要防止对手向本方门前的传中球，阻碍对方球员把球从边线传入禁区。在某些防守体系里，他们也会负

图 2-80

图 2-81

责盯防，好的边后卫能守能攻，经常与前卫队员配合助攻到前场，并且具有得分能力和优秀的技术能力，大多数边后卫都会跟上助攻传中，令球队的进攻方式更立体。由于攻守两端的不停奔袭的打法特点，对边后卫的奔跑能力提出了极高的要求。

以 2018-2019 赛季欧冠半决赛利物浦对阵巴塞罗那的比赛为例：

巴塞罗那边前卫拿到球后稍作调整将球传给了插上的边后卫。（图 2-83）

边后卫迅速前插，将球传入球门区附近的前锋苏亚雷斯。（图 2-84）

苏亚雷斯铲射破门得分。（图 2-85）

图 2-82

图 2-83

2.4.4 后腰

后腰是连接后防线和前场队员的枢纽，后腰可以分为防守型后腰和组织型后腰，前者位置靠后，主要负责中场防守，攻守串联，协助进攻；后者主要负责全队进攻方向的选择，节奏的把控，一般有极好的技术、意识（大局观），并且具有极强的阅读比赛能力。不论是防守型还是组织型后腰，两者都具备较好的防守能力。

后腰通常负责盯防对方的中锋，抑制其进攻的威胁。机动防守；根据临场的不同情

图 2-84

图 2-85

况，在罚球弧前面的中场地带，采用盯人与区域防守完成各种防守任务。及时补位：中路防守上出现漏洞时，应及时弥补中卫的空隙，封锁攻门的通道。一旦由守转攻，一侧前卫插上进攻时，亦应占据插上前卫留下的空当，以免中场脱节。伺机进攻。防守型前卫进攻的主要任务是负责前后左右的接应以及灵活地传球转移进攻方向。但是，一旦出现良好的战机也应及时插上进攻和远射。后腰队员还需具备进攻与防守技战术能力、从后插上得分能力，同时要有较强的有氧和无氧体能，身体素质一定要好。

以 2018 年欧冠巴塞罗那对阵国际米兰的比赛为例：

国际米兰发起进攻，此时巴塞罗那的边后卫迅速回防，切断了国际米兰的进攻路线，并与回防的布斯克茨进行了 2 防 1 的配合，对手被迫将球向前传出。(图 2-86、图 2-87)

图 2-86

图 2-87

此时国际米兰边前锋接球决定向球门区突破。(图 2-88)

从中圈附近回防的布斯克茨已经到达底线位置，滑铲将球送出底线，阻挡了国际米兰的进攻。(图 2-89)

2.4.5 前腰

前腰位置相对靠前，主要负责前场组织调度，需要具备策划进攻能力，高能力插上得分能力，与前锋们配合创造得分机会，多传威胁球和突破，有较多射门机会，有协防任

图 2-88

图 2-89

务。前腰具备优秀传球技术能力、高超的射球能力以及高速度能力。

进攻前卫组织进攻：在中场随时准备摆脱防守，接应同伴，充分发挥组织者的作用。控制节奏：根据比赛临场情况决定进攻的速度和节奏，选择有利的传球时机与传球点。威胁球门：当中锋拉边或回撤，边锋里切或回撤，则应以突然的快速插上或套边占领空当，接获同伴传球。并依靠个人突破或二过一配合完成射门。积极防守：本方一旦丢球，就应立即转为防守，着重注意对口盯人，在中场延缓阻滞对方进攻，伺机抢夺，随着对方进攻的推进后撤到本方门前防卫。

以 2019-2020 赛季英超联赛第 1 轮西汉姆联对阵曼城的比赛为例：

曼城在后场抢断发起进攻。（图 2-90）

图 2-90

球直接传到了前腰德布劳内脚下。（图 2-91）

图 2-91

德布劳内利用速度突破了一名防守队员后继续向前场推进。（图 2-92）

德布劳内面对四名防守队员第一时间将球向边锋斯特林转移。斯特林射门得分。（图 2-93）

图 2-92

图 2-93

2.4.6 边前锋

边前锋相对中锋更靠近边路，主要负责边路进攻，也通过交插换位要完成多种战术任务。一般有较快的速度、较好的技术和意识。多通过团队配合、跑位、突破等方式，（为队友）创造或把握射门机会。多在边路完成团队配合或个人突破，主要威胁来自边路的传中，或边路内切后的射门或传威胁球。所以边前锋应该具备高超的前场突破能力、优秀射球得分能力、高速度快速反击能力、跟前场同伴配合突破得分能力，并且能覆盖前场较多地域。

以效力于利物浦的边前锋马内为例：

在利物浦与马德里竞技的一场英超比赛中，马内负责边前锋的位置，此时，他在边路拿球，面对对方形成的阵地防守阵型，并且进攻人数只有一同队队员，并不占优势，他决定利用个人能力进行突破。（图 2-94）

图 2-94

突然的变向晃过了对方的边后卫，并和队友完成了一次撞墙式配合。完成射门。（图 2-95～图 2-97）

图 2-95

图 2-96

图 2-97

2.4.7 中锋

中锋是全队进攻的尖刀和主要得分手。活动范围主要在前场对方禁区附近。

中锋主要职责是利用熟练的过人技术和突破能力，突破对方的防线，寻找和制造战机，射门得分，所以必须具备在门前的触觉和高速反击能力或为同伴创造良好的得分机会。由攻转守时，也需积极封抢，阻扰对方的进攻组织，具备前场防守能力。中锋要求具备全面、细腻的技术，勇猛、顽强的作风，善于带球过人突破防线、争顶头球和捕获射门战机。采用两个中锋的打法时，一个为突前中锋，站位比另一个中锋略前些，主要起尖刀作用，防守时一般不回撤太深。突前中锋是中锋的一种，主要任务是插在对方后卫线中，全力克服对方抢截、冲撞、铲断等困难，努力寻找或制造机会，争取射门得分。因这类队员像一把尖刀插在对方球门前的要害地区，故常被喻为“尖刀”“突击手”。要求必须有强烈的射门愿望和优异的射门意识、技巧，善于在千变万化的球场上及时抓住稍纵即逝的战机。另一个为拖后中锋，站位略靠后，与突前中锋密切配合，制造和觅取射门战机，防守时须积极回防。

以 2018 年欧冠小组赛巴塞罗那对阵国际米兰的比赛为例：

巴塞罗那中锋拉基蒂奇拿球向前场推进，传球给边前卫后继续向前跑动。(图 2-98)

图 2-98

边前卫将球给边锋，边锋传递给了前锋，前锋将球回传给了发起本次进攻的中锋拉基蒂奇。(图 2-99)

图 2-99

拉基蒂奇起脚射门。(图 2-100)

图 2-100

2.5 由攻转守

2.5.1 比赛的 4 个时刻

足球比赛可以用 4 个比赛时刻划分，分别为本方控球、失去球权、对方控球、夺回球权。这 4 个比赛时刻的不断转换促成了一场完整的足球比赛。而在这过程中，队员往往会采取射门得分、组织或干扰对方组织有效进攻、保护球门和建立有效进攻这 4 种行为。

2.5.2 由攻转守的目的

由攻转守的目的是为了更快地夺回球权。当本方球权丢失后，最接近球的队员立刻上前压迫，开始阻止或干扰对方组织有效的进攻向前推进，延缓对手快速发起进攻，就算没有找到合适的抢断机会，也要为队友赢得时间回防到位参与更好的防守，所有队员的共同目标就是设法防止对手破门得分。

2.5.3 由攻转守的步骤

球权一旦丢失，球队便立刻转换为防守状态，队员思想上立即由进攻转为防守，采用侧面或后面的追赶球，或是正面堵截等方式干扰对方向前进攻，其他队员迅速向有球一侧移动，快速回防到基本位置。当球附近形成人数优势时，就近队员应进行压迫球，快速攻击持球人，迫使对手踢向两侧，迫使对手带球或迫使对手回传，同时其他队员盯防对方接应队员，以防止失球为大原则。封堵对手射门，防止对方进入射程的直接危险区域，并加强对可能抢得球权进行二次进攻得分的队员盯防。

2.5.4 由攻转守的战术要求

由攻转守有两种战术选择：回撤布阵和立即压迫。根据队员和对手的情况，队伍要灵活运用这两种战术，选择合理的战术行动。持续的攻防转换需要超强的比赛体能，因此比赛中体能的分配也决定了由攻转守的效率。

以 2019–2020 赛季欧冠小组赛莫斯科火车头对阵马德里竞技的比赛为例：

马德里竞技在前场获得任意球机会。（图 2–101）

图 2–101

任意球配合出现失误，球被莫斯科火车头队员传到前场进攻队员脚下。（图 2–102、图 2–103）

图 2–102

图 2-103

此时，马德里竞技 7 名队友同时回撤，全力冲刺到本方球门区附近，进行防守。（图 2-104、图 2-105）

图 2-104

当持球队员第一次传球时，马德里竞技的阵地防守阵型几乎准备就绪。（图 2-106）

当莫斯科火车头队员进行第二次转移球时，马德里竞技队员已经形成了两道防线，第一道防线进行人盯人，第二道防线进行区域防守。（图 2-107）

在这种快速由攻转守的情景下，马德里竞技队员从无组织的防守迅速调整到了阵地防守状态，让莫斯科火车头失去了一次良好的进攻机会。（图 2-108）

图 2-105

图 2-106

2.6 由守转攻（反击打法）

2.6.1 比赛的 4 个时刻

足球比赛由本方控球、失去球权、对方控球和夺回球权 4 个比赛时刻构成，其中夺回控球权时，即为反击打法发挥的最佳时刻，同时可以考虑当时所在的区域，选择不同的反

图 2-107

图 2-108

击打法以求最佳效果。

2.6.2 反击打法概念和缘由

反击打法是指比赛中一支球队处在防守状态下时，抢得球权后快速向对方球门实施进攻（传球配合、快速带球跑）以获得分的战略和战术行动。

反击打法是教练员根据队员、对手、赛况等情况综合考虑后采取的一种战术打法，这种战术对于在本方没有强力的进攻阵容对对方造成威胁，但还需要和对方抗衡形成势均力敌的局面的队伍是非常稳健有效的一种方式。反击打法的场景有很多，比如当对方在进攻时身后空当无法得到及时保护的情况下，本方可以快速利用此时场景完成进攻。在对方没有形成有效的防守体系时，也可以通过反击得分。而当实力弱于对手时，可以采取防守反击的打法控制住场上局势。当本队拥有快速且个人能力出色的进攻队员时也可以采取反击打法，以确保对方半场有足够的空间发挥出队员的优势，2018 年世界杯法国队的姆巴佩就凭借自己超强的速度能力为法国赢得大力神杯做出了巨大贡献。

2.6.3 反击打法的基本条件

比赛中很多情况的出现都为反击打法提供了条件，比如当对方传球失误时，对手的阵型无法从进攻阵型迅速形成防守阵型，在区域内会形成空间，为反击打法提供了条件。当强有力的断球抢到球时，球会因为力量被弹出，如果球的运动轨迹和进攻方向一致，此时速度成为了关键，一旦摆脱了对手迅速回撤的后卫，将直接面对门将形成单刀射门的机会。而守门员也可以发起进攻，当得到球后（角球防守、任意球防守）快速通过传球给最前方的进攻队员，此时对方的防守阵型并不完美，快速的进攻可以打乱对方的防守阵型。得到罚任意球进攻机会时也是发起反击的绝佳时机，这种情况往往出现在对方犯规后指挥布阵人墙期间，对于没有警告或者红牌出现的犯规，队员可以快速在犯规发生地点发出任意球，乘虚而入。当对方必须要赢得比赛的胜利，加强进攻的同时疏忽了对本方进攻队员的盯人或防守时，也为本方提供了防守反击的良好条件，对方大举压上，后场一定留出了足够的空间，空间越大，发挥反击的条件越优越，成功几率越高。

2.6.4 反击打法的战术要求

由守转攻的反击打法转换速度一定要快，获得球权后队员立即向前传球或带球跑，其他参与反击的队员积极接应队友，并且以顶级速度跑动，如果传球，球速要快。并以最少传球次数和最快捷的解决方式，比如快速射门，确保快速完成得分。

2.6.5 反击打法的 4 种形式

2.6.5.1 经典反击

经典反击一般是在后场获得球权发起的，利用对手无组织的防守状态，通过较少的进攻队员（2~4 名）参与进攻，较少的触球和传递完成射门。全队向上压上，并占据正确的进攻位置，为下一步行动做好充分准备。首选向前传球，这需要球员向前移动的速度和精准的传递，以及快速坚决的射门。经典反击的优点是在对方防线后留出了足够大的空间，便于本方发起快速反击。(图 2-109)

以 2018 年俄罗斯世界杯日本对阵比利时的一场比赛为例：

日本采用经典反击的打法，先在本方半场进行阵地防守，此时对方半场留出了足够的空间。(图 2-110)

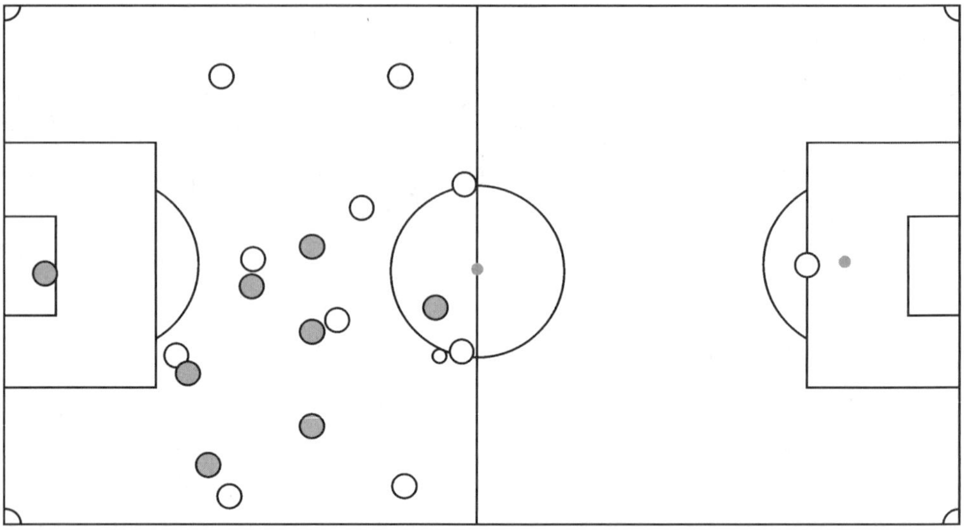

图 2-109

图 2-110

当比利时队员传球失误，被日本队员抢断后，边后卫即刻前插，策动反击。（图 2-111）

日本队员通过第一次传递完成了对球从边路向中路的转移。（图 2-112）

第二脚传递便将球送入对方罚球区，最后由后场赶到的边后卫完成射门得分。（图 2-113）

2.6.5.2　集体反击

集体反击一般在中场赢回球权发起，得球队员利用对手无组织的混乱防线，正确的决

图 2-111

图 2-112

策和行动向前发动进攻，通过较少的触球次数或高速向对方球门带球，寻找射门机会，这需要球员向前移动的速度和精准的传递，以及快速坚决的射门，全部队员以最快速度压至对方半场，并占据正确的进攻位置，为下一步行动做好充分准备。（图 2-114）

以利物浦的一次集体反击为例，在中场 4 人形成一道防线，迫使曼城队员回传球，而利物浦两名前锋则同时压迫曼城唯一的接球队员，抢夺球权实现反击。集体反击的优点是无论在对方半场还是本方半场都留有适当的空间，并且本方防线有足够的人员部署，就算球权发生了转换，也可以迅速回到防守状态，不像高位防守，如果后卫速度不够快，便无

图 2-113

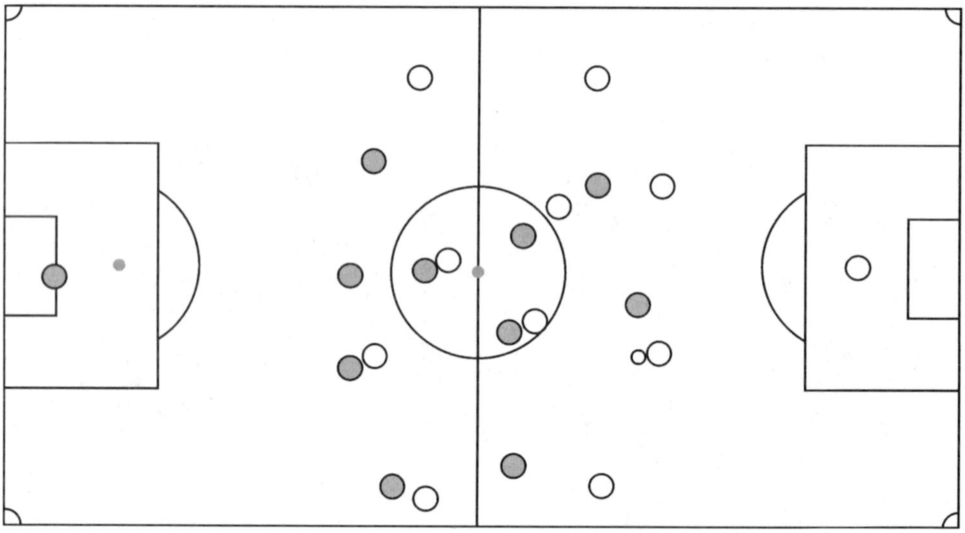

图 2-114

法跟上对手的进攻步伐，导致失球。(图 2-115)

2.6.5.3 高位反击

高位反击指在对手半场抢下球权由少量攻击手快速发动的进攻，在反击时第一得球人决策起到关键性的作用，通过较少的触球次数或高速向对方球门带球，寻找射门机会，需要快速和精准的向前传递，直接攻击对方球门，首选射门，为下一步行动做好充分准备。高位反击的打法相对缩小了对方的后防线以后的进攻空间，因此对球员在狭小空间进行配

图 2-115

合的能力提出很高的要求。比如曼城和利物浦两支英超劲旅，在球场上始终采用高位压迫，并在前场策动快速反击。(图 2-116)

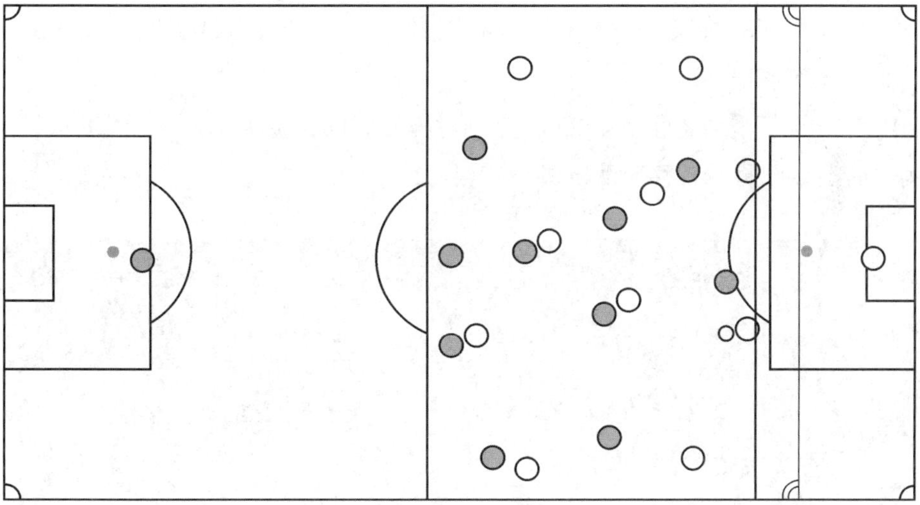

图 2-116

以曼彻斯特城的一次高位反击为例，在对方防守区域形成了 5 防 3 的局面，加上队员从两侧压迫持球队员，使其只能往后传球或者将球解围，失去主动权。(图 2-117)

2.6.5.4 单刀反击

单刀反击是指在防守方半场内进攻球员带球，在无任何防守方球员（守门员除外）干扰的情况下，单独面对防守方守门员的反击情况。单刀反击通常是高位防守或前场丢球后

图 2-117

反抢，一般由一名球员个人直接带球完成射门。

单刀多在以下几种情况时发生：（1）进攻球员个人带球或球员之间配合突破对方防线；（2）防守方传接球失误；（3）快速反击时；（4）防守方造越位失败或进攻方反越位成功；（5）长传突破时。

以 2018-2019 赛季英超联赛第 22 轮热刺对阵曼联的比赛为例：

热刺边后卫试图将球转移至队友脚下。（图 2-118）

图 2-118

此时曼联队员突然上抢，夺下球权。(图 2-119)

图 2-119

曼联球员长传转移至边前锋。(图 2-120)

图 2-120

边前锋形成单刀反击机会，并带球突破。(图 2-121)

完成射门。(图 2-122)

图 2-121

图 2-122

2.7 射门技巧

2.7.1 现代足球射门进球的基本特征

相关研究数据表明，现代足球比赛中进球最多的区域是本方禁区及其前沿的中路地区，其进球数占总进球的 89%。并且射门进球多在“动”中奏效，射手总在被紧逼盯人的情况下，摆脱防守人得分。

2.7.2 守门员害怕出现的情况

守门员往往是球队的最后一道防线，也是最后一道指挥线，优秀的守门员不但守门技术精湛并且具有良好的组织防线能力，但守门员也有很多害怕出现的情况。

实战中守门员的注意力必须是时刻集中的，因为对手可以在任意地点完成射门，虽然不是每一脚射门都会射进门框，但由于球进入守门员接触范围的过程受到很多因素的干扰（比如弧线，反弹等等），因此每一脚射门的完成都对守门员提出了挑战。如果射门的隐蔽性强并且球速、角度都比较完美，守门员便很难完成扑救。其中射门距离是守门员担心的因素之一，比赛中，离球门 8~10 码的低平弧线球一定是守门员最不愿意看到的“好球”，因为这种球距离近，力量大，并且带有弧线，而且角度较低，门将必须以最快的姿势倒地，以确保球被挡出球门。但是由于球的力量较大，守门员只能通过身体的阻挡将球弹出，而不能很好的控制住球，从而形成对方二次进攻的机会，而且已经扑到的姿势也不利于迅速地起身扑救。因此，守门员会通过语言控制防守队员的站位（压上或拖后），避免对方进攻队员轻易的在近距离完成射门。

同样地，在防守时，本方和对方队员会密集的集中在球门区附近，此时的每一次射门都会有形成反弹的可能，如果突然向守门员周边的大力射门也会让守门员头疼，守门员很难在如此短的距离和时间内做出精确的反应。再比如在无防守压力的情况下后 1/3 场区丢球的情况，在这个区域会迅速形成反击，守门员需要考虑是否出击，并且对手没有射门角度限制，因此，这时突如其来的射门和对手轻易运球向他们推进也会对守门员造成威胁。

其次是隐蔽性强的球，比如十分隐蔽的多种伪装的攻门，守门员如果不知道对方要射门，在没有准备的情况下，甚至只能眼睁睁地看着足球入网，身体完全无法做出反应。

另外角度刁钻的球也很难扑救，比如传向后门柱区域内的高空横传球和定位球，特别是发向前门柱的角球、点球、直接任意球。

当然，除了对方队员的行为会对守门员造成困扰，同队队员的行为也会给守门员造成失球的被动局面。

比如同伴面对本队守门员时触击球，这种情况往往出现在对手前场高压逼抢的情况下，由于规则要求，守门员不能用手触及队友故意的回传球，如果回传质量较好，守门员可以将球解围，但是如果球速稍慢，进攻队员迅速逼抢，守门员没有出球空间，便容易在门前失球。又如球传到防守队员身后或防守队员与守门员之间、队友之间的后场传球失误，也会让守门员进入紧急状态。

2.7.3 射门失败的原因

射门机会是努力创造出来的，如果仅仅创造出射门机会而无法把握住，那么一切都是徒劳。

高水平的射手在比赛时为了抓住每一个射门的机会往往是注意力集中的状态，因为每一次射门机会都关乎球队的命运，所以他们会对每一次射门负责。队员应该时刻牢记 10 次射门等于进 1 次球，如果对出现的机会反应不敏锐，不机警，则抓不住机会。

另外技术欠佳，跑动时机不当，局限的视野与意识水平，惧怕身体对抗，缺乏踢球，摆腿动作不正确，缺乏助跑支撑速度，不现实的欲望与企图，以及思维过程缓慢等原因都是导致射门失败的原因。

2.7.4 如何改进射门技巧

2.7.4.1 改进技术

掌握良好的技术是完成高质量射门的基础。首先应该保证技术动作的准确，即适宜的身体形态、流畅的动作、射门时的身体平衡。在这个基础上，队员可以通过腿部力量与射门速度的提升提高射门的质量。

同时，通过反复的射门练习以及不同场景的射门提高射门意识。

2.7.4.2 提高战术配合质量

提高战术配合质量也可以大幅度提高比赛中射门的次数，从而增加进球。具体的战术配合包括如下方面：

（1）定位球在比赛中无疑是难得的得分机会。

（2）在比赛之前应该加大对直接任意球、间接任意球、角球、点球、掷界外球和开球战术的制定和练习并在比赛中应用出来。

（3）在训练中也可以设计断球后的反击场景，当队员追球射门、运球射门、转身射门或者通过局部的配合完成交叉换位射门以适应比赛中的真实场景。

（4）角度刁钻、力量十足的远射对于守门员来说是难以扑救的，因此如果比赛中出现突然的远射往往会获得进球机会。这种场景往往出现在球队发起进攻时，当进攻队员压至球门区内完成射门后，形成回弹球，控制二点球进行补射的队员在罚球区前 5～10m 的位置稍作调整完成射门。但是这要求队员能够在合适的位置出现，需要在平时的训练中提高在门前选位的能力。

2.7.4.3 提高射门技巧

队员在实施射门时优先考虑的是射门时机、射门质量以及补射意识。

射门时机体现在队员应该明确何时射门，当射门时机出现，队员应该第一时间完成射门动作，这需要对球的发展进行预判才能够完美衔接。

射门质量体现在面对不同来球合理选择射门方式，比如来球是地滚球可以顺势采用低平球的方式射门。另外应明确触球部位，采用何种技术动作完成射门。还可以通过跑位创造更好的射门机会。

补射意识应该是每一名射手都应该具备的，比赛中很多球被门将扑出后无法控制，这就形成了很好的补射时机，但是如果在射门前没有补射的想法，当时机成熟了再去行动往往为时过晚。

2.7.5 得分训练指南

射门练习应该保证更多的练习次数，训练中应该多重复，有效组织，避免射门练习的长时间等待。反复练习不但可以提高球员对技术动作的反复思考，还能形成肌肉记忆。

练习中应该结合比赛中出现的场景完成射门练习，比如在禁区内不可能出现没有防守干扰的射门，所以在训练中应该加强对抗，做到训练和比赛结合才能够让队员在比赛中发挥出训练的水平。

而长时间用一种方式练习则会扼杀球员训练热情，因此教练员可以安排多种多样的练习形式，并询问球员的建议。

练习时一定要集中注意力，明确何时施射以及射门角度，这就需要在射门前观察守门员的位置。

射门练习的原则是由简到繁、由易到难、从已知到未知。

最后教练员应该零互动安排射门训练，观察队员的态度和实力变化，实时调整。

只有在良好的训练计划之下，才能不断追求细节上的准确。在每次训练结束后，教练员都能根据球员的情况指出 1~2 点可以提高的地方，并对错误动作给予纠正和指导，这样才能有效地提高射门质量。

远射形成之前的球员站位示例。（图 2-123、图 2-124）

图 2-123

图 2-124

2.8　定位球进攻

2.8.1　定位球进球数概率

数据说明，在现代国际足球赛事中定位球的进球数几乎占总进球数的 1/3（见表 2-1），定位球进攻之所以有如此大的威胁和成功率，主要在于定位球打法直接简单，使防守的难度系数大大增加。其优势在于：规则规定，在发定位球时，对手不得在 9.15m 的范围内，除掷界外球外。这样，就给进攻者足够的空间进行战术安排。定位球战术简单，其影响因素相对较少。所以一个队伍处理定位球的质量也在一定程度代表了球队的实力。

表 2-1　定位球进球数情况统计

赛事名称	总进球数/个	定位球进球数/个	定位球进球比率/%
1994 World Cup	141	46	32.6
1998 World Cup	171	62	36.3
2002 World Cup	162	45	28
2006 World Cup	147	46	31.2
2010 World Cup	145	35	24.5
2014 World Cup	171	48	28.07
2017 AFC	394	108	27.9
2017-2018UEFA	401	78	19.4
2018 World Cup	169	59	34.9

2.8.2　定位球种类

定位球可以分为角球、任意球、球门球、掷界外球、中圈开球和球点球 6 种。

2.8.3 定位球原则

定位球机会的把握往往能够在比赛中反转战局，起到四两拨千斤的作用。处理定位球要有计划性地进行，如果没有提前的练习，在比赛中临时决定，往往无法很好的完成配合。

定位球可能在球场中任意地点发出，每个区域都有不同的罚球方式，不必为了完成精美的罚球太过勉强，在适当的地点用适当的方式即可。

定位球发出后应该以最快的方式完成射门，如果不断增加触球次数，则失去了定位球的优势，场面重新变成控球，甚至有失去球权的风险。可以通过假动作干扰门将及防守队员的判断，提高定位球的进球概率。同时，队员应该时刻保持清醒与警惕，避免在关键区域的草率犯规给对方送礼。

定位球虽然是进攻手段，但是也要注意后场的防守阵型不能松懈，因为球一旦发出经过反弹，形成了对手的反击机会，所有防守队员应第一时间选择最佳线路回防跑动，防线要在第一时间形成，以免失球。

值得注意的是队员极佳的执行力能够在不违反规则的情况下第一时间将球发出，让对方措手不及，极大地提高了定位球进球的效率。

2.8.4 定位球进攻

2.8.4.1 表现原则

全队上下应该明确本队的战术和进攻思路，基于不同战术选择相应的定位球方式。在不同的地点，不同的时间明确主罚队员。主罚队员应该明确目标，比如运用何种技术，操罚何种类型的任意球。在任意球发出和结束的过程中，各队员的位置不同，因此采取各自的战术行为，以确保创造有利于任意球进球的场景。队员应该时刻注意球的位置，选择合适的区域进行进攻或包抄射门。当定位球被守门员或防守队员拦截后，在罚球区内及周围区域会形成二次进攻的机会，球员应该提前预判，站在安全区域以便于形成射门。

2.8.4.2 进攻要求

定位球进攻时要求简单处理，最好事先安排或者即兴应变，准确性是必不可少的要素，另外发球时机、勇气和多样化的发球方式也都决定了定位球进攻的质量。

2.8.5 定位球进攻关键要素

定位球进攻时，应根据球员的长处和弱点合理组织，有必要时提前将替补队员换上，以备定位球战术的发挥。比如罚球点球决胜之前，将体力更充沛的守门员换上。

当队友罚定位球时，无球队员的跑动也十分重要，如果跑位过早，防守阵型会提前缩紧，如果跑位时机晚了一步，那么会错过二次进攻的机会，因此跑位时机很关键。

另外，主罚队员的准确性也十分重要，如果定位球不选择直接射门，那么队员的第一次触球决定了球继续的发展，是射门得分还是通过后蹭或变向，可以根据实际情况选择。同时注意对二点球的处理，如果为了得分，则选择射门，如果为了重新获得球权则可以选择控球或传中并时刻留意对方反击。定位球进攻遵循简单性的原则，并且队员应该先对场上局势进行观察再决策。

2.8.6 角球进攻

随着足球技术的不断提高，角球进攻威胁随之增高。在组织角球进攻中，站位的基本原则是：队员分布禁区内和附近区域，力争获得更多的进攻点。对于站位形式有：一是以球门区近角、罚球点和罚球区远角的三点所构成，形成进攻的宽、深度；二是略居罚球区之外，以便获得同伴踢出的球和对方顶出的短距离球。有时角球进攻中根据战术需要，角球区附近也站一名队员，他或为短传配合或为诱惑防守者，分散中路防守的注意力。角球进攻的方式通常有 4 种：一是内弧线球至近球门柱或远球门柱；二是外弧线球至近门柱或远门柱；三是低平球或高吊球至近球门柱或远球门柱；四是短传配合。在选择采用以上哪种角球进攻方式中，首先需考虑的是对方队员和本方队员特点以及对方站位形式。一般说来，当防守者具有强于本队的空中争夺能力或队员集中于门前时，最好避免直接长传至门前。此外，角球进攻方式还需要考虑到阳光、风力等气候因素。特别值得提出的是，角球进攻方式应尽可能有变化，因为只有不断地变化，才可造成守方防不胜防，措手不及。在各种长传球至门前时，如果没有直接顶或射门的机会，触球者应通过头或脚把球传给位置较佳的同伴。由于角球进攻时大多数队员压上前场，因此，当对方从角球进攻中断球时，每一队要及时回到防守位置，以应对快速反击。(图 2-125)

图 2-125

以 2020 年英超联赛利物浦对阵马德里竞技的一次角球进攻为例：

马德里竞技队员准备发出角球，此时马德里竞技 4 名队员在罚球弧外等待争抢二点球。4 名进攻队员则在球门区内争抢一点球。(图 2-126)

角球即将发出，球门区内的 4 名进攻队员突然向各个方向跑动，牵扯防守队员的精力。

图 2-126

角球发出，此时马德里竞技 4 名队员呈一字排开，争抢头顶球，确保了在不同落点都能有争抢球的机会。(图 2-127)

图 2-127

在这次头球争顶后，马德里竞技虽然没有直接完成攻门，但是球落到了利物浦防守队员脚下，造成了他的解围失误，球权重新回到了马德里竞技队员的脚下。(图 2-128)

此时马德里竞技队员身边已经没有防守队员，形成了单刀机会，轻松破门得分。(图 2-129)

2.8.7 任意球进攻

任意球是一种可以随意处理皮球的方式，是一种在犯规后重新开始比赛的方法。当现

图 2-128

图 2-129

代足球对于防守的要求达到空前高度之时，任意球进攻就成为了破门得分的重要手段，在距离人墙 9. 15m 开外，任意球大师凭借着出众的脚法可以瞬间改变比赛、扭转战局。而依靠团队协作的精妙配合同样可以达到预期效果。

对于进攻方来说，处理任意球时所面临的防守强度与运动战时不可同日而语，完全占据主动的进攻方可以凭借球员的个人能力和出其不意的团队配合，令在运动战中顽强抵抗的对手缴械投降。

根据进攻方主罚队员触球次数和人数的不同，任意球可以分为直接任意球和间接任意球。直接任意球往往被本队脚法出众的一名或数名队员包办，而需要进行周密部署和赛前演习的间接任意球则是定位球向运动战的延伸，良好的战术意识和配合能力是取得成功的关键。

以 2018 年俄罗斯世界杯的一次任意球进攻为例：

红队队员准备发出任意球的瞬间，进攻队员在两名队友的掩护下突然插入罚球区内。(图 2-130、图 2-131)

图 2-130

图 2-131

红队进攻队员直接找到球的第一落点，铲射破门。(图 2-132)

图 2-132

2.8.8 球门球进攻

球门球进攻指通过罚球门球直接发球进攻，可以分为长传和短传方式组织进攻。

如果在比赛中认为罚球门球只是恢复比赛的一种手段，这就等于在中场附近将控球权交给了对方。虽然人们普遍认为，一旦获得控球权就要充分利用和创造空间，但他们往往在罚球门球时并没有充分体现出这一原则。队员在罚球门球时不敢大胆拉开地去接应罚球门球的原因，是怕在本方球门前造成失误，这实际上是队员对自己的接控球能力有所怀疑的表现，是对自己的传接能力不信任，因此要克服这一不良心理障碍，对自己的传接球能力充满自信，敢于在罚球门球时拉开空间接应罚球队员。同时，在罚球门球时，罚球队员和接应队员应当考虑接应队员，应当拉开宽度和制造纵深空间，为传球创造空间。要注意传球的质量，特别是传球的速度与方向尤为重要，传球队员应当将球传至接球队员远高防守队员一侧的脚下，这样防守员不易抢到球。需要注意的是，即使传出的球还未到达接球队员的脚下，其他无球进攻队员也应当向接球队员跑动形成接应或保护，或者是在重要区域创造更多的空间，一旦接球队员控制球，便可进一步向对方发动连续的攻击。

攻方队员罚球门球时，保证在本方罚球区附近有 4 名队员拉开接应，每名队员都能够接应罚球队员踢出的球，从而组织下一步的进攻。如果对方队员此时对其全部队员实施盯人防守，则必须向罚球队一方的后场压上，这样防守队一方后场的纵深空间就会大大地扩大，为进攻球队一方利用防守队员身后的空间提供了有利条件。

以 2019-2020 赛季英超联赛小组赛第 4 轮阿森纳对阵托特纳姆热刺比赛中的一个球门球进攻为例：

由于阿森纳采用的是4-4-2菱形中场的高位逼抢体系，前场有足够多的人数，因此托特纳姆热刺门将洛里采用长传球的形式发出这个球门球。（图 2-133）

图 2-133

中场队员接到头球向前转移。（图 2-134）

图 2-134

前场球员接球向边路推进后将球向前送出。（图 2-135）

持球队员稍作调整后完成射门，球被守门员扑出，边路插上的队员补射破门得分，完成了一次由球门球发起的进攻。（图 2-136~图 2-138）

图 2-135

图 2-136

2.8.9 掷界外球进攻

足球比赛中掷界外球的次数很多，特别是在前场的界外球，它已接近了角球对双方所产生的影响和效果，且投掷界外球无越位限制，有利于进攻方的战术配合。

掷界外球进攻有很多种方法。可以选择直接回传：由接球者直接或间接回传给掷球者，由掷球者组织进攻。或者摆脱接球：用突然的变速变向摆脱防守，接应或插入接球，展开进

图 2-137

图 2-138

攻。还可以选择长传攻击：由擅长掷球的队员掷出长传球，由同伴在对方门前配合攻击。如掷球给跑动中的同伴，接球后用头顶后蹭传球，另两名队员配合的同时包抄抢点攻门。

以 2019-2020 赛季英超联赛第 22 轮热刺对阵利物浦的比赛为例：

边路形成界外球机会，边锋马内选择站在底线位置吸引防守，而前锋萨拉赫也站在了罚球区内，两个人的站位导致了热刺后防线整体后移，中场线与后防线的空间被拉扯出来。(图 2-139)

图 2-139

此时界外球发出，菲尔米诺反身跑位，直接找到了空挡区域。(图 2-140)

图 2-140

热刺后卫头球将球解围，此时在罚球区外，利物浦 4 名球员形成了一道防线，准备争抢二点球。(图 2-141)

图 2-141

维纳尔杜姆头球至萨拉赫脚下。(图 2-142)

图 2-142

萨拉赫直接将球传到回撤接应的菲尔米诺脚下。(图 2-143)

菲尔米诺凭借精湛的个人技术完成破门。(图 2-144)

图 2-143

图 2-144

2.9 定位球防守

2.9.1 防守组织

随着现代足球对任意球得分的需求逐渐提升，如何能够做好任意球的防守，引起了越来越高的重视。任意球防守成功的前提条件是组织严密、分工明确。

由于任意球发生地点是不可控因素，因此在赛前就应该将区域和责任明确划分，确保在实战中，队员知道自己的职责；清楚哪些区域应该由谁防守；当进攻队员突破，防守任务应该如何转换。

以直接任意球为例解释定位球防守的组织过程：当对方获得距离球门 35m 内的任意球时，首先要有一名球员上前干扰阻止对方快发任意球，安排身高较高的球员来排人墙，一方面增加对方绕过人墙的难度，另一方面在可能出现的门前混战中，小个子球员比较灵活，反应更快，对于破坏乱战具有一定优势。守门员必须站在既可以看到球，又不在人墙后盲点的后方，最好靠近球门中心。其他防守球员立刻站到人墙位置将直接射门的角度封死。当确定对方不能快速将球发出后，守门员再检查指挥人墙站位是否完全封堵住近门柱一侧球门，远门柱一侧则留给门将单独防守。本方队员都尽可能多的回到防守区域。

如果是远距离任意球，对方一般采取传中球，象征性的站一到两人封堵最佳线路，这个位置的人墙一般安排速度快、技术好的进攻球员担当，以便之后断球可快速发动反击，个头高的球员则留在禁区线附近破坏对方第一点球。

如果是 35m 内可直接射门的任意球，则需防守战术安排。(图 2-145)

图 2-145

2.9.2 区域防守

区域防守是指全队在防守时，层层设防，形成层层盯人加保护的整体防守体系。在区域防守体系中，队员需要迅速而有效地确定位置，每个队员都是在自己相对稳定的防守区域内进行盯人防守，一般占据和保护重要得分区域，忽略不明显的得分区域。防守人尽量减少移动，主要对进入自己防守区域的球实施反应，当对方进攻队员交叉跑位到另一个防守区域时，我方防守队员和该区域防守队员交换防守任务，一般不越区盯人，避免盯人混乱，受对方的牵引。防守队员的保护由在其身后的队员保护和支援，当对方强行突破或无球跑动切入接球时，防守队员要紧追盯防。加强二次防守更易于重新调整防守区域。防守的优势在于节省体力，队员在防守时的机动性和保护性更强。缺点是防守队员需要有良好的判断预测能力和意识。如果队员的配合不默契，对方就会充分利用两个防守区域的交界处，而交界处一旦被突破就会和守门员形成单对单的形势。(图 2-146)

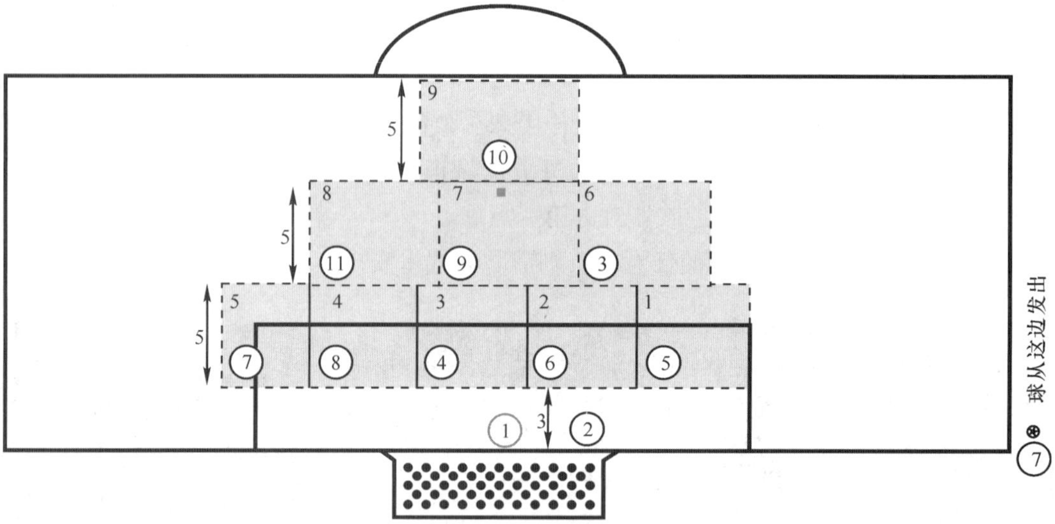

图 2-146

2.9.3 盯人防守

盯人防守指防守者通过各种方法，紧紧跟随并看住自己的对手。其基本目的在于严密控制对手在种种战术形势下的有效行动，诸如接球、运球、传射等。盯人方式主要有紧逼盯人和松动盯人两种。紧逼盯人一般适用于禁区地带或盯接近球的进攻队员；松动盯人一般适用于盯离球远的队员。人盯人防守的优点是队员职责明确，不需要太多准备时间，教练员可以根据每个人的特点安排相应的盯防对象，比如在定位球中，让擅长头球的队员盯防对方最危险的攻击手或者高个子球员。人盯人防守的缺点是队员容易跟对手扎堆形成混乱的局面，而且因为阻挡容易丢掉自己的防守对象，甚至在身体对抗过程中在罚球区内造成点球。(图 2-147)

2.9.3.1 盯人防守技术要领

(1) 注意对对方传球路线的封堵。防守球员要注意在防守的时候紧盯的是人，但阻截的是球而不是人，所以防守球员必须要千方百计的封堵足球可能的进攻路线。防守球员总

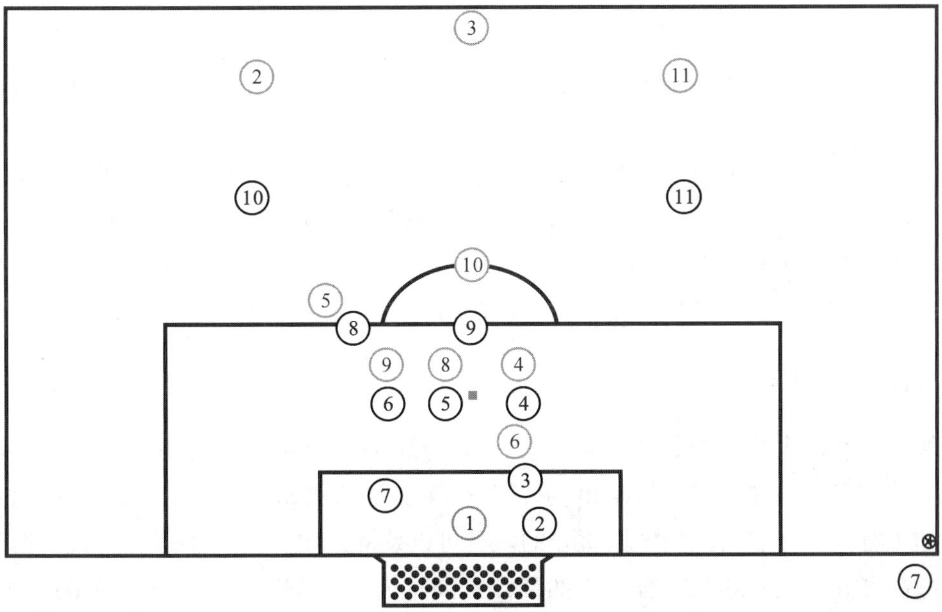

图 2-147

是站位于攻防球员的内侧，即攻防球员与守门员之间的连线之中。

（2）注意防守距离的掌握。防守队员看到攻方球员进入自己的防守区域时要迅速上前进行拦截。拦截的时候防守队员与进攻队员之间的距离不要太远也不要贴得太近，攻守双方球员对持时保持一箭步的距离较为适合，可以进退自如。

（3）注意延缓对方的进攻机会。当进攻队员急于起脚传球，防守队员可以用下肢阻挡进攻球员的传球路线。防守队员要充分了解攻方带球球员的进攻路线和动作意向，采取各种方法来延缓进攻球员的进攻时间，为防守方迅速布防赢得宝贵的时间，以使有时间让接应球员前来围堵攻防球员，从而抢断足球并解围。

（4）注意把握抢断时机。防守队员要注意进攻队员的每一个运球动作和动作的意向，防守队员步步逼近的同时，设法把球从攻方队员那里抢截下来。当进攻队员接球落地或者停球的瞬间要及时出脚，这是防守队员抢断足球的最好时机，如果抢断没有成功的话不要着急，防守队员可以退后半步，继续寻找抢断的机会。

2.9.3.2 盯人防守注意事项

（1）防守者必须根据球的位置站位于被盯者与本方球门线中点之间的连线上，并根据比赛情况保持与球的适当距离。

（2）防守者在盯人时必须注意力高度集中，能够洞察周围局势，以使提前有准备地干扰被盯者接球或处理脚下球

（3）盯人者通常在固定的被盯者或相对稳定的区域范围活动，为了防止人的丢失，每一盯人者除了完成自己的任务之外，必须具备补漏意识和能力，以使在同伴失职后仍能保

证整体防守的有效性。

（4）盯人者应当具备随机应变能力，当同伴防守吃紧时可见机采用夹击、围抢；当周围有球可断截时，应善于主动出击，各负其责是盯人成功的基本条件，而同伴间灵活，主动积极地协作，更能提高盯人防守的效果。

（5）盯人者在运用抢截技术时，必须谨慎小心，因为一旦失误，往往就会给本队带来以少防多的被动局面，给同伴增加压力，如果抢截失误，该队员应即刻回追。

（6）盯人防守对体力的要求往往很高，盯人者必须根据自己体力状况，采用合理盯人形式，当体力不支时，可适当地减少盯人中的争抢，多用盯堵来达到防守目的。

2.9.4 区域结合盯人防守

区域防守和盯人防守相结合是把两种不同的战术结合在一起运用。在采用这种战术时，球队采用区域防守战术，同时也会安排 3～4 名优秀的防守队员盯防对手最危险的攻击手。如果盯人防守成功，则区域防守的队员可以发动进攻，而对手却没有自由射门的机会。区域防守和盯人防守相结合战术的优点是通过人盯人防守可以阻止对手的自由跑位，仍然能够通过区域防守盯防重点区域。盯人防守看住对手的头球手，区域防守的队员可以创造出 2V1 的防守局面。区域防守和盯人防守相结合战术缺点是如果对手采用短传配合的战术，防守 1 号区域的队员不得不上去逼抢，另外两个区域的防守队员同步移动，这样会让后门柱空间非常脆弱，没有人防守门柱。另外，球员们同时争抢一个点会造成区域内的混乱。（图 2-148）

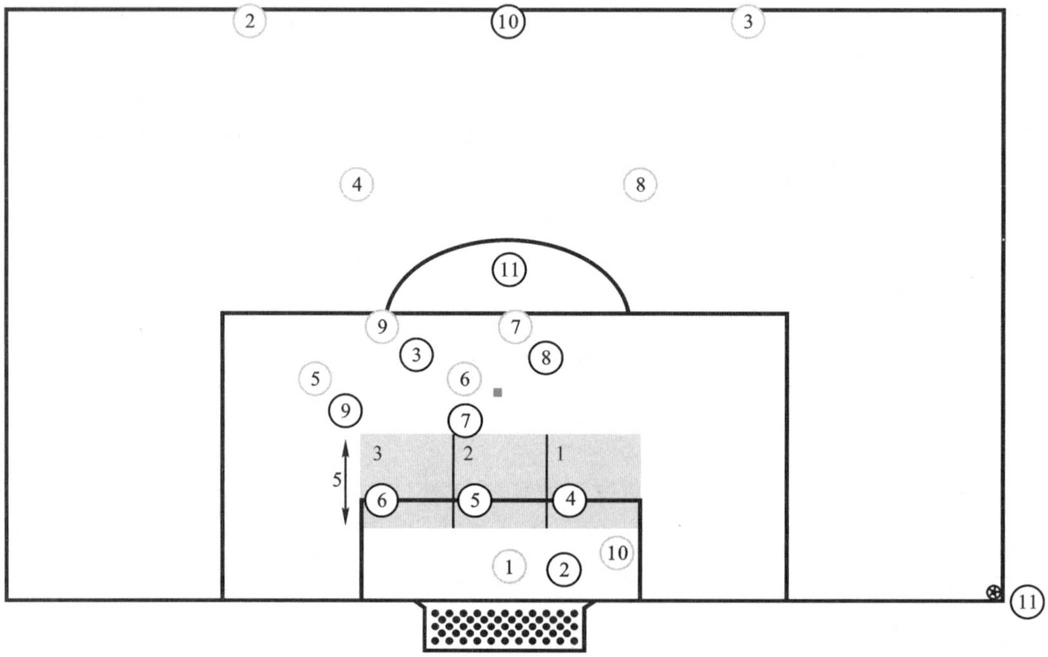

图 2-148

2.9.5 角球防守

角球的防守方法很多，有研究表明，90%的角球是在球门区以及球门区前扇形区域内完成得分的。因此对于角球防守，可以安排在重要的分区域进行区域防守，也可以采用区域防守和人盯人防守相结合，根据不同的情况和战术理念选择不同的防守方式。（图2-149）

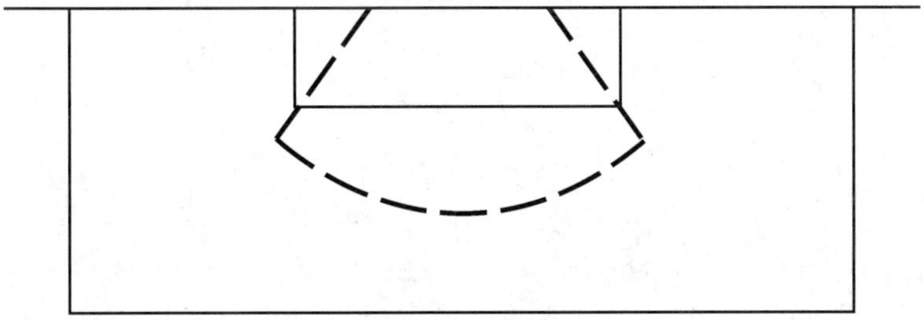

图 2-149

（1）区域防守。首先队员应该明确区域划分，明确自己负责的区域，当对方队员或球发展到自己所在的区域时进行防守。一般情况下，区域防守会在前门柱和后门柱分别安排一名球员，中间安排 3 名球员（分别负责前中后 3 个区域），前排安排 3 名球员，禁区内总共 9 个人，加上在外线再安排一个人，总共十个人，当然在中场附近还要安排一个前锋，起到牵制对方进攻人数的作用。

但是区域防守的缺点是当罚角球时进攻队员会全速冲击区域内的防守队员，会让防守队员处于被动状态。因为当对方队员有足够的助跑距离时，他们相比静止在原地更容易跳起争抢落点。

（2）区域结合盯人角球防守。目前很多球队都采用人盯人结合区域角球战术布置，其优点是在关键区域用头球最出色的球员解除威胁，以阿森纳球队为例，大卫·路易斯，穆斯塔菲，扎卡都是教练员认定最关键的球员，在争顶头球的时候，具有身高优势，而个子矮小一些的球员比如萨卡，贝莱林，可以更多的应对对手的冲跑，哪怕是身高比自己高很多的球员，其目的是组织对手在助跑过程中提速，为争顶球提供条件。在关键区域，阿森纳因为有区域防守的队员，还有人盯人的队员，很多时候会形成 1 对 2 的局面。但是该战术布置的缺点是：在近门柱或远门柱没有安排球员，没有减小对方射门的角度。局部可能会造成多个队员抢一个点，造成冒顶或是失误，尤其在结合部，在明确职责划分时会出现影响。同时由于球开出后整体阵型会向外走，后点会变得比较薄弱，对于短角球的防守存在漏洞。

以欧罗巴联赛阿森纳对阵奥林匹亚科斯比赛中的角球为例：

阿森纳在区域结合盯人的角球防守过程中由于职责分工不明确，导致对方进球得分。

阿森纳采用的是区域结合盯人的防守方式，重点区域（区域 A）由一字排开的 5 名队员进行区域防守。区域 B 的两名球员则更多的负责外围的二点球或短角球。(图2-150)

图 2-150

从战术图中可以看出，3 个人负责盯人，其他人全部都是负责区域防守，10 名队员全部回到罚球区内进行防守。(图 2-151)

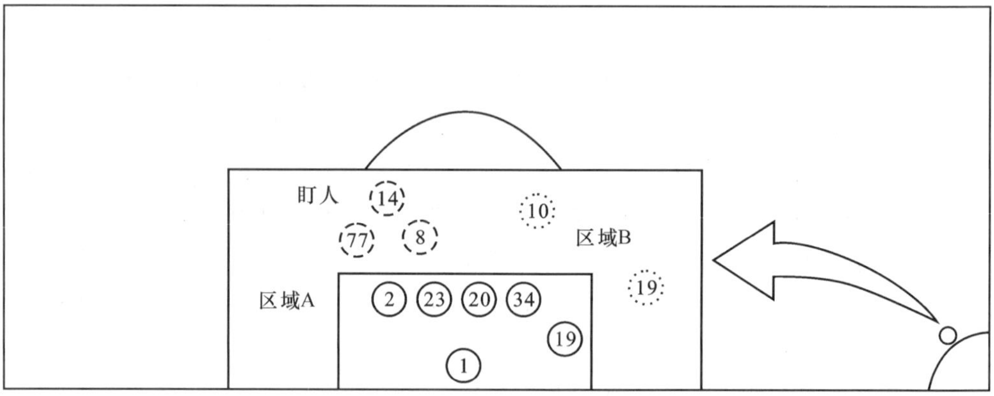

图 2-151

球开出的一瞬间，可以看到奥巴梅扬一个人在防守两名球员，但其实这并不是一个问题，因为在区域结合盯人的角球战术中，教练会更多去布置对重点球员的看防，奥巴梅扬的作用是在队员跑动路线上进行阻挡，防止其加速争顶球。(图 2-152)

在区域角球的盯防中，被安排在不同区域的球员身前的部分是他负责的区域。(图 2-153)

但是在这次角球开出以后，塞巴略斯和穆斯塔菲两个人同时争顶球，在这个结合部出现了失误。塞巴略斯没有顶到球，但他并不是区域负责的球员，穆斯塔菲面作为区域负责

图 2-152

图 2-153

的关键球员，失去了位置，并且没有争顶到球。(图 2-154)

再看大卫·路易斯，他负责区域前点的队员失位，那么身前这一块区域就应该由他负责。但是球最后还是被对方送入了大门，因此这是一次失败的角球防守，而穆斯塔菲和大卫·路易斯对这个失球具有较大的责任。(图 2-155)

2.9.6 任意球防守

对于防守方而言，任意球是本方大门最危险的敌人之一，多变的战术和诡异的球路令防守者在任意球面前十分被动，不过如果布置得当，片刻间的攻防易手也会给被动的一方

图 2-154

图 2-155

带来反击制敌的机会。

在足球运动中，当对方在中后场发任意球时，防守队员需要很好地组织和站位。如果在前场发任意球，则必须要排人墙。排墙队员的人数取决于球所处的位置。在排人墙时，一般第一个队员应站在球与近门柱的连线上，若为防止对方弧线射门，可指定人墙的第二个队员站在此连线上。人墙的第一个队员一般部署个子高的球员，这有助于更好地保护球门近角上端。为了精确地站位，他应与守门员保持联系。每一排培队员必须贴紧站立，以防球从人缝中穿过球门。球门近角由“墙”封堵，守门员站在挨门远角并保证能观察到队员及其附近队员的活动。

排墙队员以外其他队员的站位原则：一般是头球好的防守队员盯住对方空中争抢能力

强的队员；中锋盯住对方标上的盯人中卫或拖后中卫；其余队员或者盯住自由进攻者或站在墙的侧后起保护作用；另外派一名速度较快且成熟的队员站在中线附近准备反攻；一旦断下球，应尽发动快速反击。任意球中也包含“点球”，在罚点球时，进攻队员应注意补射，守门员应注意脱手或碰球门反弹后的第二动作，其他防守队员应注意在守门员脱手或从球门柱反弹回来后冲上解围。

以 2018 年欧冠小组赛巴塞罗那对阵国际米兰的比赛为例：巴塞罗那在罚球弧内获得一个任意球机会，由苏亚雷斯主罚。(图 2-156)

图 2-156

当苏亚雷斯踢球瞬间，防守队员布罗佐维奇提前在人墙后方躺下，阻挡苏亚雷斯踢出的低平球。(图 2-157)

图 2-157

结果苏亚雷斯真的踢出一记低平球，被躺下的布罗佐维奇挡出，配合队友完成了一次完美的任意球防守。(图 2-158)

图 2-158

2.9.7 界外球防守

曾经的手抛球在足球竞赛规则中并没有被仔细定义，直到 1883 年规则中才提及手抛球的定义。如今的现代足球中，手抛球成为了定位球的一种方式。由于规则中规定，掷界外球不存在越位，这也提升了防守掷界外球的难度。

在掷球局部要紧逼，特别是有可能接球者，要死盯。对比较危险的地域和有可能出现的空当要重点防守和保护。当对手在前场掷球时，应采取相应的防守对策，派人在掷球者前面影响掷球的远度和准确性，对重点对象要盯紧，选择防守的有利位置。

以英超联赛利物浦对阵阿森纳的比赛为例：

利物浦获得一次边线球机会，此时阿森纳球员采用人盯人的防守战术，限制利物浦队员发出界外球。(图 2-159)

此时利物浦队员进行交叉换位，尝试制造接球空间，但是阿森纳队员任务分工明确，所以在一顿跑动后，进攻队员并没有找到无人盯防的队友。(图 2-160)

此时队友找到了正在罚球区内背身对抗防守队员的萨拉赫，掷出界外球。但是萨拉赫身后有人盯防，无法自如的处理球，加上边后卫见状跑向萨拉赫，进行施压，最后萨拉赫只能匆匆将球踢飞。(图 2-161)

2.9.8 心理素质

有科学研究表明："人在焦急时，体内会分泌出大量压力荷尔蒙，使心跳加快，大脑活动加剧，产生紧张急躁的情绪，从而使运动员的技术动作变形，出现较多失误等。" 因此，运动员具备良好的心理素质是其发挥技术水平和实现有效战术的前提和保障。例如，在足球比赛中，不同的观众对场上运动员的每一个动作会有不一样的反应，作为足球运动

图 2-159

图 2-160

员，要承受来自赛场内外各方面的心理压力，在此基础上，发挥自己的技术水平。足球运动员具有良好的心理素质是其技术水平正常发挥甚至是超常发挥的重要保证和前提条件。

心理素质不仅在比赛中影响运动员的水平发挥，在平时训练中，良好的心态也会使训练效果事半功倍。

因此，心理素质不仅是足球运动员实力水平的重要内容，也是运动员实力发挥的基础和保证。心理素质和专业技术水平二者相辅相成，相互促进。

足球运动员首先应对足球运动有正确的认知，包括时间、空间知觉等；同时对足球有一定的判断力。对足球的相关信息拥有正确的认知是对足球运动员最基本的心理素质要求。

情绪是人们对客观事物的主观反映。作为足球运动员，其情绪特点不仅受主观因素影

图 2-161

响，同时受足球运动的特点影响。众所周知，足球运动是一项对抗性强、竞争激烈的体育项目，其项目特点本身就容易造成运动员情绪上出现波动和受其影响。足球运动讲求的是队员之间的配合，战术多变，这就对运动员的注意力水平提出较高要求。足球运动员的注意力必须长时间高度集中，只有这样，才能够及时、准确作出判断和抉择，从而取得好成绩。同时，思维力和注意力相辅相成，足球运动员在赛场上必须保持思维的活跃性，对场上情况有一定的预见性，配合有效的行动。运动员的思维力主要通过其行动外显出来。

自我暗示是指引导足球运动员用自己的思想、语言对自身进行心理调整，从而增强自我调节能力和控制能力的训练方法。如比赛上场前，运动员可以不断对自己说“只重过程，不在乎结果”，排除外在的干扰，全身心地投入比赛，正常发挥，在球场上做最好的自己，完成团队的配合和协作。放下心理包袱和顾虑，往往能够收获意想不到的效果和成绩。

信心是运动员正常发挥能力和水平的重要条件之一。没有信心或信心不足，往往造成运动员出现消极情绪和较低的自我评价，久而久之，会影响其能力的正常发挥。因此，在教学和训练中，教练员应经常通过言语、眼神等对运动员进行鼓励，为他们树立信心，培养他们良好的心理素质。总之，开展针对足球运动员的心理素质训练要与身体素质训练和技术、战术训练一样，自上而下高度重视。对足球运动员的心理素质训练，必须在足球的运动规律、比赛特点等基础上，有针对性地对运动员进行心理训练，从而培养其良好的心理素质，使运动员能够控制和调节自己的情绪和状态，充分发挥自己的足球技能，不断完善、提高自己。

2.10 个人、小组和全队战术

2.10.1 足球战术

战术指为了达到取胜的目的，通过周密的计划将技术和身体能力有机地转化为行动的战略行为。战术可以分为个人战术、小组战术和全队战术。

（1）个人战术指比赛中球员个体应对各种不同攻守情况的行为。

（2）小组战术指比赛中各位置间的相互协同的作战方法。

（3）全队战术指比赛中根据不同位置和场景下球员全体的协作行为。

2.10.2 战术训练指南

训练是为了比赛，因此一切训练都应该从实战出发。足球战术训练场景和强度要与比赛场景或强度相似。在训练过程中应尽可能给球员更多的自主权，减少过于严密或固定死板的训练。在设计训练课时，安排的训练难度要符合球员的需求，过易或过难都不适宜。每堂课应突出统一的目标或理念，并逐步增加难度进行训练。学习过程中通过示范、纠正、提问和讨论与球员交流，尽可能指导广泛的战术知识。

2.10.3 个人进攻战术

个人进攻战术更多的是凭借队员自身的能力完成，因此在训练过程中可以通过移动练习增加队员的跑动，从而增加比赛中个人进攻战术的运用机会。有球队员的移动可以突破对方防线，无球队员的移动则可以吸引防守、打乱对方防守阵型，甚至制造进攻空当。跑动时机非常重要，因此需要队员提前预判球的发展。

个人进攻的最终目的是为了射门得分，因此当个人完成进攻战术准备射门时，应考虑射门距离，注意观察守门员的位置，选择合适的角度，射门准确性要大于力量。队员需要克服恐惧，扩大视野，提高速度，完成高质量的射门。如果遇到对方防守坚固，没有传球线路时，队员需要进行运球突破，并利用防守者上抢的空当进行传球或下一步处理，无论如何，1v1 的突破都达到了吸引防守者的目的。当同伴在远处时，可以通过运球寻找准确的传球时机，避免造成队友的越位，也可以通过运球摆脱对方强力压迫盯防。

以英超联赛第 16 轮热刺对阵伯恩利的比赛中，孙兴慜上演了精彩的个人进攻为例：由于伯恩利队员发出任意球接球队员出现失误，将球弹到了孙兴慜的脚下。（图 2-162）

图 2-162

孙兴慜转身稍作观察后，决定带球突破首先吸引了两名前场球员的防守，同时有另外两名队员迅速回防。（图 2–163）

图 2–163

孙兴慜稍作变向，晃过了上前防守的中卫队员，继续突进。（图 2–164）

图 2–164

当球越过中圈弧附近时，后卫队员上抢，再次被晃过。（图 2–165）

孙兴慜将球带入罚球区完成射门得分，防守队员只能望球兴叹。（图 2–166）

图 2-165

图 2-166

2.10.4 个人防守战术

个人防守战术是指为了控制对手所采用的个人战术行动，个人战术行动体现着整体战术的特征。个人战术行动是整体战术的基础，个人战术包括选位、盯人、断球、抢球、封堵等。

防守队员的职责是阻止对方队员完成进攻，当对方向本方推进时，选择封堵向内传球或带球路线，让进攻队员远离本方球门，尽量向边路区域逼赶。防守队员首先根据场上局势判断抢断球的时机，当对方接球、传球的瞬间，或是成功形成压迫时，都是队员完成抢断球的最佳时机。如果时机不够好，则应该采取延缓进攻的方式，防守队员应该尽快的压缩空间，如果距离对方过远，对手就有充足的时间和空间抬头观察做出下一步选择，因此防守队员应该尽量保持 1～2 步的距离，迫使对方保护脚下的球，让对手不能提起速度，为队友的回防争取时间，然后切断其向前传球的路线，并对持球队员进行紧逼封堵，切断其对中锋的传球也是延缓进攻的有效防守行为。

渗透性传球的出现往往是因为队员之间跑位出现了缝隙，是防守队员最不想看到的。队员可以提前预判，警惕纵向传球，选择封堵传球路线的位置，时刻盯防移动的进攻队员，这样即使渗透性传球出现，也能够第一时间拦截。

如果对方完成射门，球门周围的任何队员都有进行球门防守的责任，在球和球门的一条直线上切断或封堵进攻者的射门。

以英超联赛利物浦对阵热刺的比赛中利物浦后卫范戴克的一次个人防守为例：

热刺后场抢断后迅速由攻转守，一个长传球直接将球传到前锋孙兴慜身前，此时西索科准备插上，由于利物浦全员压上，只有范戴克一名队员进行防守，形成了 2 打 1 的局面。范戴克在失球的瞬间迅速回撤，首先延缓即将拿球的孙兴慜，由于西索科一侧没有队员防守，出于压迫和唯一的进攻传球路线，孙兴慜直接将球敲给了西索科。（图 2–167）

图 2–167

此时西索科拿到球准备向前推进，后卫范戴克为了延缓西索科带球起速，立刻向西索科带球的方向进行压迫，并且时刻观察孙兴慜的位置，确保他与两名进攻队员形成一个三角形的站位，防止孙兴慜插上西索科斜传。范戴克此时的目的是延缓西索科的带球推进并

切断给孙兴慜的传球线路，为队友的回防争取时间。(图 2-168)

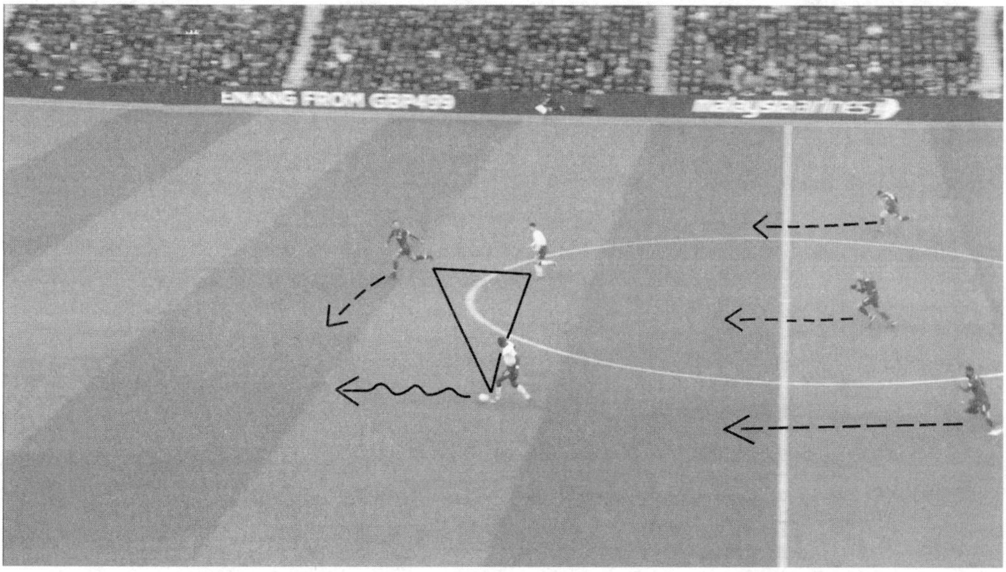

图 2-168

西索科将球带到球门区前，此时已经到达可以射门的危险区域，范戴克观察到队友已经积极回防，在他身后的孙兴慜即将有人盯防，于是放弃封堵西索科与孙兴慜的传球路线，而是上前压迫西索科，并且封堵西索科的射门路线。(图 2-169)

图 2-169

在范戴克的努力下，遏制了一次具有人数优势的进攻，在球门区内挡出了西索科的射门。(图 2-170)

图 2-170

2.10.5 小组进攻战术

小组进攻战术是指几名队员通过跑动和传球的方式完成进攻配合的战术行为。

小组进攻战术种类繁多，比较常见的有传球连接、两侧转移、墙式配合、后套配合、传中配合、两侧转移和反越位等。

（1）传球连接指队员通过 5~15m 的传球，进行墙式 2 打 1 的战术配合或 2~3 人传接配合。

（2）两侧转移指通过诱骗防守压迫的移动，及时转移方向到异侧来削弱防守力度。

（3）反越位指越过防守队员的传球和后套配合完成进攻后通过运球突破、传切时机和后排队员插上。

（4）渗透性传球指无球队员选择插向对方身后空当或插向防守人之间的空当时有球队员向队员的脚下或对方身后的传球。

（5）传中配合指选择合适的传球距离和角度完成躲避守门员出击的传中，可以协助队友更好的完成进攻，或者通过短传和长传的连接，选择合适的传中目标形成队友的射门机会。

（6）后套配合指在进攻队员带球时，队友从后向前插上，进行传接配合，形成进攻人数优势的局面，这一进攻配合应尽快结束射门，防止对方发起反击。

以欧冠联赛曼联对阵巴黎圣日耳曼比赛中曼联的一次小组进攻为例：

阿什利昂接到队友的长传球后稍作调整，首先传给了前侧的队友拉什福德，由于对方的围堵压迫，拉什福德将球又传回给了阿什利昂，同时他观察到从后场插上的队友埃雷拉。此时的埃雷拉无人盯防，于是阿什利昂将球传到他脚下。(图 2-171)

图 2-171

埃雷拉拿到球后，吸引了对方防守队员，留出了阿什利昂的接球空间，此时林加德向前跑动要球，并将球直接敲给了阿什利昂，完成了一次传球连接。(图 2-172)

图 2-172

阿什利昂拿到球后迅速将球传递给身旁的拉什福德，并且从拉什福德身后跑向边路区域，完成了一次后套，拉什福德则将球传给了林加德。(图 2-173)

林加德将球传给了后套插上的阿什利昂，阿什利昂向前尝试突破后，转身将球传给了拉什福德。(图 2-174)

拉什福德向底线突破，最后完成了传中射门，形成了一次成功的进攻机会。(图 2-175)

图 2-173

图 2-174

2. 10. 6　小组防守战术

小组防守战术指的是同队多名队员对进攻队员进行防守的战术行为。

压迫对方持球人，上前施压保护同伴，盯防对方无球接应人，这 3 种行为是小组防守中最常见的形式。

小组防守战术有明确的分工，防守队员往往整体随着球的移动而移动，在适当时机，就近的防守队员应该压迫持球人的基本身体位置和形态，夺取球权或者逼迫对方转移球，并注意移动的时机和封堵的角度。

图 2-175

当进攻队员脱离可能得分的位置时，球队则应转换为区域防守。

区域防守指对区域统一的压迫和对无球人的持续压迫。

如果球在中前场发展，队员可以采用阶梯式防守，主动夺回球权，这往往需要队友配合，通过前堵后夹侧围夺取球权，如果前场夺取球权失败，应该适当回抢，防守任务逐渐过渡到后卫身上。

利用规则也是最为有效的防守方法，当防守线接近中线附近时，可以通过队员的上压，控制越位线，让对手无法通过长传球发起进攻，极大降低了进攻的速率。

以 2019-2020 年欧冠半决赛巴塞罗那对阵利物浦的比赛为例：

巴塞罗那获得球权从后场发起进攻，此时利物浦队员全员回防。(图 2-176)

图 2-176

利物浦中后卫在回防过程中观察到边路插上的对方球员选择停止跑动，以制造越位陷阱，巴塞罗那队员观察到这个情况，无法选择传球，只能继续突破。(图 2-177)

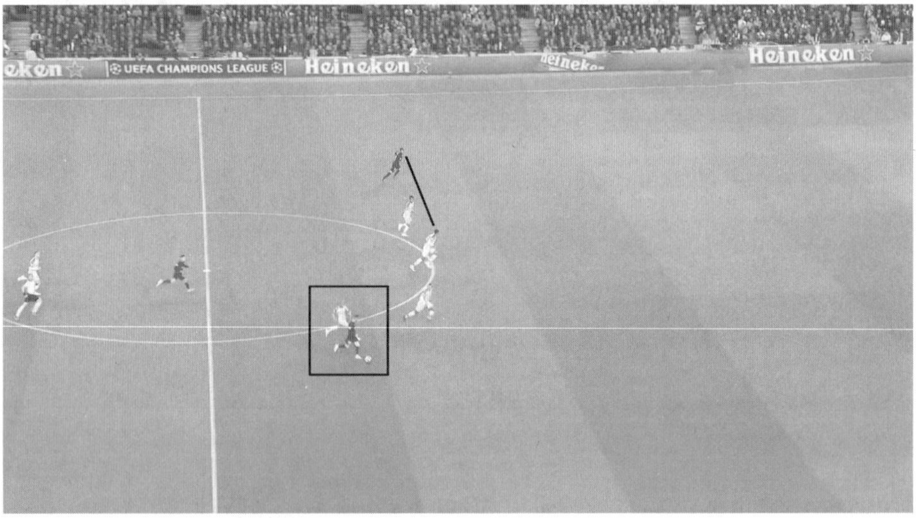

图 2-177

此时利物浦中后卫指挥边后卫去盯防插上的边路进攻队员，右侧的防守队员则负责延缓持球队员，将其向边路驱赶。(图 2-178)

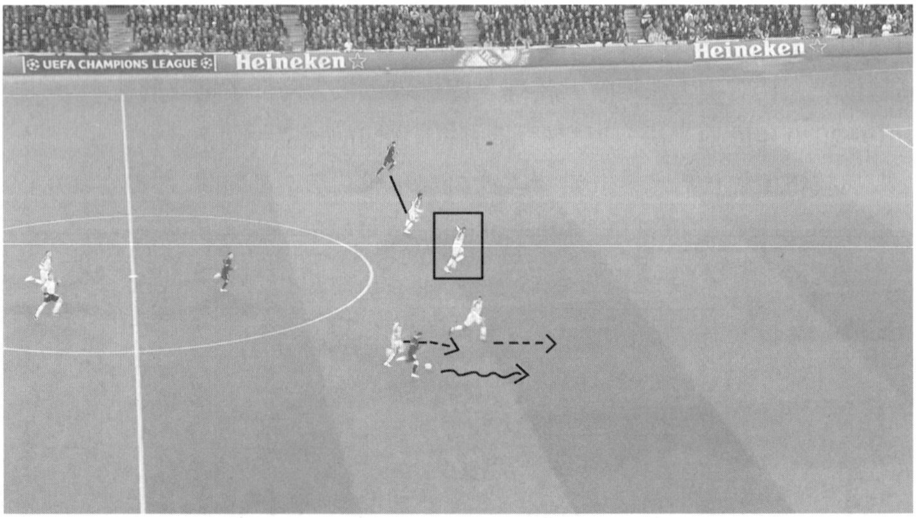

图 2-178

此时靠近进攻队员的两名防守队员则负责延缓巴塞罗那队员的进攻，并尝试夹抢，中后卫则负责深度支援，保护队友身后的空间，远侧的边后卫负责盯防进攻的边路球员，确保防守阵型的平衡，至此，利物浦的阵地防守阵型基本形成。(图 2-179)

此时梅西将球传向中路，进攻队员面对 3 名防守队员的收缩防守无法完成突破，只能

图 2-179

将球挑起，传给边路的梅西，由梅西突破。(图 2-180)

图 2-180

梅西将球长传转移至另一侧边路，利物浦队的防守阵型集体向底线收缩，靠近有球一侧的边后卫则向前压迫即将拿球的边锋，其余两名边后卫则负责保护他身后的空间，盯防球门区内的另一名队员，剩下的队员则负责球门区内的防守阵型的平衡。(图 2-181)

巴塞罗那在边路完成了一次后套配合，下底传中。(图 2-182)

利物浦边后卫紧逼进攻队员，在底线形成了 2 对 1 的围堵。(图 2-183)

虽然巴塞罗那队员面对围堵还是在底线完成了回传，但是插上的防守队员对即将完成射门的库蒂尼奥进行了封堵，最后将球抢劫下来进行解围，完成了小组防守。(图 2-184)

图 2-181

图 2-182

2.10.7 进攻战术训练思路

进攻战术以拉开进攻宽度和深度，通过主动灵活的方式创造得分条件为原则。因此在训练时，也应该遵循以上原则。进攻战术训练思路可以根据不同的进攻打法区别训练。

比如摆脱对手盯防的进攻方法，应该在训练中强调传球和个人的突破。而快速进攻方法则更注重对方身后的进攻空间，通过无球队员的跑动和长传冲吊达到进攻目的。对于定位球来说，向对方球门适宜的传中球也需要在训练中多加练习。

进攻和防守思路是不分家的，知己知彼，百战不殆，只有了解对盯人防守和区域防守的进攻，并且培养队员球门前预判防守移动的能力，才能摆脱防守者的压迫，在实战中更好的完成进攻。

图 2-183

图 2-184

另外，队员一定要加强射门练习，以确保传球和射门的角度。并且队员还要明确进攻时支援的方法，比如出现反击机会时，如何跑位能够吸引防守为其他队友的进攻提供条件。

2.10.8 防守战术训练思路

足球防守的战术主要外在表现是通过队员在时间、空间上进行准确的判断以及实施的过程。在时间角度主要表现的是动不动、何时动、动的速率等；在空间上表现为动作的动作方向、角度和幅度等。比赛实践证明，熟练而巧妙地运用全队能力是夺取胜利的重要因素，而全队能力是个人能力的总和。因此，个人足球防守战术的训练是足球比赛中防守战术的基础，而集体配合防守是足球战术防守的关键部分，也就是说运动员之间的相互配合和良好的心理素质是防守系统的一个重要部分，它是在防守的战术训练过程中我们需要掌握的一项重点，它能帮助运动员形成一个统一的、相互关联的防守体系。

进攻战术训练可以指导队员明确以下思路：

（1）防守队员的目的是组织进攻队员继续推进和完成传球射门，因此站在进攻队员和球门中间是最好的防守位置。

（2）了解延缓进攻方法，明确什么时候进行压迫以减小对手传球和射门的角度，什么时候必须保持距离以等待队友支援。

（3）教练员应培养队员在球门前的预判能力，在球门前应尽快将球解围，多一次触球就多了一次被抢断的风险。

（4）队员应该明确盯人防守和区域防守的战术应用，支援队友和压迫进攻队员的方法。

最后，全队上下应该统一面对反击时的责任分工，并且在实践中能够集中注意，一旦出现反击情况，立刻进行防守。

2.10.9 全队战术

全队战术是比赛中根据不同对手、不同队员、不同位置、不同场景、不同局势变化下队员的协调配合。全队战术的制定可以根据阵型排列和位置分工（基本、进攻、防守）。

根据比赛的进攻时刻：快速进攻、由守转攻（反击）、逐步推进、长传冲吊、中路、边路进攻和防守时刻（压迫、收缩密集、人盯人、区域、混合）以及定位球攻防（角球、任意球、掷界外球等）提前进行演练，在具体实战中进行灵活变化。

以 2018 年俄罗斯世界杯的一场比赛为例：

两队分别呈现出全队战术在进攻和防守的不同表现形式。（图 2-185、图 2-186）

图 2-185

图 2-186

3 足球裁判法

3.1 比赛场地

3.1.1 场地表面

比赛场地必须为全天然草皮。若竞赛规程允许，可使用全人造草皮。此外，如果竞赛规程允许，可使用人造和天然合成材料制成的整体草皮（混合系统）。

人造草皮场地的表面必须为绿色。

除国际足球理事会特许外，在国际足联所属的国家协会代表队之间、国际俱乐部之间比赛中使用的人造草皮场地，必须达到《国际足联足球场地质量项目》或《国际比赛标准》的要求。

3.1.2 场地标识

比赛场地形状必须为长方形，且由不具危险性的连续标线标示。不具危险性的人造草皮材料可作为天然草皮场地的标记使用。这些标线作为边界线，是其所标示区域的一部分。只有在第 1 章中提及的标线可以标画在比赛场地内。(图 3-1)

在使用人造草皮场地时，允许场地上存在非足球运动的其他标线，但其颜色必须有别于足球比赛场地的标线，且区分明显。

两条较长的边界线为边线，两条较短的边界线为球门线。

比赛场地由一条连接两侧边线中点的中线划分为两个半场。

中线的中心位置为中点。以中点为圆心画一个半径为 9. 15m（10 码）的圆圈。可在比赛场地外，距角球弧 9. 15m（10 码）处，分别做垂直于球门线和边线的标记。

所有标线宽度必须一致，且不得超过 12cm（5 英寸）。球门线、球门柱和横梁的宽度必须一致。

在比赛场地内制造未经许可标记的队员，必须以非体育行为予以警告。如果裁判员在比赛进行中发现此类情况，则在随后比赛停止时警告相关队员。

3.1.3 场地尺寸

边线必须长于球门线。

边线长度：最短 90m（100 码），最长 120m（130 码）；

球门线长度：最短 45m（50 码），最长 90m（100 码）。

3.1.4 国际比赛场地尺寸

边线长度：最短 100m（110 码），最长 110m（120 码）；

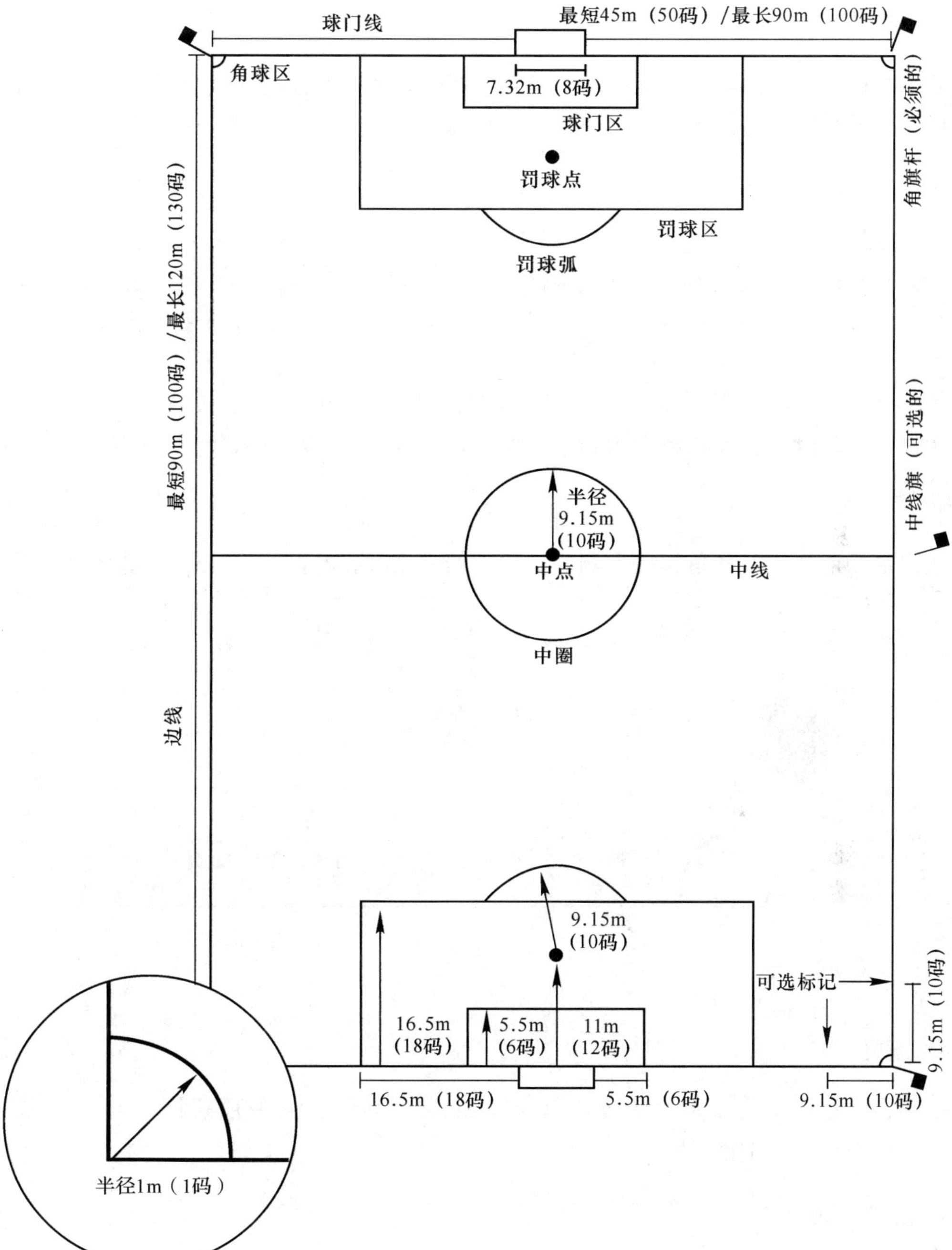

图 3-1

球门线长度：最短 64m（70 码），最长 75m（80 码）。

竞赛方可以在上述尺寸范围内规定球门线和边线的长度。

尺寸测量均以标线外侧为准，因为标线属于其所标示区域的一部分。罚球点距球门的距离，是从罚球点中心到球门线外沿。

3.1.5 球门区

从距两根球门柱内侧 5.5m（6 码）处，画两条垂直于球门线的标线。这两条标线向比赛场地内延伸 5.5m（6 码），与一条平行于球门线的标线相连接。由这些标线和球门线围成的区域是球门区。

3.1.6 罚球区

从距两根球门柱内侧 16.5m（18 码）处，画两条垂直于球门线的标线。这两条标线向比赛场地内延伸 16.5m（18 码），与一条平行于球门线的标线相连接。由这些标线和球门线围成的区域是罚球区。

在每个罚球区内，距两根球门柱之间的中点 11m（12 码）处，设置个罚球点。

在每个罚球区外，以罚球点为圆心，画一段半径为 9.15m（10 码）的圆弧。

3.1.7 角球区

在比赛场地内，以各角旗杆为圆心，画一半径为 1m 的四分之一圆，这部分区域为角球区。(图 3-2)

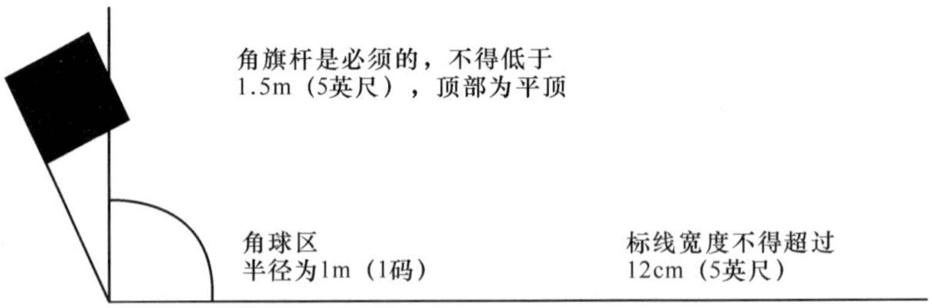

图 3-2

3.1.8 旗杆

必须在比赛场地各角竖立高度不低于 1.5m（5 英尺）的平顶旗杆。可在中线两端、边线外不少于 1m（1 码）处竖立旗杆。

3.1.9 技术区域

技术区域是指设在场地内，与比赛相关，供球队官员、替补队员和已替换下场的队员使用的有座席的区域，描述如下：

（1）技术区域仅可从座席区域两侧向外扩展 1m（1 码），向前扩展到距边线至少 1m（1 码）。

（2）应用标线标示出该区域。

（3）允许占用技术区域的人员数量由竞赛规程决定。

（4）占用技术区域的人员需依据竞赛规程，在比赛开始前审核确认。

（5）举止必须得当。

（6）必须留在限定区域内。除特殊情况外，如理疗师/医生经裁判员许可后进入比赛场地内查看受伤队员伤情。

（7）同一时刻仅允许 1 人在技术区域内进行战术指导。

3.1.10 球门

必须在两条球门线的中央，各放置一个球门。球门由两根距角旗杆等距离的直立球门柱和一根连接球门柱顶部的水平横梁组成。球门柱和横梁必须由经批准的材料制成。其形状必须为正方形、矩形、圆形或椭圆形，且不具危险性。

两根球门柱内侧之间的距离为 7.32m（8 码），从横梁下沿至地面的距离为 2.44m（8 英尺）。

球门柱与球门线的位置关系必须符合图例所示（见下页）。

球门柱和横梁颜色必须为白色，且宽度和厚度必须一致，不得超过 12m（5 英寸）

如果横梁移位或折损，则停止比赛直至横梁修复或归位。比赛以坠球方式恢复。如果无法修复，则必须中止比赛。不得用绳、任何弹性或危险性材料代替横梁使用。比赛以坠球方式恢复。

球门网可系在球门和球门后的地面上，并且必须适当撑开，不得影响守门员的活动。

球门（包括可移动式球门）必须牢固地固定在地面上。

3.1.11 球门线技术（GLT）

球门线技术系统可以用于帮助裁判员判定进球与否。若比赛中使用球门线技术，则允许对球门框架进行改造，但需遵循《国际足联球门线技术质量项目》和《足球竞赛规则》的具体要求。如果使用球门线技术，必须在竞赛规程中注明。(图 3-3)

3.1.11.1 球门线技术原则

（1）球门线技术仅用于在球门线上判定进球与否。

（2）有关进球与否的提示信号，必须在 1s 内由球门线技术系统即时自动确认，该信息仅可传送给比赛官员（通过裁判员手表的震动和可视信号）。

3.1.11.2 球门线技术规定及要求

如果在比赛中使用球门线技术，竞赛组织方必须确保该系统符合如下任一标准：

（1）国际足联专业品质。

（2）国际足联品质。

（3）国际比赛标准。

独立测试机构必须按照国际足联球门线技术品质测试手册的要求检测不同技术提供方系统的准确性和功能性。如果该技术未能达到测试手册要求的功能，则裁判员不得使用该球门线技术系统，且必须向相关机构报告。

使用球门线技术时，裁判员必须在赛前按照《国际足联质量项目球门线技术测试手册》的要求，对该技术的功能进行测试。

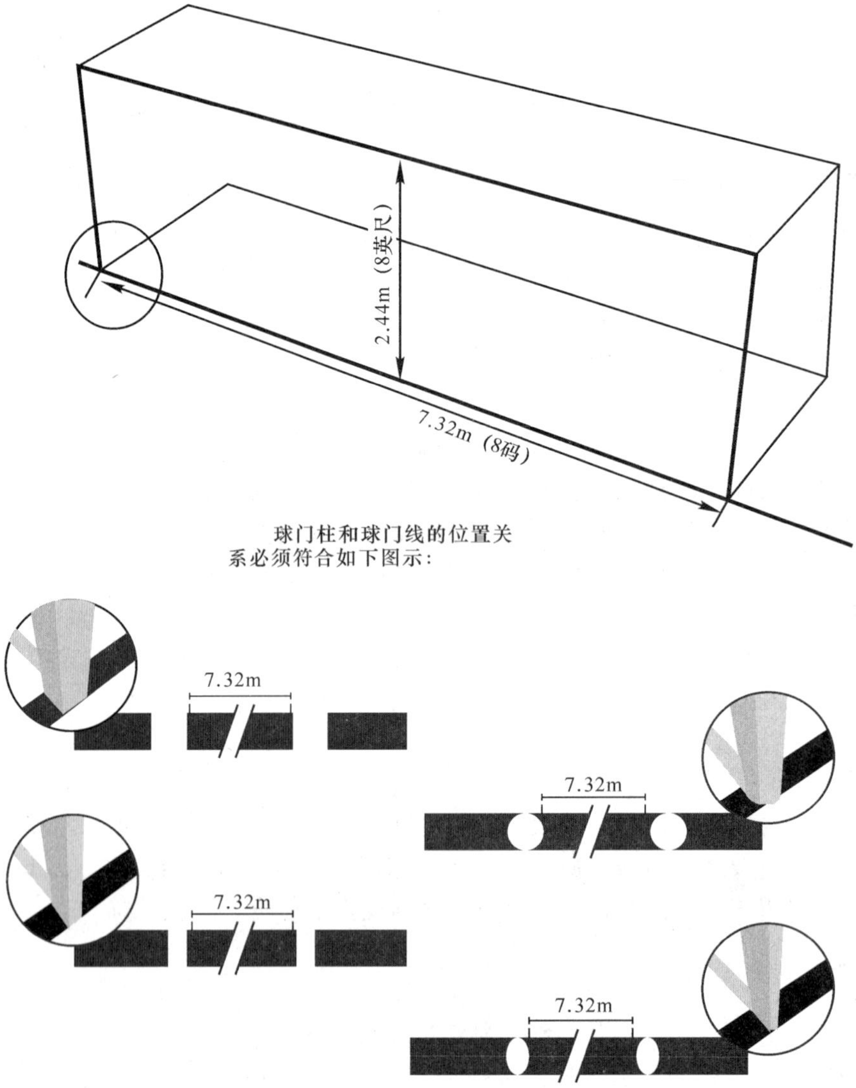

图 3-3

3.1.12 商业广告

从球队进入比赛场地起至上半场结束离开，下半场重新进入比赛场地至比赛结束，任何形式的商业广告，无论是实体的还是虚拟的，都不允许出现在比赛场地内、球门网围合区域内的地面上、技术区域、裁判员回看分析区域，以及场地边界线外 1m 以内的地面上。同样，广告也不得出现在球门、球门网、旗杆或旗杆的旗帜上，也不可将外部设备（如照相机、麦克风等）附着在这些场地器材上。

此外，直立的广告必须：

（1）距离边线至少 1m（1 码）。

（2）距离球门线的距离至少等同于球门网的纵深。

（3）距球门网至少1m（1码）。

3.1.13 标志和图案

在比赛进行期间，国际足联、洲际足球联合会、国家足球协会、竞赛方、俱乐部，以及其他机构的代表性标志或图案的复制品，无论是实体还是虚拟形式，都禁止出现在比赛场地内、球门网及其围合区域、球门和旗杆上，但可出现在旗杆的旗帜上。

3.1.14 视频助理裁判（VARs）

在使用视频助理裁判的比赛中，必须具备一个视频操作室以及至少1个裁判员回看分析区域。

3.1.14.1 视频操作室（VOR）

视频助理裁判员、助理视频助理裁判员以及回放操作员在视频操作室内工作；视频操作室可设在体育场内/附近或更远的地点。只有经授权的人员可在比赛过程中进入视频操作室或与视频助理裁判员、助理视频助理裁判员或回放操作员联络。

进入视频操作室的场上队员、替补队员、已替换下场的队员或球队官员，将被罚令出场。

3.1.14.2 裁判员回看分析区域（RRA）

在使用视频助理裁判员的比赛中，必须具备至少1个裁判员回看分析区域，以便裁判员执行“在场回看分析”。裁判员回看分析区域必须处于比赛场地外，并且可见；清晰标注。

进入裁判员回看分析区域的场上队员、替补队员、已替换下场的队员或球队官员，将被警告。

3.2 比赛用球

3.2.1 质量与测量

所有比赛用球必须：

（1）是球形。

（2）由合适的材料制成。

（3）周长为68cm（27英寸）至70cm（28英寸）。

（4）重量在比赛开始时为410g（14盎司）至450g（16盎司）。

（5）气压处于0.6~1.1个海平面（标准）大气压力（600~1100g/cm^2、8.5~15.6磅/平方英寸）。

由国际足联、洲际联合会主办的正式赛事中，使用的所有比赛用球必须印有如下标志之一（图3-4）：

印有这些标志即表明该球已通过官方测试，符合与标志相对应的具体技术规定；这些

国际足联专业品质　国际足联品质　国际比赛标准

图 3-4

标志是本节对比赛用球最低要求的补充，其使用必须得到国际足球理事会批准。相关的检测机构也要得到国际足联的认证。

在使用球门线技术（GLT）时，含有集成技术的比赛用球必须印有上述 3 种标志之一。

国家足球协会的赛事可以要求使用印有这些标志之一的比赛用球。

在由国际足联、洲际联合会或国家足球协会主办的正式比赛中，除赛事标志和图案、赛事组织方和授权制造商商标外，任何形式的商业广告均不允许出现在比赛用球上。竞赛规程可限定这些标识的大小和数量。

3.2.2 坏球的更换

如果比赛用球出现破损：

（1）停止比赛。

（2）用更换的比赛用球在原球出现破损处以坠球恢复比赛。

如果比赛用球在开球、球门球、角球、任意球、罚球点球或掷界外球时出现破损，则以重新执行的方式恢复比赛。

如果比赛用球在罚球点球或球点球决胜期间，在被踢出并向前移动后，触及队员、横梁或球门柱之前出现破损，则重罚该球点球。

在比赛中未经裁判员许可，不得更换比赛用球。

3.2.3 其他比赛用球

符合规定的其他比赛用球可放置在比赛场地周围，在裁判员管理下使用。

3.3 队　　员

3.3.1 场上队员人数

一场比赛由两队参加，每队最多可有 11 名上场队员，其中 1 名必须为守门员。如果任何一队场上队员人数少于 7 人，则比赛不得开始或继续。

如果某队因 1 名或多名场上队员故意离开比赛场地，而造成队员人数少于 7 人，则裁判员不必停止比赛，可掌握有利继续比赛，但随后比赛停止时，如果某队场上队员人数仍不足 7 人，则比赛不得恢复。

如果竞赛规程规定，在比赛开始前必须提交所有上场队员和替补队员名单，而一队以不足11名上场队员的情况开始比赛，则只有在提交名单内的上场队员和替补队员可在到达赛场后参加比赛。

3.3.2 替换人数

3.3.2.1 正式赛事

国际足联、各洲际联合会或各国足球协会可决定在其正式赛事中可使用的替补队员人数，但最多不能超过5人次替换。涉及顶级联赛球队及国家队A队的男子、女子赛事最多可进行3人次替换。

竞赛规程必须明确：

(1) 可提名的替补队员人数，从3名到最多不超过12名。

(2) 如果比赛进行至加时赛，是否可以多使用1名替补队员（不论该球队是否已用完规定的换人名额）。

3.3.2.2 其他比赛

在国家A队之间的比赛中，每队最多可提名12名、并最多可使用6名替补队员。

其他所有比赛，遵从如下规定即可增加替换人数：

(1) 双方球队就替换人数上限达成一致。

(2) 比赛开始前告知裁判员。

如果赛前未告知裁判员、双方球队未达成一致，则每队最多可使用6名替补队员。

3.3.2.3 返场替换（已替换下场的队员重新上场比赛）

返场替换仅允许在青少年、年长人士、残障人士，以及草根足球比赛中使用，前提是得到国家足球协会、洲际联合会或国际足联许可。

3.3.3 替换程序

替补队员名单必须在赛前向裁判员提交，任何未在此阶段提交名单的替补队员不得参加该场比赛。

替补队员替换场上队员时，必须遵从如下规定：

(1) 替换前必须通知裁判员。

(2) 被替换的队员：

1) 经裁判员许可离开比赛场地，除非其已在比赛场地外，否则必须从距离最近的边界线处离场，除非裁判员示意其可以立即从中线或其他地点离场（例如考虑到安全和受伤因素）。

2) 必须立即前往技术区域或更衣室，且除非允许返场替换，否则不得再次参加该场比赛。

(3) 如果被替换的队员拒绝离开比赛场地，则比赛继续。

替补队员遵从如下规定方可进入比赛场地：

(1) 在比赛停止时。

（2）从中线处。

（3）被替换的队员已离开比赛场地。

（4）在得到裁判员信号后。

当替补队员进入比赛场地，替换程序即视为完成。从此时起，被替换的队员成为已替换下场的队员，替补队员成为场上队员并可执行任一恢复比赛的程序。

所有已替换下场的队员和替补队员，无论其是否上场参赛，裁判员均可对其行使职权。

3.3.4 更换守门员

任何场上队员都可与守门员互换位置：

（1）互换位置前告知裁判员。

（2）在比赛停止时互换位置。

3.3.5 违规与处罚

如果一名被提名的替补队员在未告知裁判员的情况下，取代被提名的上场队员开始比赛：

（1）裁判员允许该名替补队员继续比赛。

（2）不必对该名替补队员执行纪律处罚。

（3）原先被提名的上场队员视为被提名的替补队员。

（4）替换人数不做削减。

（5）裁判员向相关机构报告此事件。

如果在中场休息或加时赛开始前要进行队员替换，替换程序必须在比赛恢复前完成。如未告知裁判员，则提名的替补队员可以继续参加比赛，不执行纪律处罚，但此事件应报告给相关机构。

如果一名场上队员未经裁判员允许与守门员互换位置，裁判员：

（1）允许比赛继续。

（2）在随后比赛停止时警告这两名队员。如果在中场休息（包括加时赛的中场休息），或比赛结束后、加时赛和/或球点球决胜开始前互换位置，则无需警告。

对于其他任何违反本章条文的情况：

（1）警告相关队员。

（2）在比赛停止时球所在地点，以间接任意球恢复比赛。

3.3.6 场上队员和替补队员被罚令出场

上场队员被罚令出场时：

（1）在球队名单提交前被罚令出场，不得以任何身份列入球队名单内。

（2）在提交球队名单后，比赛开始前被罚令出场，可由被提名的替补队员取代，替补队员名单不得增补，球队的替换人数不做削减。

（3）在比赛开始后被罚令出场，不得被替换。

被提名的替补队员在比赛开始前或比赛开始后被罚令出场，替补队员名单均不得增补。

3.3.7 比赛场地内多出的人员

列入球队名单的教练员和其他官员（上场队员和替补队员除外）视为球队官员。除球队名单内的上场队员、替补队员以及球队官员外，其他任何人员视为场外因素。

如果球队官员、替补队员、已替换下场或被罚令出场的队员，以及场外因素进入比赛场地内，裁判员必须：

（1）当存在干扰比赛的情况才可停止比赛。

（2）在比赛停止时，责令无关人员离开比赛场地。

（3）采取相应的纪律措施。

如果比赛停止是由如下干扰造成：

（1）球队官员、替补队员、已替换下场或被罚令出场的队员，则以直接任意球或球点球恢复比赛。

（2）场外因素，则以坠球恢复比赛。

如果球将要进门时，干扰因素没有阻止防守队员处理球，随后球进门，算进球有效（即便干扰因素与球发生接触），除非干扰因素来自进攻方球队

3.3.8 比赛场地外的队员

如果一名场上队员需经裁判员许可方可返场，但场上队员未经许可即进入比赛场地内，裁判员必须：

（1）停止比赛（如果该队员未干扰比赛或比赛官员，或出现可掌握有利的情况时，不必立即停止比赛）。

（2）以未经允许进入比赛场地为由警告该名队员。

如果裁判员停止比赛，比赛必须：

（1）在该队员干扰比赛的地点以直接任意球恢复。

（2）如果该队员没有干扰比赛，则在比赛停止时球所在的地点以间接任意球恢复。

场上队员在正常比赛移动中越过边界线，不应视为违反规则。

3.3.9 比赛场地内多出人员时出现进球

如果裁判员在进球后，比赛恢复前意识到进球时比赛场地内有多出的人员：

（1）如果多出的人员是如下人员，裁判员必须判定进球无效：1）进球队一方的场上队员、替补队员、已替换下场或被罚令出场的队员及球队官员；在多出人员所处的位置以直接任意球恢复比赛。2）干扰了比赛的场外因素，则以坠球恢复比赛，除非进球符合3.3.7节“比赛场地内多出的人员”的说明。

（2）如果多出的人员是如下人员，裁判员必须判定进球有效：

1）被进球队一方的场上队员、替补队员、已替换下场或被罚令出场的队员及球队官员。

2）没有干扰比赛的场外因素。

无论何种情况，裁判员必须责令多出的人员离开比赛场地。

如果裁判员在出现进球，且已经恢复比赛后意识到发生进球时比赛场地内有多出的人员，则不得取消进球。如果多出的人员仍在比赛场地内，裁判员必须：

（1）停止比赛。

（2）责令多出的人员离开比赛场地。

（3）以坠球或相应的任意球方式恢复比赛。

裁判员必须向相关机构报告以上事件。

3.3.10 球队队长

球队队长并不享有特殊身份或权力，但他对球队的行为需承担一定责任。

3.4 队员装备

3.4.1 安全性

队员不得使用或佩戴具有危险性的装备或任何物件。

禁止佩戴任何类型的珠宝首饰（项链、指环、手镯、耳坠、皮质带、橡胶带等），如有佩戴必须移除。不允许用胶带覆盖珠宝首饰。

上场队员必须在比赛开始前、替补队员则在进入比赛场地前接受检查。如果场上队员穿戴或使用了未授权/具有危险性的装备或珠宝首饰，裁判员必须令其：

（1）移除相关物件。

（2）如果队员暂时无法或不愿将物件摘除，则需在随后比赛停止时，离开比赛场地摘除。

拒绝摘除或再次穿戴相关物件的队员，必须对其予以警告。

3.4.2 必要装备

场上队员的必要装备包括如下单独分开的物件：

（1）有袖上衣。

（2）短裤。

（3）护袜——胶带或任何附着、外套的材料，其颜色必须与所附着或包裹部分的护袜颜色一致。

（4）护腿板——护腿板必须由能提供一定保护的合适材料制成，由护袜完全包裹。

（5）鞋子。

守门员可穿着长裤。

意外脱落鞋子或护腿板的场上队员，必须在随后比赛停止前尽快整理好装备，如果该名队员在整理好装备前触球且/或射门得分，则进球有效。

3.4.3 着装颜色

（1）队员的着装颜色必须有别于对方球队和比赛官员。

（2）双方守门员着装颜色必须有别于其他场上队员和比赛官员。

(3) 如果双方守门员的上衣颜色相同且无法更换，裁判员允许比赛进行。

上衣内衣颜色必须：

(1) 如果为单色，则必须与衣袖主色一致。

(2) 如果带图案，则必须与衣袖图案一致。

内衬裤/紧身裤颜色必须与短裤主色或短裤底部颜色一致，同队场上队员必须颜色统一。

3.4.4 其他装备

球员可允许佩戴不具危险性的保护器具，如软性、轻质材料制成的头罩、面具、护膝和护臂，类似的还包括守门员球帽和运动眼镜等。

3.4.4.1 头巾

如需佩戴头巾（守门员球帽除外），其必须：

(1) 为黑色或与上衣主色一致（同队场上队员必须颜色统一）。

(2) 设计合乎球员装备专业形象。

(3) 不得与上衣相连。

(4) 不会对佩戴者个人和其他队员构成危险（如在颈部有可开合的装置）。

(5) 不能有任何部分凸出头巾表面（突出表面的部件）。

3.4.4.2 电子通信

不允许队员（包括替补队员、已替换下场队员和已罚令出场队员）穿戴或使用任何形式的电子或通信设备（表现跟踪电子系统除外）。允许球队官员使用任何关乎队员福祉与安全、或用于战术/指导的电子通信设备，但只能使用小巧、可移动、便携（例如麦克风、耳机、耳麦、手机/智能手机、智能手表、平板电脑、笔记本电脑等）的设备。球队官员如果使用违规设备，或使用设备方式及行为不当，将被驱逐出技术区域。

3.4.4.3 表现跟踪电子系统（EPTS）

在由国际足联、洲际联合会或国家足球协会主办的正式比赛中，可穿戴技术作为表现跟踪电子系统的一部分，竞赛组织方必须确保其涉及的队员装备没有危险性，且装备上必须印有如下标志（图3-5）：

IMS

INTERNATIONAL
MATCH
STANDARD

图 3-5

该标志表明相关设备已通过官方测试，达到由国际足联开发并经国际足球理事会批准制定的国际比赛标准中的最低安全标准。相关检测机构也要得到国际足联批准。

使用表现跟踪电子系统时（遵从国家足球协会/赛事组织方规定），在正式赛事的比赛中，竞赛组织方必须确保由表现跟踪电子系统传输至技术区域的信息和数据是可靠和准确的。

为向竞赛组织方对于表现跟踪电子系统的可靠性和准确性的认证过程提供支持，国际足联开发了一项行业标准，并已由国际足球理事会批准。

表现跟踪电子系统设备/系统上印有如下标志（图 3-6），表明其已经过官方测试并已达到足球比赛数据可靠性和准确性的要求。

图 3-6

3.4.5　标语、言论、图像及广告

队员装备不得带有任何政治性、宗教性、个人化的标语、言论或图像，队员不得展示内衣、裤上带有任何政治性、宗教性、个人化的标语、言论或图像以及生产商标志以外的广告。任何违反规定的队员和/或球队将由赛事组织方、国家足球协会或国际足联处理。

3.4.5.1　原则

3.4 节的相关规定适用于场上队员、替补队员和已替换下场队员穿戴的所有装备（包括服装）。这些原则同样适用于技术区域内的所有球队官员。

以下内容（通常）是允许的：

（1）队员的号码、名字、球队徽章/标志、意在推广足球运动的倡议标语/图案、有关尊重与诚信精神的内容，以及国际足联、洲际联合会或国家足球协会竞赛规程中允许的任何广告。

（2）比赛信息。包括球队、日期、赛事名称、比赛地点等。

（3）经许可的标语、言论及图像仅可出现在上衣正面和/或臂章位置。

（4）某些情况下，标语、言论及图像仅可出现在队长袖标上。

3.4.5.2　规则解读

在判断某个标语、言论及图像是否应被允许时，需考虑 3.12 节（犯规与不正当行为）中的相关规定，裁判员需要对队员的如下行为采取措施：

（1）使用攻击性、侮辱性或辱骂性的语言和/或动作。

（2）做出挑衅、嘲讽或煽动性质的动作和行为。

任何属于上述范畴的标语、言论及图像都是不被允许的。

宗教性质及个人性质的标语、言论及图像相对比较容易辨认，而政治性内容有时并不明确，但如果涉及下列内容，则不被允许：

（1）任何在世或已故的人（除非属于官方赛事名称的一部分）。

（2）任何本地的、地区性的、国家性的或国际性的政党/政治组织/政治团体等。

（3）任何本地的、地区性的或国家性的政府及其任何部门、机构或职能。

（4）任何带有歧视性的组织。

（5）任何以冒犯大量人群为目的或有此类行动的组织。

（6）任何特殊政治行为/事件。

当纪念国家或国际重大事件时，必须谨慎考虑到对方球队（包括其支持者）及公众的感受。

竞赛规程可以包含进一步的规定/限制，特别是有关标语、言论及图像的尺寸、数量和位置。建议在比赛/赛事开始前解决有关标语、言论及图像的分歧。

3.4.6 违规与处罚

无需为任何违反本节条文的行为停止比赛，违规的场上队员由裁判员引导离开比赛场地调整装备，除非已经调整好装备，否则需在比赛停止时离开比赛场地。

离开比赛场地调整或更换装备的队员必须：

（1）由一名比赛官员在其被许可重新进入比赛场地前检查好装备。

（2）只可在裁判员许可后重新进入比赛场地（可在比赛进行中）。

未经裁判员允许进入比赛场地的队员必须予以警告，如果因警告而停止比赛，则在比赛停止时球所在地点以间接任意球恢复比赛。如果该队员干扰了比赛，则在干扰地点判罚直接任意球（或球点球）。

3.5 裁判员

3.5.1 裁判员的权力

每场比赛由一名裁判员掌控，他有全部权力去执行与比赛相关的竞赛规则。

3.5.2 裁判员的决定

裁判员依据足球竞赛规则和足球比赛精神，尽自身最大能力，在规则框架内酌情考量，做出自己认为最合适的决定。

裁判员根据与比赛相关的事实所做出的决定，包括进球与否以及比赛的结果，都是最终的决定，必须无条件地尊重裁判员及其他所有比赛官员的决定。

如果裁判员本人，或经其他比赛官员建议后意识到恢复比赛方式的决定发生错误而比赛已经恢复，或裁判员已经示意上下半场结束（包括加时赛）并离开比赛场地，或已经中止了比赛，则不可更改该决定。但如果在某半场比赛结束时，裁判员离开比赛场地前往裁判员回看分析区域，或要求队员回到比赛场地，则针对该半场比赛结束前发生的事件所做出的判罚决定仍可以更改。

除规则 3. 12. 3 节以及视频助理裁判操作规范所列的相关情形外，仅当比赛恢复前，其他比赛官员已经识别出了违规行为，并在已经尝试与裁判员沟通的情况下，才可以在比赛已经恢复后实施纪律处罚，且不执行该纪律处罚所对应的比赛恢复方式。

如果裁判员无法继续执法，比赛可在其他比赛官员的监管下继续进行，直到随后比赛停止。

3.5.3 权力和职责

3.5.3.1 裁判员

（1）执行足球竞赛规则。

（2）与其他比赛官员协作管理比赛。

（3）记录比赛时间、比赛成绩，并向相关机构提交比赛报告，报告内容包括赛前、赛中、赛后发生的纪律处罚信息及任何其他事件。

（4）监管和/或示意比赛恢复。

3.5.3.2 有利

当犯规或违规情况发生时，未犯规或违规的一队能从有利原则中获益，则允许比赛继续。如果预期的有利没有在那一时刻或随后几秒内出现，则判罚最初的犯规或违规。

3.5.3.3 纪律处罚

（1）当多种犯规同时发生时，从纪律处罚、比赛恢复方式、身体接触程度和战术影响等方面考量，判罚相对严重的犯规。

（2）对应被警告和罚令出场的队员执行纪律处罚。

（3）从进入比赛场地开始赛前检查直至比赛结束（包括球点球决胜）离开比赛场地，裁判员均有权执行纪律处罚。如果在开赛进入场地前，一名上场队员犯有可被罚令出场的犯规，裁判员有权阻止其参加该场比赛（详见 3.3.6 节），并将任何其他不正当行为上报。

（4）从开赛前进入比赛场地直至比赛结束，包括中场休息、加时赛和球点球决胜期间，裁判员都有权出示红黄牌，以及在竞赛规程允许下，将队员暂时罚离。

（5）对自己行为不负责任的球队官员进行劝诫，或向其出示黄牌警告，或出示红牌将其驱逐出比赛场地及周边，包括技术区域。如果违规人员无法被辨别确认，则该球队技术区域内最高职务的教练员将接受此纪律处罚。球队医护人员犯有可罚令出场的违规行为时，如该队无其他医护人员可用，则该医护人员可以留下，并在队员需要治疗时执行工作。

（6）对于自己未看到的情况，根据其他比赛官员的建议做出判罚决定

3.5.3.4 受伤

（1）如果队员仅是轻微受伤，则允许比赛继续直至比赛停止。

（2）如果队员严重受伤，则停止比赛，确保受伤队员离开比赛场地。受伤队员不可在比赛场地内接受治疗，在比赛恢复后才可重新进入比赛场地；如果比赛在进行中，受伤队员必须从边线处入场；比赛停止时，则可从任一边界线入场。当发生如下情况时，不必遵循离场治疗的规定：

1）守门员受伤时。

2）守门员与其他队员发生碰撞，需要引起关注时。

3）同队队员发生碰撞，需要引起关注时。

4）出现严重受伤时。

5）场上队员因遭受对方队员有身体接触，且可被警告或罚令出场的犯规（如鲁莽或

严重犯规性质的抢截）而受伤，其伤情能够在短时间完成评估/得到治疗时。

6）裁判员判罚了球点球．且球点球将由受伤的队员主罚时。

（3）确保任何流血的队员离开比赛场地。且必须在其流血已被止住、装备没有血迹的情况下，经裁判员示意后，才可重新进入比赛场地。

（4）如果裁判员已经指示医生和/或担架手进入比赛场地，受伤队员必须在担架上或自行离开比赛场地。未遵从该条的受伤队员必须以非体育行为予以警告。

（5）如果裁判员已经决定要对需要离场接受治疗的受伤队员予以警告或罚令出场，必须在其离场前出示红黄牌。

（6）如果不是因为类似原因而暂停比赛，或队员受伤并不是因违反竞赛规则造成的，则以坠球恢复比赛。

3.5.3.5 场外干扰

（1）裁判员可就任何违反规则的情况或场外干扰等原因暂停、中断或中止比赛，如：

1）比赛场地照明灯光不足。

2）观众掷入的物品击中比赛官员、参赛队员或球队官员，裁判员就事件的严重程度决定继续、暂停、中断或中止比赛。

3）观众鸣哨干扰比赛，裁判员停止比赛，随后以坠球恢复比赛。

4）比赛进行中，多余的球、其他物品或动物出现在场内，裁判员必须：

①只有当其干扰了比赛，裁判员才停止比赛（随后以坠球恢复比赛），除非球将要进门。干扰因素没有阻止防守队员处理球，且随后球进门，则视为进球有效（即便干扰因素与球发生接触），除非干扰因素来自攻方球队。

②如果其未干扰比赛，则裁判员允许比赛继续，并尽早将其移出比赛场地。

（2）未经授权的人员不得进入比赛场地。

3.5.4 视频助理裁判（VAR）

只有当比赛/竞赛方完全满足了视频助理裁判操作规范与实施要求（《视频助理裁判手册》所述内容），且得到国际足球理事会与国际足联书面许可后，方可使用视频助理裁判。

仅当裁判员在有关以下各类事件的判罚存在“清晰而明显的错误”或“遗漏的严重事件”时，视频助理裁判员方可进行协助：

（1）进球/未进球。

（2）球点球/不是球点球。

（3）直接红牌（不包括第二次警告）。

（4）裁判员对违规球队执行警告或罚令出场时出现处罚对象错误。

视频助理裁判员通过回看事件视频获取有关信息从而提供协助，裁判员基于视频助理裁判员提供的信息和/或自己直接回看视频画面（在场回看分析）做出最终的决定。

除“遗漏的严重事件”情况外，裁判员（以及其他有关的在场比赛官员）必须先做出一个决定（此决定也包括不对潜在的违规行为进行判罚），此决定不可更改，除非属于“清晰而明显的错误”。

如果比赛停止又已经恢复，则裁判员只可针对纪律处罚对象错误或涉及到的暴力行为、吐口水、咬人或极具攻击性、侮辱性和/或辱骂性动作的潜在的罚令出场事件执行“回看分析”，并执行相应的纪律处罚。

3.5.5 裁判员的装备

3.5.5.1 必要装备

裁判员必须有如下装备：

（1）一个或多个口哨。

（2）一块或多块手表。

（3）红黄牌。

（4）记录簿（或其他可记录比赛情况的用具）。

3.5.5.2 其他装备

可允许裁判员使用：

（1）与其他比赛官员进行交流的设备——振动/蜂鸣信号旗、耳麦等。

（2）表现跟踪电子系统或其他体质监测设备。

禁止裁判员和其他“在场”比赛官员佩戴珠宝首饰或任何其他电子设备，包括摄影摄像设备。

3.5.6 裁判员的示意信号

参见裁判员示意信号图例。（图 3-7～图 3-12）

罚球点球

图 3-7

间接任意球

图 3-8

直接任意球

图 3-9

红牌、黄牌

图 3-10

查看 一手捂耳，
另一手臂张开

图 3-11

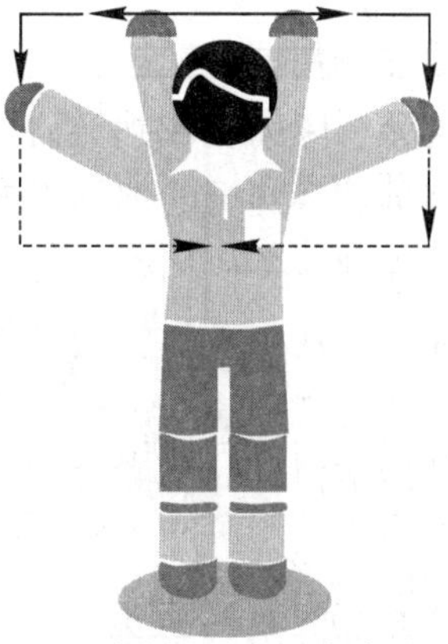

回看分析 电视示意信号

图 3-12

3.5.7 比赛官员的责任

裁判员或其他比赛官员不对如下情况承担责任：

（1）参赛队员、官员或观众任何形式的受伤。

（2）任何形式的财产损失。

（3）由于或可能由于竞赛规则，或按照正常程序要求做出的维持、继续和管理比赛的决定，对任何个人、俱乐部、公司、协会或其他机构所造成的任何损失。这些决定可能包括：

1）就比赛场地及其周边环境，或天气状况决定是否进行比赛。

2）因无论何种原因决定中止比赛。

3）比赛场地器材和比赛用球是否适合在比赛中使用。

4）根据观众的影响或观众区域的任何问题，决定是否停止比赛。

5）是否停止比赛，将受伤队员移至场外治疗。

6）要求受伤队员移至场外治疗。

7）是否允许队员穿着某种服装或佩戴某种设备。

8）在有权时，决定是否允许任何人员（包括球队或球场官员、安保人员、摄像师或者其他媒体代表）出现在比赛场地附近区域。

9）根据竞赛规则或国际足联、洲际联合会、国家足球协会条款或比赛所涉及的竞赛规程履行职责时所做出的决定。

3.6 其他比赛官员

可选派其他比赛官员（两名助理裁判员、一名第四官员、两名附加助理裁判员、候补助理裁判员、视频助理裁判员，以及至少一名助理视频助理裁判员）执法比赛，他们根据竞赛规则协助裁判员管理比赛，但最终决定必须由裁判员做出。

裁判员、助理裁判员、第四官员、附加助理裁判员，以及候补助理裁判员统称为“在场”比赛官员。

视频助理裁判员和助理视频助理裁判员统称为“视频”比赛官员，并依照由国际足球理事会确定的视频助理裁判员协助裁判员操作规范协助裁判员。

比赛官员在裁判员的领导下履行各自职责。如果出现不当的干涉或行为，裁判员可解除其职权，并向相关机构提交报告。

除候补助理裁判员外，当其他“在场”比赛官员的观察角度比裁判员更好时，需提示裁判员发生的犯规和违规情况，并就裁判员或其他比赛官员视线范围外发生的任何严重不当行为或其他事件，向有关机构提交报告。在完成报告前，必须与裁判员和其他比赛官员商议。

其他“在场”比赛官员协助裁判员检查比赛场地、比赛用球及队员装备（包括再次检查相关问题是否已被解决），以及记录比赛时间、进球、不正当行为等。

竞赛规程必须明确由谁替换不能开始或继续执法的比赛官员，以及任何相应产生的更替。尤其要明确：当裁判员不能继续执法时，是由第四官员、第一助理裁判员，还是第一附加助理裁判员替换。

3.6.1 助理裁判员

当出现如下情况时，助理裁判员给予示意：

（1）球的整体离开比赛场地，应由哪一队踢角球、球门球或掷界外球。

（2）处于越位位置的队员可被判罚越位。

（3）申请队员替换。

（4）在罚球点球时，守门员是否在球被踢出前离开球门线，以及球是否越过球门线。如果比赛选派附加助理裁判员，则助理裁判员的选位应在与罚球点齐平的位置上。

助理裁判员的协助也包括监管队员替换程序。

助理裁判员可进入比赛场地管理 9.15m（10 码）的距离。

3.6.2 第四官员

第四官员的协助包括：

（1）监管队员替换程序。

（2）检查场上队员/替补队员的装备。

（3）在裁判员示意/同意后让场上队员重新进入比赛场地。

（4）监管用于更换使用的比赛用球。

（5）在各半场（包括加时赛）结束时，展示裁判员将要补足的最短补时时间。

（6）将技术区域人员的不当行为告知裁判员。

3.6.3 附加助理裁判员

附加助理裁判员需示意：

（1）当球的整体越过球门线，包括进球得分时。

（2）哪一队踢角球或球门球。

（3）在罚球点球时，守门员是否在球被踢出前离开球门线，以及球是否越过球门线。

3.6.4 候补助理裁判员

候补助理裁判员的唯一任务是替换不能继续执法的助理裁判员或第四官员。

3.6.5 视频比赛官员

视频助理裁判员作为比赛官员，仅当裁判员在涉及进球/未进球、球点球/不是球点球、直接红牌（不包括第二次警告）或裁判员在对违规球队执行警告或罚令出场时出现处罚对象错误的决定中，出现“清晰而明显的错误”或“严重的遗漏事件”时，使用视频回放画面协助裁判员做出正确决定。

助理视频助理裁判员作为比赛官员，主要在以下方面协助视频助理裁判员：

（1）在视频助理裁判员进行“查看”或“回看分析”时，观看电视画面。

（2）记录与视频助理裁判员相关的时间以及任何沟通或技术问题。

（3）协助裁判员与视频助理裁判员的沟通，特别是当视频助理裁判员执行“查看”/“回看分析”时，与裁判员沟通，例如告知裁判员需“停止比赛”或“延迟恢复比赛”等。

（4）记录每次“查看”或“回看分析”造成的时间“损耗”。

（5）就与视频助理裁判员相关的决定信息，与有关方面进行沟通。

3.6.6 助理裁判员的信号

助理裁判员的信号如图 3-13~图 3-23 所示。

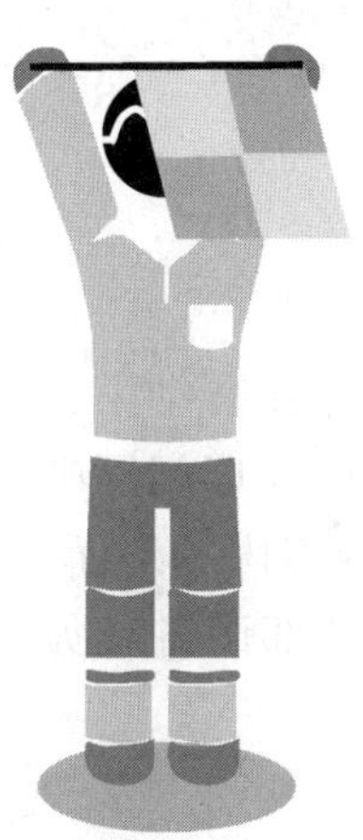

替换队员

图 3-13

攻方踢任意球

图 3-14

守方踢任意球

图 3-15

攻方掷界外球

图 3-16

守方掷界外球

图 3-17

角球

图 3-18

球门球

图 3-19

越位

图 3-20

近端越位

图 3-21

中端越位

图 3-22

远端越位

图 3-23

3.6.7 附加助理裁判员的信号

附加助理裁判员的信号如图 3-24 所示。

图 3-24

3.7 比赛时间

3.7.1 比赛阶段

一场比赛分为两个 45min 相同时长的半场。依照竞赛规程，在比赛开始前经裁判员和双方球队同意后，方可缩短各半场比赛时长。

3.7.2 中场休息

队员享有中场休息的权利，休息时间不得超过 15min。加时赛中场阶段可短暂补水（时长不超过 1min）。竞赛规程必须明确中场休息的时长，在经裁判员许可的情况下方可调整中场休息时长。

3.7.3 对损耗时间的补足

裁判员对每半场所有因如下情况而损耗的时间予以补足：

（1）队员替换。

（2）对受伤队员的伤情评估和/或将其移出比赛场地。

（3）浪费的时间。

（4）纪律处罚。

（5）竞赛规程允许的医疗暂停。例如“补水”暂停（不超过 1min）和“降温”暂停（90s 至 3min）。

（6）与视频助理裁判员“查看”及“回看分析”有关的延误。

（7）任何其他原因，包括任何明显延误比赛恢复的情况（如庆祝进球）。

第四官员在每半场最后一分钟结束时展示裁判员决定的最短补时时间。裁判员可增加补时时间，但不得减少。

裁判员不得因上半场计时失误而改变下半场的比赛时长。

此外，比赛中的许多中断极为正常（如掷界外球、球门球等），当这些停顿延误的时间较长时才允许（针对这些停顿）补时。

3.7.4 罚球点球

当比赛接近半场结束时，如需执行罚球点球或重罚球点球，应延长该半场时长直至罚球点球程序完成。

3.7.5 中止的比赛

除非竞赛规程规定或主办方另有决议，否则中止的比赛需进行重赛。

3.8 比赛开始与恢复

一场比赛各半场、加时赛各半场、进球后均以开球恢复比赛。任意球（直接或间接任意球）、罚球点球、掷界外球、球门球和角球是其他恢复比赛的方式（详见规则 3.13～3.17 节）。当裁判员暂停比赛，而规则未明确以上述任何一种方式恢复比赛时，以坠球恢复比赛。

比赛停止时发生的违规违例行为，不会改变随后恢复比赛的方式。

3.8.1 开球

3.8.1.1 程序

(1) 掷硬币猜中的一队决定本方上半场进攻方向，或者由本方开球。
(2) 根据上一条的选择结果，另一队开球，或者决定本方上半场进攻方向。
(3) 选择了本方上半场进攻方向的一队，在下半场开球开始比赛。
(4) 下半场，双方球队交换半场和进攻方向。
(5) 当一队进球后，由另一队开球。

所有的开球：

(1) 除开球队员外，所有场上队员必须处在本方半场内。
(2) 开球队的对方队员必须距球至少 9.15m（10 码）直至比赛开始。
(3) 球必须放定在中点上。
(4) 裁判员给出信号。
(5) 当球被踢且明显移动时，比赛即为开始。
(6) 开球可直接射入对方球门得分；如果直接射入了本方球门，则判给对方角球。

3.8.1.2 违规与处罚

如果开球队员在其他场上队员触及球前再次触球，则判罚间接任意球，如果手球犯规，则判罚直接任意球。

对于其他任何违反开球程序的情况，应重新开球。

3.8.2 坠球

3.8.2.1 程序

（1）如果比赛被停止的时刻球处于罚球区内，或比赛停止前球最后一次被触及的地点处于罚球区内，则坠球给守方球队的守门员，坠球地点在罚球区内。

（2）其他所有情况，裁判员坠球给最后触球的球队的一名场上队员。坠球地点在球最后一次被队员、场外因素或比赛官员（参照3.9.1节）触及的位置。

（3）其他所有队员（包括双方队员）必须处于距离球不少于4m（4.5码）的位置，直至比赛恢复。

当球触及地面，比赛即为恢复。

3.8.2.2 违规与处罚

出现如下情况时，需重新坠球：

（1）球在触及地面前被队员触及。

（2）球在触及地面后，未经队员触及而离开比赛场地。

如果坠球后，球未经至少两名场上队员触及而进入球门：

（1）球进入对方球门，则以球门球恢复比赛。

（2）球进入本方球门，则以角球恢复比赛。

3.9 比赛进行与停止

3.9.1 比赛停止

当出现如下情况时，比赛即为停止：

（1）球的整体从地面或空中越过球门线或边线。

（2）裁判员停止了比赛。

（3）球接触了比赛官员后仍在比赛场地内，并且任一队开始了一次有希望的进攻，或直接进入了球门，或控球球队发生了转换。比赛以坠球恢复。

3.9.2 比赛进行

所有其他时间，如果球接触了比赛官员或从球门柱、横梁、角旗杆弹回并且仍在比赛场地内，均为比赛进行中。

3.10 确定比赛结果

3.10.1 进球得分

当球的整体从球门柱之间及横梁下方越过球门线，且进球队未犯规或违规时，即为进球得分。

如果守门员手抛球直接进入对方球门，则由对方踢球门球。

如果裁判员在球的整体还未越过球门线时示意进球，则以坠球恢复比赛。

3.10.2 获胜队

进球数较多的队伍为获胜队。如果双方球队没有进球或进球数相等，则该场比赛为平局。

当竞赛规程规定一场比赛出现平局，或主客场进球数相同时必须有一方取胜，仅允许采取如下方式决定获胜队：

（1）客场进球规则。

（2）加时赛。加时赛上下半场时长相等且均不超过 15min。

（3）球点球决胜。

可将上述各方式组合使用。

3.10.3 球点球决胜

在比赛结束后执行球点球决胜程序，除非有其他规定，否则按竞赛规则相关内容执行。（图 3-25）

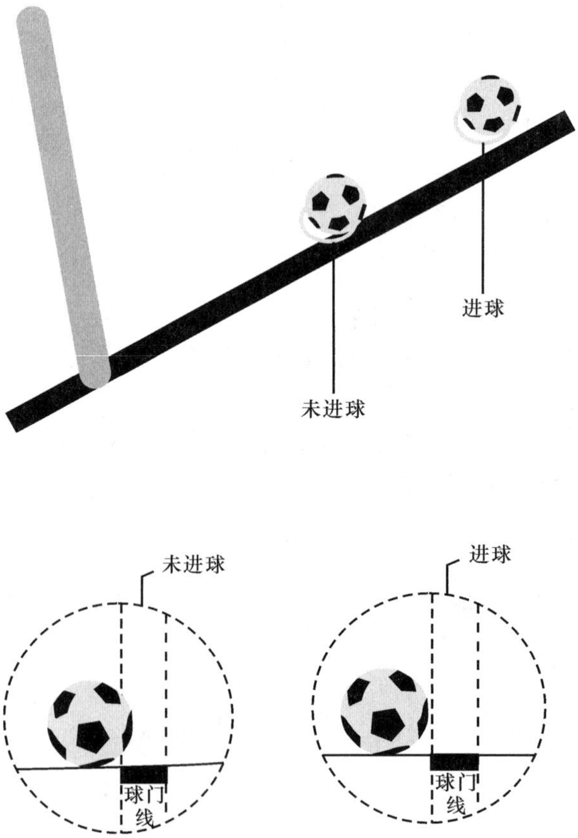

图 3-25

3.10.3.1 程序

A 球点球决胜开始前

（1）裁判员通过掷硬币决定球点球决胜使用的球门，只有因为安全原因或在球门、场地草皮无法正常使用的情况下，才可更换球点球决胜使用的球门。

（2）裁判员再次掷硬币，猜中的一队决定先踢或后踢。

（3）除替补队员替换无法继续比赛的守门员的情况外，只有在比赛结束时在比赛场地内或暂时离场（受伤、调整装备等）的场上队员有资格参加球点球决胜。

（4）各队负责安排有资格的场上队员踢球点球的顺序，罚球队员顺序不必告知裁判员。

（5）如果在比赛结束时、球点球决胜开始前或进行中，一队场上队员人数多于另一队，则必须削减队员人数以与对方保持一致，且必须告知裁判员被削减的队员姓名及号码。被削减的队员不得参加球点球决胜（除下述情况外）。

（6）在球点球决胜开始前或进行中，如果一队守门员无法继续比赛，则守门员可由为保持人数一致而被削减的场上队员替换，或如果该队替换名额还未用完时，由一名提名的替补队员替换。被替换的守门员不得再次参加球点球决胜或踢点球。

（7）如果守门员已经踢了球点球，则替换该守门员的队员在下一轮踢球点球之前，不得踢球点球。

B 球点球决胜进行中

（1）只有符合资格的场上队员和比赛官员可以留在比赛场地内。

（2）除踢球点球的队员和两名守门员外，所有符合资格的场上队员必须留在中圈内。

（3）踢球队员一方的守门员必须留在比赛场地内、在罚球区外球门线与罚球区线交汇的位置。

（4）符合资格的场上队员可与守门员互换位置。

（5）当球停止移动、离开比赛场地或因发生任何违规的情况而裁判员停止比赛时，视为罚球完成。主罚队员不得再次触球/补射。

（6）裁判员记录球点球决胜情况。

（7）因守门员违规而造成重罚球点球时，必须警告守门员。

（8）裁判员示意执行罚球点球后，主罚队员违规则警告主罚队员，此球记为罚失。

（9）守门员与主罚队员同时违规：

1）如果此球罚失或被扑出，警告双方队员，并重罚。

2）如果此球罚进，进球无效，警告主罚队员，并记为罚失。

双方球队各踢 5 轮球点球，并遵循如下规定：

（1）双方球队轮流踢球。

（2）每次踢球由不同的场上队员执行，直至双方符合资格的队员均踢过一次后，同一名队员才可踢第二次。

（3）在双方球队各踢完 5 次球点球前，如果一队进球数已经超过另一队罚满 5 次可能的进球数，则不再继续执行球点球决胜程序。

（4）在双方球队踢完5轮球点球后，如果进球数相同，则继续踢球，直到出现踢完相同次数时，一队比另一队多进一球的情况为止。

（5）在全部队员踢完之后接下来的踢球中都应遵从上述条款，但球队可以更换踢球队员顺序。

（6）不得因一名场上队员离场而拖延球点球决胜。如果队员未及时返场踢球点球，则视为丧失本次踢球资格（射失）。

3.10.3.2 球点球决胜阶段的队员替换与罚令出场

（1）场上队员、替补队员或已替换下场的队员均可被警告或罚令出场。

（2）被罚令出场的守门员必须由一名符合资格的场上队员替换。

（3）除守门员外的其他无法继续参加球点球决胜的场上队员不可被替换。

（4）如果一队场上队员人数少于7人，裁判员不得中止比赛。

3.11 越　　位

3.11.1 越位位置

处于越位位置并不意味着构成越位犯规。

队员处于越位位置，如果其头、躯干或脚的任何部分处在对方半场（不包含中线），且头、躯干或脚的任何部分较球和对方倒数第二名队员更接近于对方球门线。

所有队员包括守门员的手和臂部不在越位位置判定范围内。

队员不处于越位位置，如果其与对方倒数第二名队员齐平或与对方最后两名队员齐平。

3.11.2 越位犯规

一名队员在同队队员传球或触球的一瞬间处于越位位置，该队员随后以如下方式参与了实际比赛，才被判罚越位犯规：

在同队队员传球或触球后得球或触及球，从而干扰了比赛，或干扰对方队员，包括：

通过明显阻碍对方队员视线，以妨碍对方队员处理球，或影响其处理球的能力，或与对方队员争抢球，或

• 应使用传球或触球的第一接触点。

—有明显的试图触及近处的来球的举动，且该举动影响了对方队员，或

—做出影响对方队员处理球能力的明显举动。

或

• 在如下情况发生后触球或干扰对方队员，从而获得利益：

（1）球从球门柱、横梁、比赛官员或对方队员处反弹或折射过来。

（2）球从任一对方队员有意救球后而来。

处于越位位置的队员在对方队员有意触球（任一对方队员救球除外）后得球，不被视为获得利益。

“救球”是指队员用除手/臂以外（守门员在本方罚球区内除外）的身体任何部位，阻止或试图阻止将要进入球门或极为接近球门的球。

在如下情况中：

• 队员站在越位位置，或自越位位置移动到对方队员的行进路线中，干扰了对方队员向球的方向移动，影响了对方队员处理球或争抢球的能力时，应被判罚越位犯规。如果该队员向对方队员的行进路线中移动，阻碍了对方队员移动时（如阻挡对方队员），应按照3.12节条款判罚犯规。

• 处于越位位置的队员以控球为目的朝球的方向移动，在其触球或试图触球前，或与对方队员争抢球前被犯规，则应判罚犯规在先，该犯规发生在越位犯规之前。

• 处于越位位置的队员在已经触球或试图触球后，或已与对方队员争抢球后被犯规，则应判罚越位犯规在先，越位犯规发生在另一犯规之前。

3.11.3 不存在越位犯规

如果队员直接从下列情况得球，不存在越位犯规：

（1）球门球。

（2）掷界外球。

（3）角球。

3.11.4 违规与处罚

如果出现越位犯规，裁判员在越位发生的地点判罚间接任意球，这包括发生在越位队员的本方半场。

就越位而言，未经裁判员许可离开比赛场地的防守队员，应视为处于球门线或边线上，直到比赛停止，或防守方已将球向中线方向处理且球已在防守方罚球区外。如果一名队员故意离开比赛场地，在比赛停止时，裁判员必须警告该名队员。

攻方队员为了不卷入实际比赛可以移步至比赛场地外或留在比赛场地外。就越位而言，如果该攻方队员在随后比赛停止，或防守方已将球向中线方向处理且球已在防守方罚球区外之前，从球门线重新进入比赛场地内，并卷入实际比赛，应视其处于球门线上。未经裁判员许可故意离开比赛场地又重新回场的攻方队员，虽不被判罚越位，但从其位置获得了利益，裁判员必须警告该名队员。

如果球进门时，一名攻方队员在球门柱之间的球门内保持不动，进球必须视为有效，除非该名队员越位或违反3.12节条文，这种情况下，裁判员以间接或直接任意球恢复比赛。有关越位的场景演示如下。

3.11.4.1 干扰比赛

进攻方队员（A）处于越位位置，但并未干扰对方队员，但触到了球。助理裁判员必

须在他触球时举旗示意越位犯规。(图 3-26)

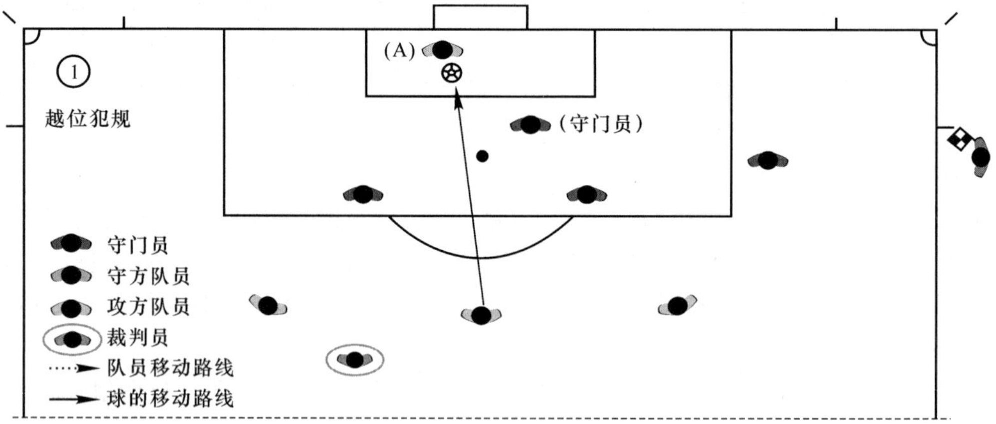

图 3-26

进攻队员（A）处在越位位置，未干扰对方队员，也未触球。不能判罚其越位犯规。(图 3-27)

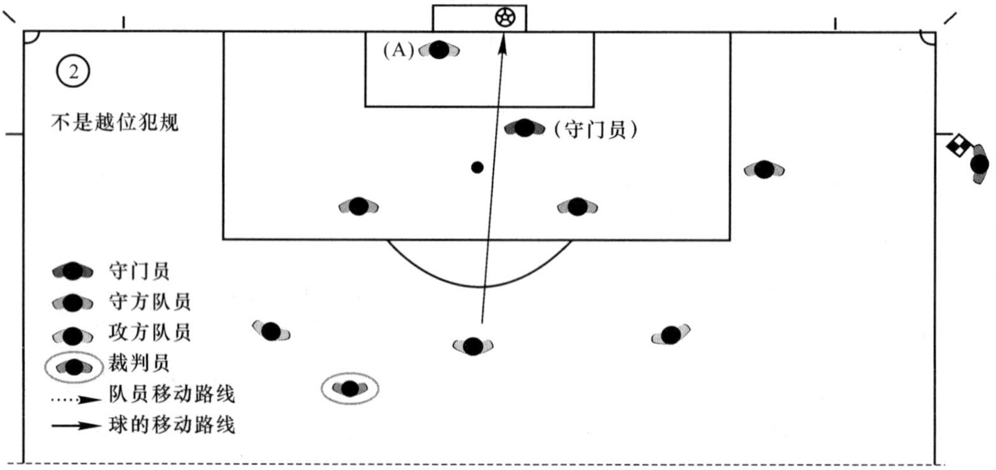

图 3-27

进攻队员（A）处于越位位置并跑向球，其他队友（B）从不越位的位置跑向球。队员（A）未触球，则不能被判罚为越位犯规。(图 3-28)

进攻队员（A）处于越位位置，如果裁判员认为不在越位位置的同队其他队员没有触球的机会，则在队员（A）触球前即可判罚其越位犯规。(图 3-29)

攻方队员处于越位位置（1）并跑向球，但并未触球。助理裁判员必须示意“球门球”。(图 3-30)

3. 11. 4. 2　干扰对方

处于越位位置的攻方队员（A）明显地阻碍了守门员的视线。必须以妨碍对方队员处理球或处理球的能力为由判罚其越位犯规。(图 3-31)

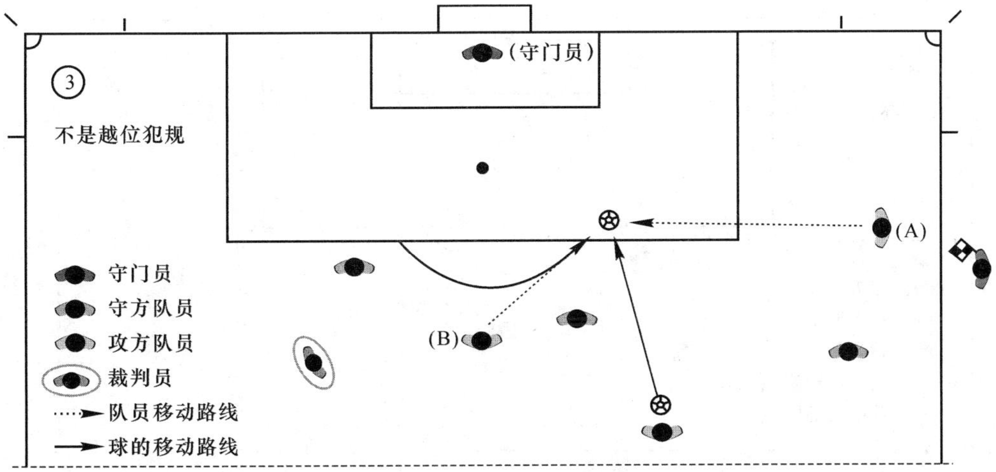

图 3-28

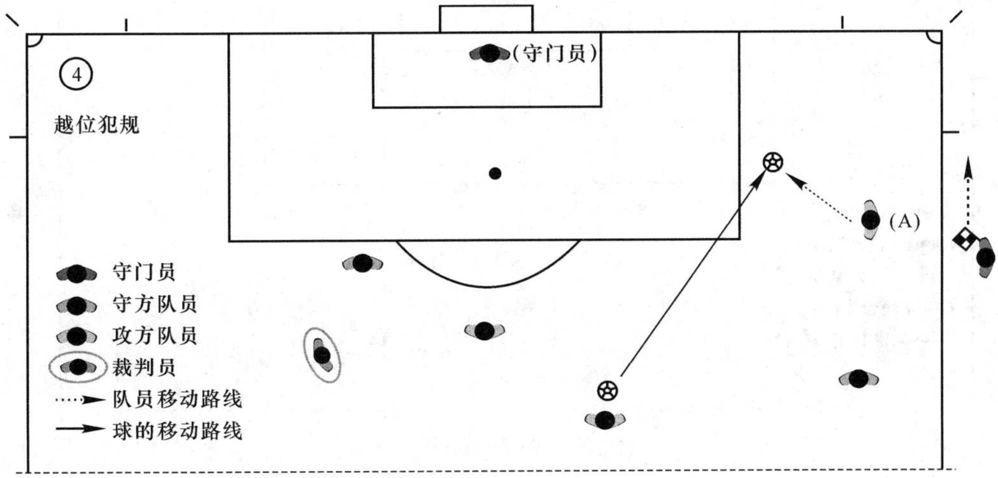

图 3-29

处于越位位置的攻防队员（A）没有明显的阻挡守门员的视线，也没有与对方队员争抢球，则不能判罚为越位犯规。（图 3-32）

处于越位位置的攻防队员（A）跑向球，但并未妨碍对方队员处理球或处理球的能力。队员（A）未与对方队员（B）争抢球，不能判罚为越位犯规。（图 3-33）

处于越位位置的攻防队员（A）跑向球并与对方队员（B）争抢球，妨碍了对方队员处理球或处理球的能力。队员（A）视为与对方队员争抢球，判罚其越位犯规。（图 3-34）

3.11.4.3　获利

攻方队员（B）被判罚越位犯规，因其在同队队员传球或触球的一瞬间处于越位位置，且在球从守门员反弹、折射或经守门员有意救球后触球。（图 3-35）

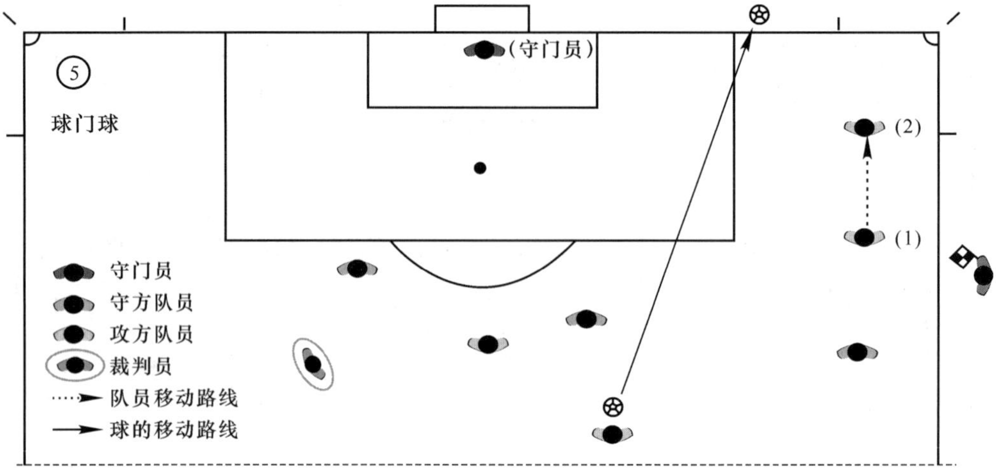

图 3-30

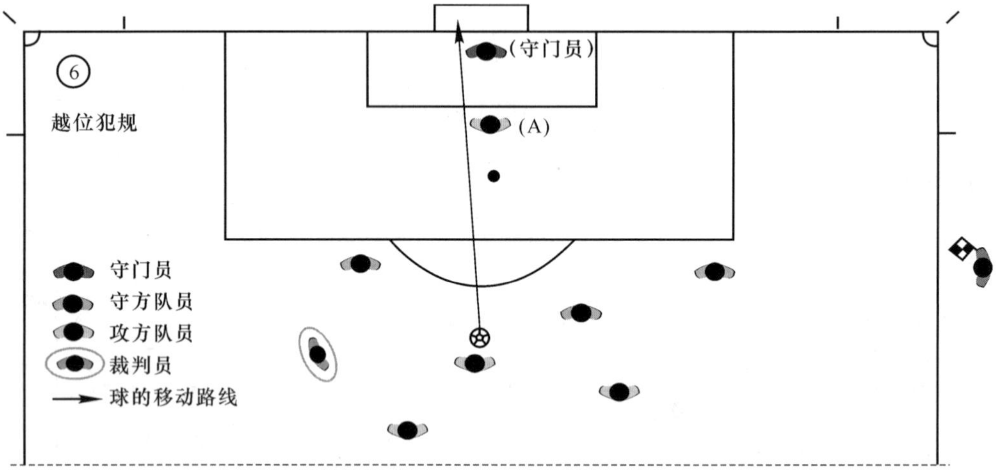

图 3-31

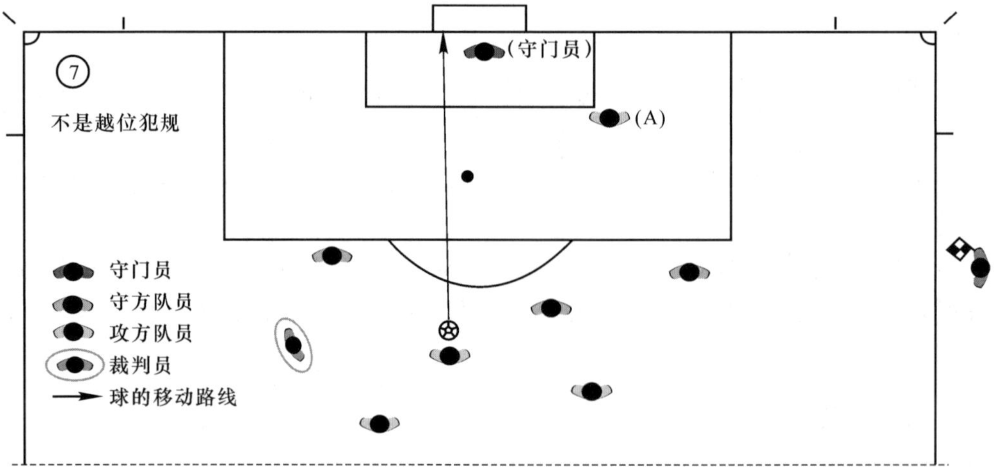

图 3-32

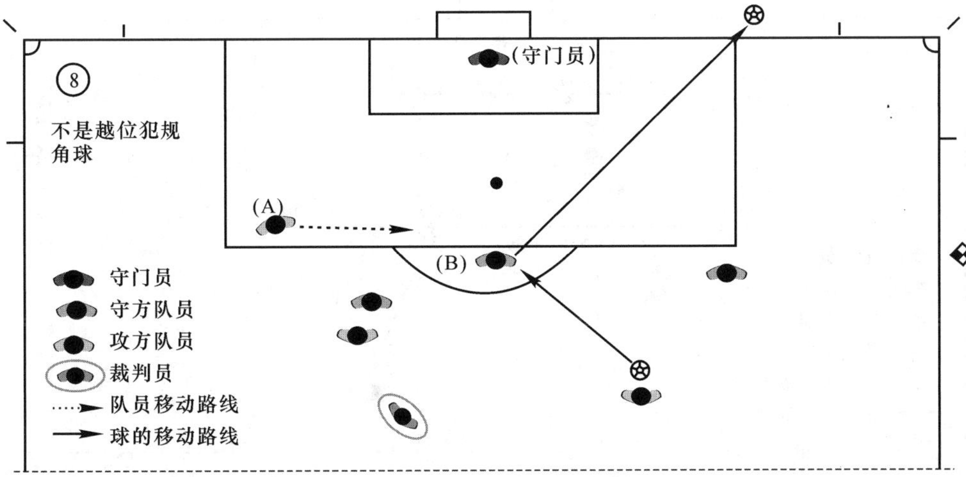

图 3-33

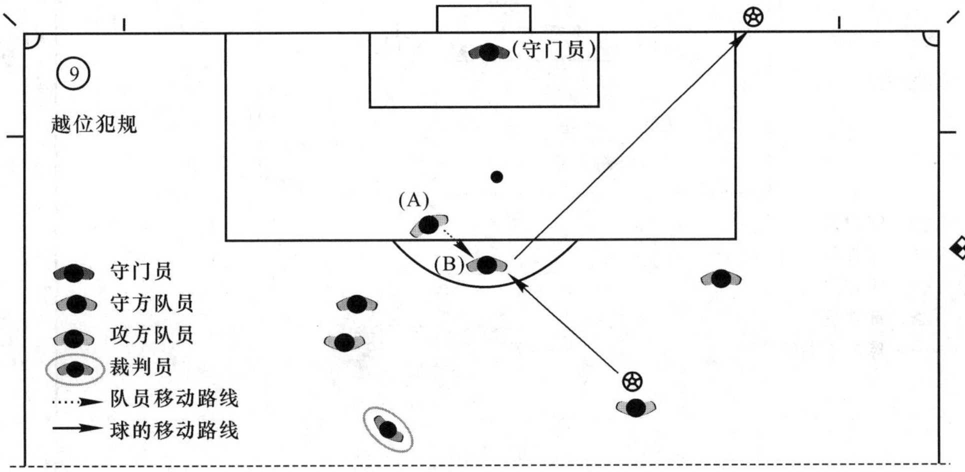

图 3-34

处于越位位置的攻方队员（B）被判罚越位犯规，因其在同队队员传球或触球的一瞬间处于越位位置，且在球从防守方队员（C）反弹、折射或经守方队员（C）有意救球后触球。（图 3-36）

球经同队队员（A）射门后，从守门员处反弹，队员（B）处在不越位的位置，并且触球，处于越位位置的队员（C）不能被判罚越位犯规，因其未触球，并未从越位位置获利。（图 3-37）

球经同队队员（A）射门后，从对方队员处反弹或折射，攻方队员（B）触球将被判为越位犯规，因其之前已处在越位位置。（图 3-38）

攻方队员（C）处在越位位置，未干扰对方队员。当同队队员（A）传球给处在不越位的位置，且向前插上的队员（B1），该队员在（B2）位置传球给队员（C），此时进攻队员（C）处于不越位的位置，因此不能判罚其越位犯规。（图 3-39）

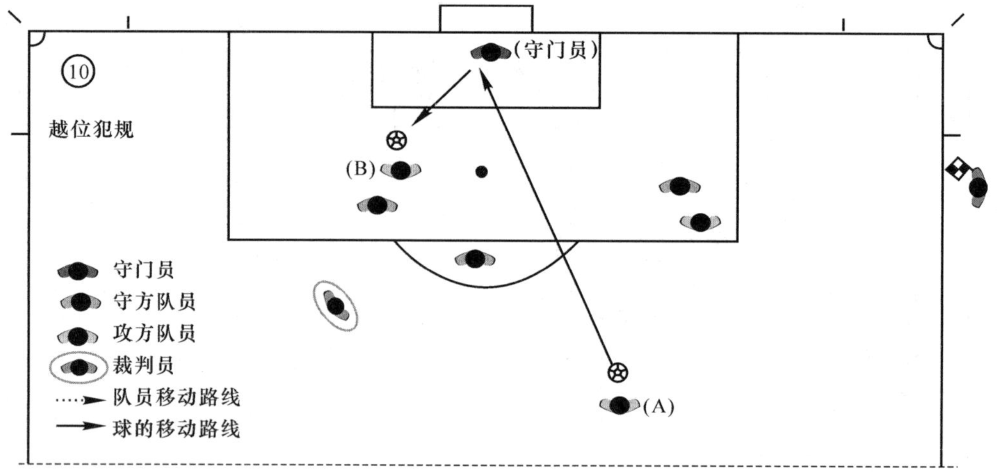

图 3-35

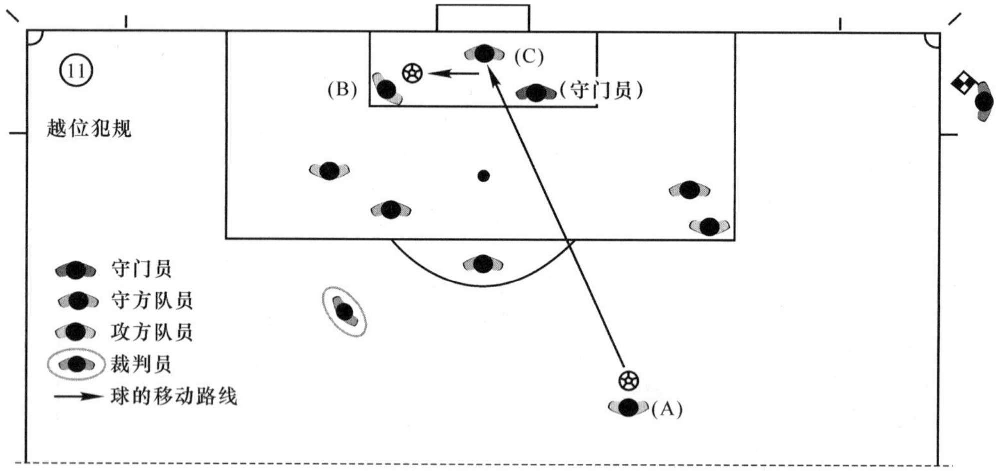

图 3-36

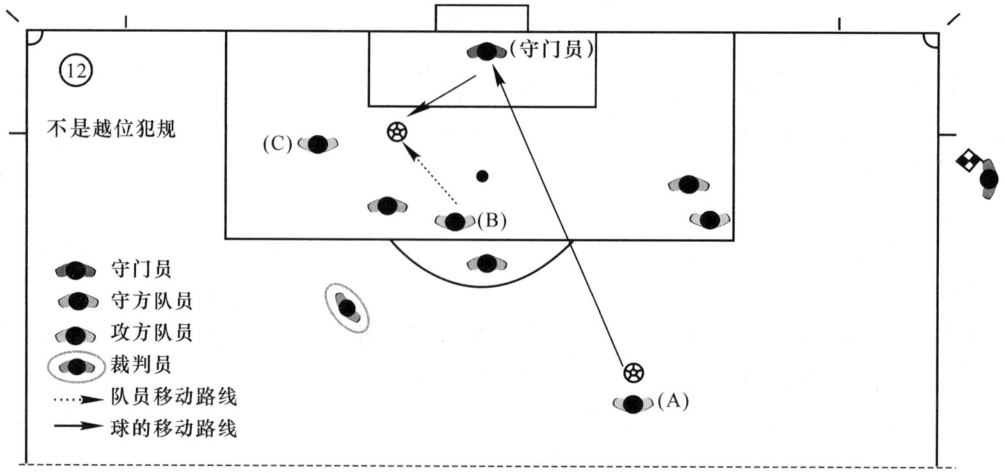

图 3-37

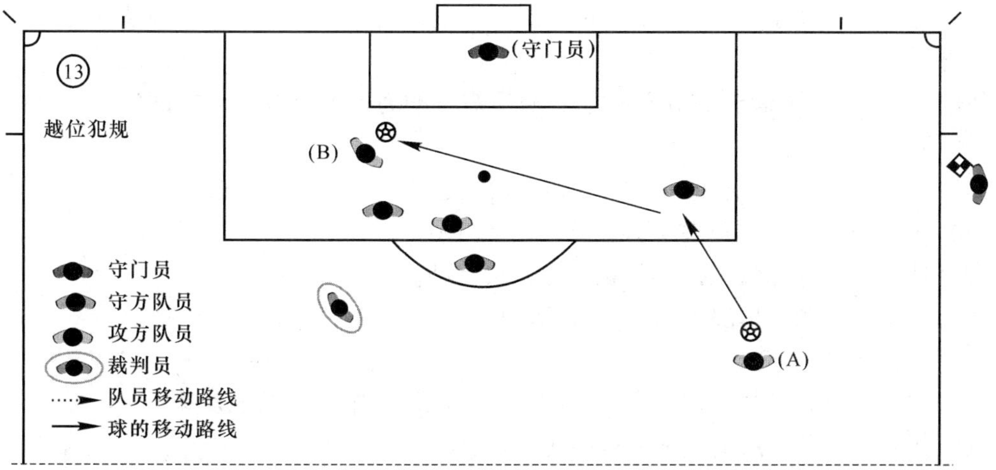

图 3-38

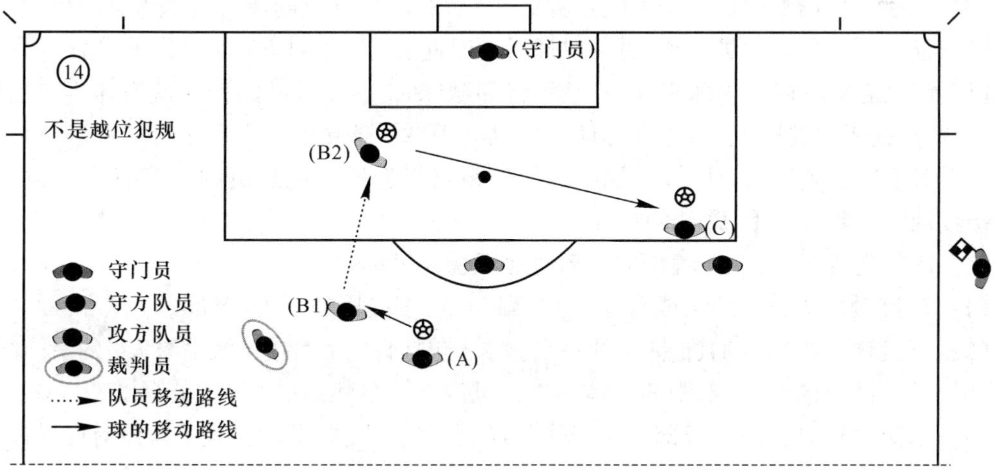

图 3-39

3.12 犯规与不正当行为

只有在比赛进行中犯规或违规，才可判罚直接或间接任意球，以及球点球。

3.12.1 直接任意球

如果裁判员认为，一名场上队员草率地、鲁莽地或使用过分力量对对方队员实施如下犯规，则判罚直接任意球：(1) 冲撞、(2) 跳向、(3) 踢或企图踢、(4) 推搡、(5) 打或企图打（包括用头顶撞)、(6) 用脚或其他部位抢截、(7) 绊或企图绊。

如果是有身体接触的犯规，则判罚直接任意球。

草率是指队员在争抢时没有预防措施，缺乏注意力或考虑。这种情况不必给予纪律处罚。

鲁莽是指队员的行为没有顾及到可能对对方造成的危险或后果。这种情况下可对队员予以警告。

使用过分力量是指队员使用了超出自身所需要的力量，危及了对方的安全。这种情况必须将队员罚令出场。

如果场上队员实施如下犯规时，判罚直接任意球：

(1) 手球犯规（守门员在本方罚球区内除外）。

(2) 使用手臂等部位拉扯、阻止对方队员行动。

(3) 在身体接触的情况下阻碍对方队员移动。

(4) 咬人或向任何人吐口水。

(5) 向球、对方队员或比赛官员扔掷物品，或用手中的物品触及球。

(6) 规则 3.3 节涉及的其他犯规行为。

以下情况视为手球犯规：

(1) 故意用手/臂部触球，包含手/臂部向球移动的动作。

(2) 在手/臂部触球后，获得了控球权，然后进球得分或创造了进球得分的机会。

(3) 队员（包括守门员）手/臂部触球后，球直接进入了对方球门，即使是意外手球。

以下情况通常应视为手球犯规：当手/臂部触球时；手/臂部的位置使身体不自然地扩大；手/臂部处于肩部以上/以外（除队员主动处理球后球接触了自己手臂的情形外）。

以上对手球犯规的认定同样适用于球接触距离很近的其他队员的头或身体（包括脚）后直接接触手球队员的手/臂部的情况。

除上述犯规情况外，球接触手/臂部通常不视为犯规：

(1) 球接触队员自己的头或身体（包括脚）后直接接触了手/臂部。

(2) 球接触距离很近的其他队员的头或身体（包括脚）后直接接触手球队员的手/臂部。

(3) 手球队员的手/臂部距离身体很近，且没有不自然地扩大身体范围。

(4) 队员倒地时，手或臂部处于身体与地面之间以支撑身体，且手臂没有向横向或纵向伸展离开身体。

在本方罚球区外，守门员和所有其他场上队员在手球上具有同等限制。如果守门员在本方罚球区内以违规方式手球，将判罚间接任意球，不执行纪律处罚。

3.12.2 间接任意球

如果一名场上队员犯有如下行为时，则判罚间接任意球：

(1) 以危险方式进行比赛。

(2) 在没有身体接触的情况下阻碍对方行进。

(3) 以语言表示不满，使用攻击性、侮辱性或辱骂性的语言和/或动作，或其他口头的违规行为。

(4) 在守门员发球过程中，阻止守门员从手中发球、踢或准备踢球。

(5) 犯有规则中没有提及的，又需裁判员停止比赛予以警告或罚令出场的任何其他犯规。

如果守门员在本方罚球区内犯有如下行为时，则判罚间接任意球：

（1）在发出球前，用手/臂部控制球超过6s。

（2）在发出球后，其他场上队员触球前，用手/臂部触球。

（3）在下列情况之后用手/臂部触球，除非守门员已经清晰地将球踢出或试图踢出：1）同队队员故意将球踢给守门员。2）接同队队员直接掷来的界外球。

当出现下列情况时，视为守门员用手控制球：

（1）球在双手之间，或手与任何表面（如地面、自己的身体）之间，以及用手或臂部的任何部分触球，除非球从守门员身上反弹出来，或守门员做出扑救的情况。

（2）用伸展开的手持球。

（3）向地面拍球或向空中抛球。

守门员在用手控制球的情况下，对方不得与其争抢球。

以危险方式进行比赛是指在尝试争球的过程中做出的任何动作存在对对方（包括自己）造成伤害的危险，包括使附近的对方队员因为害怕受伤而不敢争抢球。

剪刀脚和倒钩动作如果不会对对方造成危险，则允许使用。

阻碍对方行进是指当球不在双方的合理争抢范围时，移动至对方的行进路线上以阻碍、阻挡、减缓或迫使对方改变行进方向。

所有队员有权在比赛场地内选择自己的位置。已处在对方行进路线上和移动至对方行进路线上是不同的概念。

如果球在一名队员的合理争抢范围内，且其没有用臂部或身体阻拦对方队员争球，则该名队员可以在对方队员和球之间选好位置护球。如果球在双方的合理争抢范围内，队员可用合理冲撞的方式与对方争抢球。

3.12.3 纪律措施

裁判员从进入比赛场地进行赛前检查开始，至比赛结束（包括球点球决胜）离开比赛场地，均有权执行纪律措施。

如果上场队员或球队官员在开赛进入比赛场地前，犯有可被罚令出场的违规行为，裁判员有权阻止该队员或球队官员参加比赛（参见3.6.6节），裁判员将就任何其他不正当行为提交报告。

一名队员或球队官员，无论是在场内还是场外，犯有可被警告或罚令出场的违规行为，均将受到相应的处罚。

黄牌代表警告，红牌代表罚令出场。只可对场上队员、替补队员、已替换下场的队员或球队官员出示红黄牌。

一旦裁判员决定对队员予以警告或罚令出场，在处罚程序执行完成前，不得恢复比赛，除非在裁判员执行纪律处罚程序之前，未违规球队快速发出任意球，并且出现清晰的进球得分机会。如果是上述情况，在接下来比赛停止时执行纪律处罚。如果违规行为属于破坏对方明显进球得分的情况，则执行警告。

3.12.3.1 有利

如果裁判员在出现可警告或罚令出场的犯规时没有停止比赛而掌握有利，则必须在随后比赛停止时执行该警告/罚令出场。除非是破坏明显进球得分机会的情形，在这种情况下，则以非体育行为警告相关队员。

在出现严重犯规、暴力行为或可被第二次警告的犯规时，不应掌握有利，除非有明显的进球机会，裁判员必须在随后比赛停止时将相关队员罚令出场。但如果该队员触球或与对方队员争抢或干扰对方队员，裁判员则停止比赛，将该队员罚令出场，并以间接任意球恢复比赛，除非该队员出现了更严重的违规。

如果防守队员在罚球区外就开始使用手臂等部位拉扯、阻止对方队员行动，并持续至罚球区内，裁判员必须判罚球点球。

无论是犯规还是违规违例，裁判员均可以掌握有利，但应考虑如下情况决定掌握有利还是停止比赛：

（1）犯规的严重程度。如果是可被罚令出场的犯规，裁判员必须停止比赛，将相关队员罚令出场，除非有明显的进球得分机会。

（2）犯规发生的位置。离对方球门越近，掌握有利的效果越好，能够即刻发起有效进攻的可能性。

（3）当时比赛的气氛。

3.12.3.2 可警告的犯规

场上队员犯有如下行为时，应被警告：

（1）延误比赛恢复。

（2）以语言或行动表示不满。

（3）未经裁判员许可进入、重新进入或故意离开比赛场地。

（4）当比赛以角球、任意球或掷界外球恢复时，未退出规定距离。

（5）持续违反规则（对“持续”的定义并没有明确的次数和犯规类型）。

（6）非体育行为。

（7）进入裁判员回看分析区域。

（8）过分地做出要求回看分析（比划电视屏幕）的信号。

替补队员或已替换下场的队员犯有如下行为时，应被警告：

（1）延误比赛恢复。

（2）以语言或行动表示不满。

（3）未经裁判员许可进入、重新进入比赛场地。

（4）非体育行为。

（5）进入裁判员回看分析区域。

（6）过分地做出要求回看分析（比划电视屏幕）的信号。

如果出现两个独立的、可警告的犯规行为（即使发生在相距很近的时间或距离内），应进行两次警告（黄牌），例如一名队员在需要裁判员允许才可进入比赛场地的情况下，未经允许进入场地，随后实施了一次鲁莽犯规或通过犯规/手球阻止了对方有希望的进攻等。

A 对非体育行为的警告

在一些情况下必须以非体育行为警告相关队员，例如：

（1）试图用假装受伤或假装被犯规（佯装）欺骗裁判员。

（2）在比赛进行中，未经裁判员许可与守门员互换位置（详见3.3节）。

（3）以鲁莽的方式犯有可判直接任意球的犯规。

（4）通过犯规或手球的方式干扰或阻止有希望的进攻。

（5）通过犯规的方式干扰或阻止有希望的进攻，除非裁判员判罚了球点球而且犯规的意图是争抢球或触球。

（6）在意图争抢球或触球时出现犯规，破坏对方明显进球得分机会，并被判罚球点球。

（7）用手球的方式试图得分（无论进球与否）或阻止进球未果。

（8）在比赛场地上制造未经许可的标记。

（9）在经许可离场的过程中触球。

（10）表现出对比赛缺乏尊重。

（11）故意施诡计用头、胸、膝盖等部位将球传给守门员（包括任意球情况）以逃避相关处罚条款，无论守门员是否用手触球。

（12）在比赛进行中或比赛恢复时，用语言干扰对方队员。

B 庆祝进球

队员可以在进球得分后进行庆祝，但庆祝活动不得过度。不鼓励在庆祝进球时表演自编舞蹈。

离开场地庆祝进球无需予以警告，但场上队员应尽快返场。

队员必须被警告的行为（无论进球有效与否）：

（1）攀爬上周边的围栏，并/或以可能引发安全和/或安保问题的方式接近观众。

（2）做出挑衅、嘲讽或煽动性质的动作或表现。

（3）用面具或类似器物遮住头部或面部。

（4）脱去上衣或用上衣遮住头部。

C 延误比赛恢复

裁判员必须警告采用下列方式延误比赛恢复的队员：

（1）看似要掷界外球，但突然将球交给同队队员掷球。

（2）在被替换下场时延误离场时间。

（3）过度地拖延比赛恢复。

（4）在裁判员停止比赛后，故意将球踢走或拿走，引发冲突。

（5）在错误的地点踢任意球以造成重踢。

D 罚令出场的犯规

场上队员、替补队员或已替换下场的队员犯有如下行为时，应被罚令出场：

（1）通过手球犯规破坏对方球队进球或明显的进球得分机会（守门员在本方罚球区内除外）。

（2）通过可判罚任意球的犯规，破坏对方的进球或总体上朝犯规方球门方向移动的明显的进球得分机会（本节下述“破坏进球或明显进球得分机会”中说明的相关情况除外）。

（3）严重犯规。

（4）咬人或向任何人吐口水。

（5）暴力行为。

（6）使用攻击性、侮辱性或辱骂性的语言和/或动作。

（7）在同一场比赛中得到第二次警告。

（8）进入视频操作室。

被罚令出场的场上队员、替补队员或已替换下场的队员，必须离开比赛场地周边区域及技术区域。

E　破坏进球或明显进球得分机会

无论发生在何处，当队员用手球犯规破坏对方进球或明显进球得分机会时应被罚令出场。

当队员在本方罚球区内对对方犯规，破坏了对方明显的进球得分机会，裁判员判罚球点球。如果是在意图争抢球时造成犯规，则警告犯规队员，除此以外的所有犯规（如拉拽、推搡、没有触球的可能性等情况），必须将犯规队员罚令出场。

场上队员、已被罚令出场的队员、替补队员或已替换下场的队员，未经裁判员许可进入比赛场地内，干扰了比赛或对方队员，并破坏对方球队进球或明显进球得分机会的行为，应视为被罚令出场的犯规。

必须考虑如下情况：

（1）犯规发生地点与球门间的距离。

（2）比赛发展的大致方向。

（3）控制球或得到控球权的可能性。

（4）防守队员的位置和人数。

F　严重犯规

危及对方队员安全或使用过分力量、野蛮方式的抢截，必须视为严重犯规加以处罚。

任何队员用单腿或双腿从对方身前、侧向或后方，使用过分力量或危及对方安全的蹬踹动作，应视为严重犯规。

G　暴力行为

暴力行为是指队员的目的不是争抢球，而是对对方队员或同队队员、球队官员、比赛官员、观众或任何其他人，使用或企图使用过分力量或野蛮动作，无论是否与他人发生身体接触。

除此之外，队员的目的不是争抢球，而是故意用手或臂部击打对方队员，以及任何其他人的头或面部时应视为暴力行为，除非他使用的力量非常轻微，足以忽略。

H　球队官员

如果无法准确辨别是哪名球队官员违规，则该违规行为及纪律处罚将由该队技术区域内最高职位的教练员承担。

I　劝诫

下列违规行为通常应进行劝诫，如果反复或过于明显地违规，则应警告或罚令出场：

（1）以有礼貌/非对抗的态度进入比赛场地。

（2）不配合比赛官员。例如无视助理裁判员或第四官员的指令要求。

（3）轻微/较低程度地（以语言或行动）对裁判员的决定表示异议。

（4）偶尔离开技术区域，且无其他违规行为。

J　警告

应警告的违规行为包括（但不仅限于）：

（1）清晰/持续地违反技术区域的限制。

（2）延误本方球队恢复比赛。

（3）故意进入对方技术区域（非对抗性地）。

（4）以语言或行动表示异议，包括：

1）扔/踢饮料瓶或其他物品；

2）做出明显对比赛官员缺乏尊重的动作。例如讽刺性地鼓掌等。

（5）进入裁判员回看分析区域。

（6）过分/持续地做出出示红牌或黄牌的动作。

（7）过分地做出要求回看分析（比划电子屏幕）的信号。

（8）做出挑衅或煽动性的动作或行为。

（9）持续做出不接受的行为。

（10）表现出对比赛缺乏尊重。

K　罚令出场

应罚令出场的违规行为包括（但不仅限于）：

（1）延误对方球队恢复比赛。例如持球、将球踢走、妨碍队员的移动等。

（2）故意离开技术区域并且抗议或指责比赛官员或表现出挑衅或嘲讽的态度。

（3）以侵略性或对抗性的态度故意进入对方技术区域。

（4）故意向场内扔/踢物品。

（5）进入比赛场地并与比赛官员进行对抗（包括在半场及全场比赛结束时）或干扰比赛、对方队员、比赛官员。

（6）进入视频操作室（球队官员进入裁判员回看分析区域将被警告，进入视频操作室将被出示红牌罚令出场）。

（7）对对方场上队员、替补队员、球队官员、比赛官员、观众或任何其他人（例如球童、安保人员或竞赛官员等）实施肢体侵犯或侵略性行为（包括吐口水或咬人）。

（8）在一场比赛中受到第二次警告。

（9）使用攻击性、侮辱性或辱骂性的语言和/或动作。

（10）使用未经授权的电子或通信设备和/或在使用电子或通信设备时做出不当行为。

（11）暴力行为。

L　投掷物品（或比赛用球）的犯规

裁判员根据事件情况做出恰当的纪律处罚：

(1) 鲁莽的，以非体育行为警告犯规队员。

(2) 使用过分力量的，以暴力行为将犯规队员罚令出场。

3.12.4 犯规与不正当行为出现后的比赛恢复方式

如果比赛此前已经停止，则以之前的决定恢复比赛。

如果比赛进行中，场上队员在比赛场地内，以身体行为对如下人员实施犯规：

(1) 对方场上队员——以间接或直接任意球、球点球恢复比赛。

(2) 对同队队员、替补队员、已替换下场或已罚令出场的队员、球队官员或比赛官员——以直接任意球或球点球恢复比赛。

(3) 对任何其他人——以坠球恢复比赛。

所有口头的违规行为，均判罚间接任意球。

如果比赛进行中，场上队员在比赛场地外对比赛官员或对方场上队员、替补队员、已替换下场或已罚令出场的队员、球队官员实施犯规，或替补队员、已替换下场或已罚令出场的队员、球队官员在比赛场地外对对方场上队员或比赛官员实施犯规或造成了干扰。则在距犯规/干扰地点最近的边界线上以任意球恢复比赛。如果该地点位于犯规方罚球区内且该犯规可被判直接任意球，则判罚球点球。

如果一名场上队员在比赛场地外对同队队员、替补队员、已替换下场的队员或球队官员犯规，则在距离犯规发生地点最近的场地边界线上以间接任意球恢复比赛。

如果队员使用手中的物品（例如球、护腿板等）触球，则以直接任意球（或球点球）恢复比赛。

如果处于比赛场地内或比赛场地外的场上队员，向对方场上队员扔掷或踢（除比赛用球外的）物品，或向对方替补队员、已替换下场或已罚令出场的队员、球队官员、比赛官员或比赛用球扔掷或踢物品，则在相关人员或比赛用球被物品击中或可能被击中的地点，以直接任意球恢复比赛；如果该地点在比赛场地外，则在距该地点最近的边界线上以直接任意球恢复比赛；如果发生在犯规方罚球区内，则判罚球点球。

如果替补队员、已替换下场或已罚令出场的队员，以及暂时离场的场上队员或球队官员向比赛场地内扔掷或踢出物品，干扰了比赛、对方队员或比赛官员，则在该物品干扰比赛地点或对方队员、比赛官员、比赛用球被击中或可能被击中的地点，以直接任意球（或球点球）恢复比赛。

3.13 任意球

3.13.1 任意球的种类

当场上队员、替补队员、已替换下场的队员、已罚令出场的队员或者球队官员犯规或违规时，判由对方球队罚直接或间接任意球。

3.13.1.1 间接任意球示意信号

裁判员单臂上举过头，示意间接任意球，并保持这种姿势直到球踢出后被其他队员触及、比赛停止或球已经明显不可能直接进入球门为止。

如果裁判员未正确示意间接任意球，而球被直接射入球门，则必须重罚间接任意球。

3.13.1.2　球进门

（1）如果直接任意球直接踢入对方球门，则判为进球得分。

（2）如果间接任意球直接踢入对方球门，则判为球门球。

（3）如果直接或间接任意球直接踢入本方球门，则判为角球。

3.13.2　程序

所有任意球均应在犯规或违规的地点罚球，但下列情况除外：

（1）攻方球队在对方球门区内获得的间接任意球，应在与球门线平行的，离犯规地点最近的球门区线上执行罚间接任意球。

（2）守方球队在本方球门区内获得的任意球可在球门区内的任意地点罚球。

（3）场上队员未经裁判员允许进入、重新进入或离开比赛场地而被判罚的任意球，应在比赛停止时球所在地点罚球；然而，如果一名场上队员在比赛场地外犯规，则应在距犯规发生地点最近的边界线上以任意球恢复比赛。如果该地点位于犯规方罚球区内，且该犯规可被判罚直接任意球，则判罚球点球。

（4）规则规定的其他地点（详见3.3节、3.11节、3.12节）。

球有以下规定：

（1）必须放定，且罚球队员不得在其他队员触及球前再次触球。

（2）当球被踢且明显移动，则为比赛恢复。

在比赛恢复前，所有对方队员必须：

（1）距球至少9.15m（10码），除非他们已经处在本方球门柱之间的球门线上。

（2）守方队员在本方罚球区内罚任意球时，处在罚球区外。

当守方组成“人墙”的队员人数为3人或3人以上时，攻方队员必须距离“人墙”至少1m（1码），直至比赛恢复。

任意球可以用单脚或双脚同时挑起的方式罚出。

作为比赛的一部分，允许用假动作罚任意球迷惑对方。

如果一名队员在以正确方式罚任意球的过程中，故意将球踢向对方以再次获得球权，但并未使用草率的、鲁莽的方式或过分的力量，裁判员允许比赛继续。

3.13.3　违规与处罚

罚任意球时，如果对方队员距离球不足规定的距离，除非可掌握有利，否则应重罚任意球。如果队员快速罚出任意球，随后距球不足9.15m（10码）的对方队员将球截获，裁判员允许比赛继续。然而，故意阻止对方快速发球的队员必须以延误比赛恢复为由予以警告。

当任意球踢出时，一名进攻队员距离防守方3人或3人以上组成的“人墙”不足1m

(1 码)，将被判罚间接任意球。

守方队员在本方罚球区内快速罚出任意球时，如果对方队员未来得及离开罚球区，裁判员允许比赛继续。在踢任意球时，处在罚球区内的对方队员，或在比赛恢复前进入罚球区的对方队员，在比赛恢复前触及球或争抢球，应重踢任意球。

如果比赛已经恢复，罚球队员在其他队员触及球前再次触球，则判罚间接任意球。如果罚球队员手球犯规，判罚直接任意球。

如果违规情况发生在罚球队员本方罚球区内，则判罚球点球。除非罚球队员为守门员，这种情况下判罚间接任意球。

3.13.4 使用手臂等部位拉扯、阻止对方队员行动

裁判员应提早干预使用手臂等部位拉扯、阻止对方队员行动的犯规并严格处理，尤其是在踢角球和任意球时出现在罚球区内的此类行为。为了处理这些情况，裁判员必须在比赛恢复前口头警告有此类行为的队员。对比赛恢复前仍然继续此类行为的队员予以警告。一旦比赛恢复，仍出现类似行为的队员，判罚直接任意球或球点球。

3.14 罚球点球

队员在本方罚球区内，或如 3.12 节、3.13 节已明确的正常比赛移动中离开比赛场地后，犯有可判罚直接任意球的犯规，则判罚球点球。罚球点球可直接射入球门得分。

3.14.1 程序

球必须放定在罚球点上。球门立柱、横梁和球网不能移动。

必须清晰指定主罚的队员。

守方守门员必须处在球门柱之间的球门线上，面向主罚队员，且不可触碰球门立柱、横梁或球网，直至球被踢出。

主罚队员和守门员以外的其他场上队员必须：

(1) 距离罚球点至少 9.15m (10 码)。

(2) 在罚球点后。

(3) 在比赛场地内。

(4) 在罚球区外。

场上队员的位置符合规则规定后，裁判员示意执行罚球点球。

主罚队员必须向前踢球。允许使用脚后跟踢球，只要球向前移动。

在球被踢出时，防守方守门员必须至少有一只脚的一部分接触着球门线，或者与球门线齐平。

当球被踢且明显移动，即为比赛恢复。

主罚队员在其他队员触及球前不得再次触球。

当球停止移动、离开比赛场地，或因发生任何违反规则的情况而裁判员停止比赛时，

即为罚球完成。

在上下半场或加时赛上下半场结束时，允许补足时间以完成罚球点球程序。进行补时时，当球罚出后停止移动、离开比赛场地、除守方守门员外的其他任何队员（包括主罚队员）触球，或因主罚队员、主罚的一方违规而裁判员停止比赛时，视为罚球程序完成。如果防守方队员（包括守门员）违规，且球点球未进/扑出，应重罚球点球。

3.14.2 违规与处罚

一旦裁判员示意执行罚球点球，球必须罚出，如未罚出，裁判员可以在再次示意罚球之前执行纪律处罚。

如果在比赛恢复前，出现如下任一情况：

（1）主罚队员或同队队员违犯规则：

1）如果球进门，则重罚球点球。

2）如果球未进门，则裁判员停止比赛，以间接任意球恢复比赛。如下情况，无论进球与否裁判员将停止比赛，以间接任意球恢复比赛：

①向后踢球点球。

②已确认的主罚队员的同队队员罚球点球，裁判员警告该名罚球队员。

③罚球队员完成助跑后用假动作踢球（在助跑过程中使用假动作是允许的），裁判员警告该名队员。

（2）守门员或同队队员违犯规则：

1）如果球进门，进球得分有效。

2）如果球未进门，应重罚球点球，如果守门员违犯规则，则对其予以警告。

（3）如果双方队员违犯规则，应重罚球点球，除非某一队员违犯规则的程度更重（如使用不合法的假动作）。如守门员与主罚队员同时违规：

1）如果此球罚失或被扑出，警告双方队员，并重罚。

2）如果此球罚进，进球无效，警告主罚队员，以防守方踢间接任意球恢复比赛。

球点球被罚出后如果：

（1）主罚队员在其他队员触及球前再次触球，应判罚间接任意球（或因手球犯规而判罚直接任意球）。

（2）球在向前移动过程中被场外因素触及，应重踢球点球。但如果球将要进门时，干扰因素没有阻止防守队员处理球，随后球进门，则视为进球有效（即使干扰因素与球发生接触），除非干扰因素是来自攻方球队。

（3）球从守门员身体、横梁或球门柱弹回比赛场地内，随后被场外因素触及，裁判员停止比赛，在被场外因素触及的地点以坠球恢复比赛。

3.14.3 概要

表3-1为罚球点球的结果。

表 3-1 罚球点球的结果

类　型	进　球	未进球
攻方队员违犯规则	重罚球点球	间接任意球
守方队员违犯规则	进球有效	重罚球点球
守门员违犯规则	进球有效	重罚球点球并警告守门员
向后踢球点球	间接任意球	间接任意球
不合法的假动作	间接任意球并警告罚球队员	间接任意球并警告罚球队员
非确认主罚的队员罚球	间接任意球并警告该名队员	间接任意球并警告该名队员
守门员和主罚队员同时违犯规则	间接任意球并警告罚球队员	重罚球点球并警告守门员及罚球队员

3.15　掷界外球

当球的整体从地面或空中越过边线时，由最后触球队员的对方掷界外球。

掷界外球不能掷进球门得分，如果球直接掷入对方球门，判踢球门球；如果球直接掷入本方球门，判踢角球。

3.15.1　程序

在掷出球的瞬间，掷球队员必须：

（1）站立面向比赛场地。

（2）任何一只脚的一部分在边线上或在边线外的地面上。

（3）在球离开比赛场地的地点，用双手将球从头后经头顶掷出。

所有对方队员必须站在距离应掷球的地点所对应的边线上至少 2m（2 码）的位置。

当球掷入比赛场地内，即为比赛恢复。在球进入比赛场地之前，如果球接触地面，则由同一队在相同地点重新掷界外球。如果未依照正确程序掷界外球，则由对方掷界外球。

如果一名队员以正确的方式，故意将球掷向对方队员以再次触球。但并未使用草率的、鲁莽的方式或过分的力量，裁判员允许比赛继续。

掷球队员在其他队员触及球前不得再次触球。

3.15.2　违规与处罚

如果比赛已经恢复，掷球队员在其他队员触及球前再次触球，则判罚间接任意球。如果掷球队员手球犯规：

（1）判罚直接任意球。

（2）如果违规情况出现在掷球队员本方罚球区内，则判罚球点球。除非掷球队员为守门员，这种情况下判罚间接任意球。

对方队员通过不正当的方式干扰或阻碍掷球队员（包括移动至距掷球位置少于 2m（2 码）的地点）应以非体育行为予以警告，如果界外球已被掷出，则判罚间接任意球。

对于其他任何违反本节条文的情况，应由对方队员掷界外球。

3.16 球门球

当球的整体从地面或空中越过球门线，而最后由攻方队员触及，且并未出现进球，则判为球门球。

球门球可以直接射入对方球门而得分。如果球直接进入踢球队员本方球门，则判给对方角球。

3.16.1 程序

（1）球必须放定，由守方球队中的一名场上队员在球门区内任意位置踢球。

（2）当球被踢且明显移动，即为比赛恢复。

（3）对方队员必须处在罚球区外直到比赛恢复。

3.16.2 违规与处罚

如果比赛已经恢复，踢球队员在其他队员触及球前再次触球，则判罚间接任意球。如果踢球队员手球犯规，（1）判罚直接任意球。（2）如果违规情况出现在踢球队员本方罚球区内，则判罚球点球。除非踢球队员为守门员，这种情况下判罚间接任意球。

如果球门球踢出时，对方队员因没有时间离开而处于罚球区内，裁判员允许比赛继续。在踢球门球时处在罚球区内的对方队员，或在比赛恢复前进入罚球区的对方队员，在比赛恢复前触及球或争抢球，应重踢球门球。

在比赛恢复前，如果队员进入罚球区内，对对方队员或被对方队员犯规，应重踢球门球。依据犯规情况，犯规队员可被警告或罚令出场。

对于其他任何违反本节条文的情况，应重踢球门球。

3.17 角　　球

当球的整体从地面或空中越过球门线，而最后由守方队员触及，且并未出现进球，则判为角球。

角球可以直接射入对方球门而得分。如果角球直接射入踢球队员本方球门，则判给对方角球。

3.17.1 程序

（1）球必须放在球越过球门线时最接近的角球区内。

（2）球必须放定，由攻方球队中的一名场上队员踢球。

（3）当球被踢且明显移动时，即为比赛恢复。无须将球踢出角球区。

（4）不得移动角旗杆。

（5）对方队员必须距角球弧至少 9.15m（10 码），直到比赛恢复。

3.17.2 违规与处罚

如果比赛已经恢复，踢球队员在其他队员触球前再次触球，则判罚间接任意球。如果发球队员手球犯规：

（1）判罚直接任意球。

（2）如果违规情况出现在踢球队员本方罚球区内，则判罚球点球。除非踢球队员为守门员，这种情况下判罚间接任意球。

如果一名队员在以正确方式踢角球的过程中，故意将球踢向对方队员以再次获得球权，但并未使用草率的、鲁莽的方式或过分的力量，裁判员允许比赛继续。

对于其他任何违反本节条文的情况，应重踢角球。

3.18 视频裁判操作规范——原则、实施方法和操作程序

视频助理裁判操作规范最大程度遵循了《足球竞赛规则》的原则和理念。

只有当比赛/竞赛方完全满足了视频助理裁判操作规范与实施要求（《视频助理裁判手册》所述内容），且得到国际足球理事会与国际足联书面许可后，方可使用视频助理裁判。

3.18.1 原则

在足球比赛中使用视频助理裁判应基于若干原则，任何使用视频助理裁判的比赛都必须遵循这些原则。

（1）视频助理裁判员作为比赛官员，可独立调用其所需要的比赛画面，且仅在有关以下各类事件的判罚存在“清晰而明显的错误”或“遗漏的严重事件”时，方可协助裁判员：

1）进球/未进球。

2）球点球/不是球点球。

3）直接红牌（不包括第二次警告/黄牌）。

4）纪律处罚对象错误（裁判员对违规球队执行警告或罚令出场时错认了受处罚队员）。

（2）裁判员必须先做出决定。不允许裁判员“不做任何决定”，而后利用视频助理裁判员再做决定。对于疑似犯规的情况，裁判员在做出比赛继续的决定后也可以进行回看。

（3）除非回看分析充分表明裁判员做出的最初决定是“清晰而明显的错误”，否则不得更改该决定。

（4）只有裁判员可发起“回看分析”；视频助理裁判员（以及其他比赛官员）只可向裁判员建议发起“回看分析”。

（5）无论是基于视频助理裁判员提供的信息，还是裁判员进行了“在场回看分析”，最终决定必须由裁判员做出。

（6）“回看分析”流程没有时间限制，准确性比速度更重要。

（7）在“回看分析”过程中，队员和球队官员不得围堵裁判员，以试图对“回看分析”进程以及最终决定施加影响。

(8) 在“回看分析”进程中，裁判员必须保持“可见”状态，以确保该环节的透明度。

(9) 如果一事件发生后比赛继续进行，裁判员随后对该事件进行了“回看分析”：在事件后继续比赛的过程中执行/需要执行的任何纪律处罚不得撤销，即使最初的决定发生了改变（因破坏有希望的进攻机会或明显进球得分机会而执行的警告/罚令出场除外）。

(10) 如果比赛停止又随之恢复后，除纪律处罚对象错误或涉及暴力行为、吐口水、咬人或极具攻击性、侮辱性和/或辱骂性动作的潜在红牌事件外，裁判员不得执行“回看分析”。

(11) 在“回看分析”时，事件前后回看的时段长度，由《足球竞赛规则》和视频助理裁判员操作规范决定。

(12) 视频助理裁判员会自行“查看”每个情况/决定，无需教练员或队员要求进行“回看分析”。

3.18.2 可“回看分析”的改变比赛走势的决定/事件

裁判员只能就涉及4类改变比赛走势的决定/事件，得到视频助理裁判员的协助。无论何种情况，只有在裁判员已经做出（第一/最初）决定（包括示意比赛继续）后，或这一严重事件被遗漏/未被比赛官员察觉时，方可使用视频助理裁判员。

除非裁判员最初的决定是“清晰而明显的错误”（包括裁判员根据其他比赛官员提供的信息做出的任何决定，如越位），否则不得更改。

若存在潜在的“清晰而明显的错误”或“遗漏的严重事件”，可以进行“回看分析”的决定/事件类别包括：

(1) 进球/未进球。

1) 攻方球队在进攻发展阶段或形成得分时违规（手球、犯规、越位等）。

2) 在进球前球已离开比赛场地。

3) 进球与否。

4) 在踢球点球时，守门员和/或主罚队员违规；或者任何一方的其他队员提前进入（限制区域），并在球从球门柱、横梁或守门员处弹回后直接进入比赛场地。

(2) 球点球/不是球点球。

1) 攻方球队在进攻发展阶段或形成得分时违规（手球、犯规、越位等）。

2) 在事件发生前球已离开比赛场地。

3) 犯规的地点（罚球区内或外）。

4) 错判球点球。

5) 漏判球点球。

(3) 直接红牌（不包括第二次警告/黄牌）。

1) 破坏明显进球得分机会（尤其要考虑犯规位置和其他队员位置）。

2) 严重犯规（或鲁莽的抢截）。

3) 暴力行为、咬人或向其他人吐口水。

4) 使用攻击性、侮辱性或辱骂性动作。

(4) 纪律处罚对象错误（出示红黄牌）。

若裁判员判罚犯规后，出示红黄牌时错认了处罚队员，可通过回放分析确认。犯规行为本身不得进行“回看分析”，除非其涉及进球、球点球事件或直接红牌。

3.18.3 实施方法

在比赛中使用视频助理裁判涉及以下操作内容：

（1）视频助理裁判员在视频操作室中观看比赛，并由助理视频助理裁判员和回放操作员提供协助。

（2）根据摄像机位数（及其他因素），可增加助理视频助理裁判员或回放操作员人数。

（3）只有经授权的人员可在比赛过程中进入视频操作室或与视频助理裁判员、助理视频助理裁判员、回放操作员联络。

（4）视频助理裁判员可独立使用。控制回放电视转播画面。

（5）视频助理裁判员和比赛官员所使用的通信系统是对接的，其可以听到比赛官员的所有对话；视频助理裁判员只有按下按钮（以避免视频操作室内的对话干扰到裁判员）时方可与裁判员对话。

（6）视频助理裁判员忙于进行“查看”或“回看分析”时，助理视频助理裁判员可与裁判员对话，尤其是需要停止比赛或阻止比赛恢复时。

（7）裁判员决定自行观看回放画面时，视频助理裁判员负责提供最佳的摄像机位画面/回放速度；裁判员也可要求提供其他摄像机位画面/回放速度。

3.18.4 操作程序

3.18.4.1 最初的决定

（1）裁判员和其他比赛官员必须先做出初始决定（包括任何纪律处罚），就像没有视频助理裁判员一样（“遗漏”的事件除外）。

（2）不允许裁判员和其他比赛官员先“不做任何决定”，这会让执法工作显得“不坚决/不果断”，并造成过多的“回看分析”事件，若出现技术故障时，还会导致重大问题。

（3）裁判员是唯一做出最终决定的人，视频助理裁判员和其他比赛官员一样，只可协助裁判员。

（4）在犯规发生后延迟举旗/鸣哨的情况，仅适用于队员即将完成射门得分或已经清晰地回对方罚球区内/方向跑这样非常明显的进攻发展。

（5）若助理裁判员在犯规发生后延迟举旗，其必须在随后攻方球队进球得分、获得球点球、任意球、角球、界外球，或在该次进攻结束后仍握有控球权时举旗示意。除上述以外的情况，助理裁判员应根据当时比赛的需要决定是否举旗。

3.18.4.2 查看

（1）视频助理裁判员利用不同的摄像机位和回放速度，通过电视镜头画面自行“查看”每一潜在或实际的进球、球点球或直接红牌的决定/事件，或纪律处罚对象的错误情况。

（2）视频助理裁判员可“查看”常速和/或慢速画面，但一般来说，只在判定客观性事实时使用慢速画面，如犯规/队员的位置、有身体接触的犯规，以及手球的接触部位、球出界（包括进球与否）等；而在判定犯规“强度”或是否手球犯规等情形时，应使用常速画面。

（3）若“查看”表明未出现“清晰、明显的错漏判”或“遗漏的严重事件”，通常视频助理裁判员无需与裁判员联络，此流程为“静默查看”；但有时视频助理裁判员向裁判员确认未发生“清晰、明显的错漏判”或“遗漏的严重事件”，可帮助裁判员/助理裁判员管理好队员/比赛。

（4）若需进行“查看”并延迟恢复比赛，裁判员需以手指捂住耳麦/耳机，另一手掌/手臂外展的方式明确示意；该示意信号需要保持到“查看”完成后，以表明裁判员在此阶段正在接收信息（可能来自视频助理裁判员或其他比赛官员）。

（5）若查看表明有可能出现“清晰、明显的错漏判”或“遗漏的严重事件”，视频助理裁判员将此信息（而非判罚决定）告知裁判员，由裁判员决定是否发起“回看分析”。

3.18.4.3 回看分析

（1）裁判员可在下列情况下，针对可能的“清晰、明显的错漏判”或“遗漏的严重事件”发起回看分析：1）当视频助理裁判员（或其他比赛官员）建议“回看分析”时。2）当裁判员怀疑“遗漏”了某一严重事件时。

（2）若比赛已经停止，则裁判员需延迟恢复比赛。

若比赛还未停止，则裁判员在比赛发展至中立区域/情景（通常是双方均无进攻机会）时停止比赛。

以上两种情况中，裁判员必须以明确比划“电视示意信号”（电视屏幕方框）的方式表明进行“回看分析”。

（3）视频助理裁判员向裁判员描述回放所显示的情况，而非应该做出的决定，随后裁判员凭借个人认知、视频助理裁判员提供的信息、其他比赛官员适时的介入做出最终决定——此为由视频助理裁判方完成的回看分析。

或在做出最终决定前，自行前往裁判员回看分析区域观看比赛回放——此为“在场回看分析”，其他比赛官员仅在特殊情况下，在裁判员的要求下，方可观看比赛画面。

在上述两类回看分析流程完成后，裁判员必须再次比划“电视示意信号”，随后立即做出最终决定。

（4）由视频助理裁判方完成的回看分析，通常适用于客观性决定，如犯规或队员位置（越位）、身体接触位置（手球/犯规）、地点（罚球区内外）、球出界等。若能够帮助裁判员管理好队员/比赛，或使判罚（如在比赛末段出现的改变比赛走势的关键性决定）更具说服力，也可对客观性决定进行在场回看分析。

（5）在场回看分析通常适用于主观性决定，如犯规动作的强度、是否构成越位犯规、手球的考量（位置、意图等）。

（6）裁判员可要求调取不同的摄像机位画面/回放速度，但一般来说，只在判定客观性事实时使用慢速画面，如犯规/队员的位置、有身体接触的犯规，以及手球的接触部位、球出界（包括进球与否）等。而在判定犯规“强度”或是否手球犯规等情形时，应使用常速画面。

(7) 对于涉及进球、球点球和破坏明显进球得分机会的红牌的决定/事件，必要时应回看分析直接导致决定/事件出现的进攻发展阶段，这可能包括进攻方是如何在运动战中获得控球权的。

(8)《足球竞赛规则》不允许在比赛已经恢复后更改比赛恢复方式的决定（角球、界外球等），因此不得对此前发生的事件进行回看分析。

(9) 若比赛停止又随之恢复后，裁判员只可针对纪律处罚对象错误或潜在的涉及暴力行为、咬人或极具攻击性、侮辱性和/或辱骂性动作的罚令出场犯规进行回看分析，并执行相应的纪律处罚。

(10) 回看分析流程应尽可能高效完成，但最终决定的准确性比操作速度更重要。由于此原因，也因为某些复杂情况涉及到多个需回看分析的决定/事件，对回看分析流程没有时长的限制。

3.18.4.4 最终决定

(1) 当回看分析流程完成后，裁判员必须比划“电视示意信号”，并传达最终决定。

(2) 裁判员随即执行/更改/撤销任何纪律处罚（在当时），依据《足球竞赛规则》恢复比赛。

场上队员、替补队员和球队官员应该注意：

(1) 视频助理裁判员会自行“查看”每一情况/事件，无需教练员或队员申请“查看”或“回看分析”。

(2) 场上队员、替补队员和球队官员不得试图影响或干扰回看分析流程，包括传达最终决定后。

(3) 回看分析过程中，场上队员应留在比赛场地内，替补队员和球队官员应留在比赛场地外。

(4) 过分比划电视示意信号或进入裁判员回看分析区域的场上队员、替补队员、已替换下场队员或球队官员将被警告。

(5) 进入视频操作室的场上队员、替补队员、已替换下场队员或球队官员将被罚令出场。

3.18.4.5 比赛有效性

原则上，以下情况出现后，比赛结果仍然有效：

(1) 视频助理裁判技术出现故障（类同于球门线技术）。

(2) 视频助理裁判员参与做出了错误决定（视频助理裁判员也是比赛官员）。

(3) 做出了不予回看分析某一事件的决定。

(4) 对不可回看的事件进行了回看分析。

4 VR/AR及数字人基础

4.1 Unity简介

Unity是由Unity Technologies公司开发的专业跨平台游戏开发及虚拟现实引擎，其打造了一个完美的跨平台程序开发生态链，用户可以通过它轻松完成各种游戏创意和三维互动开发，创作出精彩的游戏和虚拟仿真内容。同时，用户也可以通过Unity内置资源商店（Asset Store）分享和下载各种资源。

作为一款专业游戏引擎，Unity凭借精简、直观的工作流程，功能强大的工具集，使得游戏开发周期大幅缩短。通过3D模型、图像、视频、声音等相关资源的导入，借助Unity相关场景构建模块，用户可以轻松实现对复杂虚拟世界的创建。

Unity编辑器可以运行在Windows、Mac OS X以及Linux平台，其主要的特点如下：一次开发就可以部署到时下所有主流游戏平台，用户无需二次开发和移植，就可以将产品轻松部署到相应的平台，节省了大量的开发时间和精力。在移动互联网大行其道的今天，Unity正吸引着越来越多人的关注。

4.2 Unity发展历程

Unity自诞生到现在，经历了十多年的发展，Unity引擎已逐步成长为全球开发者普遍使用的交互式引擎。

2004年，在丹麦哥本哈根，Joachim Ante、Nicholas Francis和David Helgason决定一起开发一款易于使用、与众不同并且费用低廉的游戏引擎，帮助所有喜爱游戏的年轻人实现游戏创作的梦想，于是在2005年发布了Unity 1.0。

2007年，Unity 2.0发布。新增了地形引擎、实时动态阴影，支持DirectX 9并具有内置网络多人联机功能。

2009年，Unity 2.5发布。添加了对Windows Vista和XP系统的全面支持，所有功能都可以与Mac OS X实现同步和互通。Unity在其中任何一个系统中都可以为另一个平台制作游戏，实现了真正意义上的跨平台。很多国内用户就是从该版本开始了解和接触Unity的。

2010年，Unity 3.0发布。添加了对Android平台的支持，整合了光照贴图烘焙，支持遮挡剔除和延迟渲染。Unity 3.0通过使用MonoDevelop，实现在Windows和Mac系统上的脚本调试，如终端游戏、逐步单步执行、设置断点和检查变量的功能。

同年，Unity 4.0发布。Unity 4.0加入了对DirectX 11的支持和Mecanim动画工具，还增添了Linux和Adobe Flash Player发布预览功能。

2015年，Unity 5.0发布。Unity 5.0版本在功能上做了较多增加，包括Enlighten实时全局光照、实时光照贴图预览、高级着色器系统、音频革新、WebGL 插件预览版、Unity Cloud 等内容。

2017 年，Unity 2017 版发布。Unity 2017 版本在修复以前若干 bug 的同时也对 Asset Bundle 的加载、场景的 Load、性能的优化和渲染品质做了很大的提升，主要包括全新的叙事和游戏视频创作工具、Progressive Lightmapper 改进、混合现实方面的支持、粒子系统改进、全新的 2D 开发工具和全景 360°/180°视频等内容。

2018 年，Unity 2018 版发布。Unity 2018 版本增加了新渲染架构 Scriptable Render Pipeline、着色器可视化编程工具 Shader Graph、C# Job System、实体组件系统、Burst Compiler 等新的内容。

2019 年，Unity 2019 版发布。Unity 2019 版本在图形和照明、艺术家工具、移动端和其他平台、性能和程序员工具及工作流程改进等方面都做了很大改进，为 GPU Lightmapper（预览版）带来了额外的功能和平台支持，也为高清渲染管道（HDRP，预览版）和后处理堆栈（Post-Processing Stack，预览版）提供了大量技术支持和改进。

4.3　Unity 软件安装

Unity 发布了两种类型的安装包，分别针对 Windows 和 Mac OS X 两个主流平台。用户可以根据自己的计算机平台使用相应的安装包安装编辑器。下面将介绍 Unity 在 Windows 平台上的安装步骤。

（1）用浏览器登录 Unity 中国官方网站 https：//www. unity. cn，选择所需要的下载版本，进入下载页面，单击下载（win）按钮进行下载，如图 4-1 所示。Unity 的引擎是向下兼容的，所以用户不必担心高版本编辑器打不开低版本工程的问题。在本书后续的安装过程中，Unity 的安装以 Unity 2017.4.8 为例进行，若选择其他版本的 Unity，安装过程与 Unity 2017.4.8 类似。

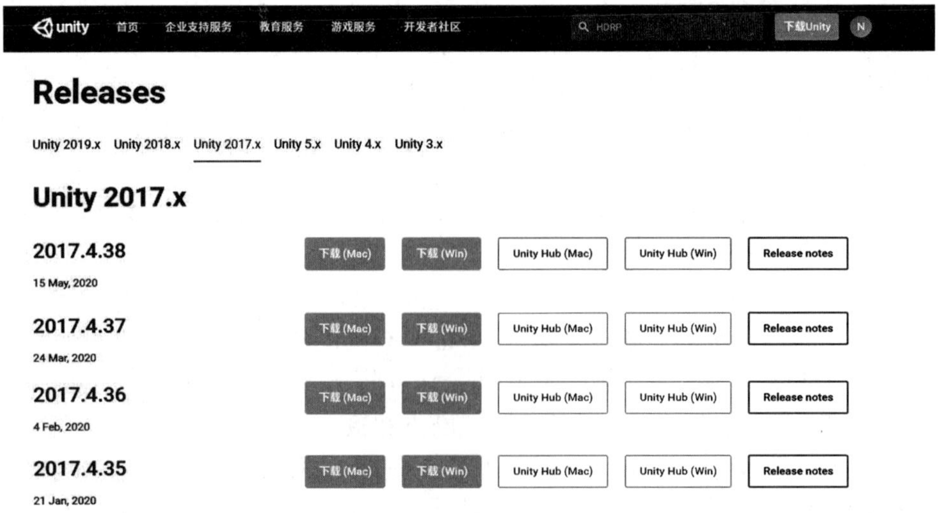

图 4-1　Unity 安装程序下载页面

（2）当安装程序下载完成后，双击打开安装程序，如图 4-2 所示。单击 Next 按钮进入 License Agreement（许可协议）窗口，阅读协议内容确认无误后单击 I accept…，单击 Next 继续，如图 4-3 所示。

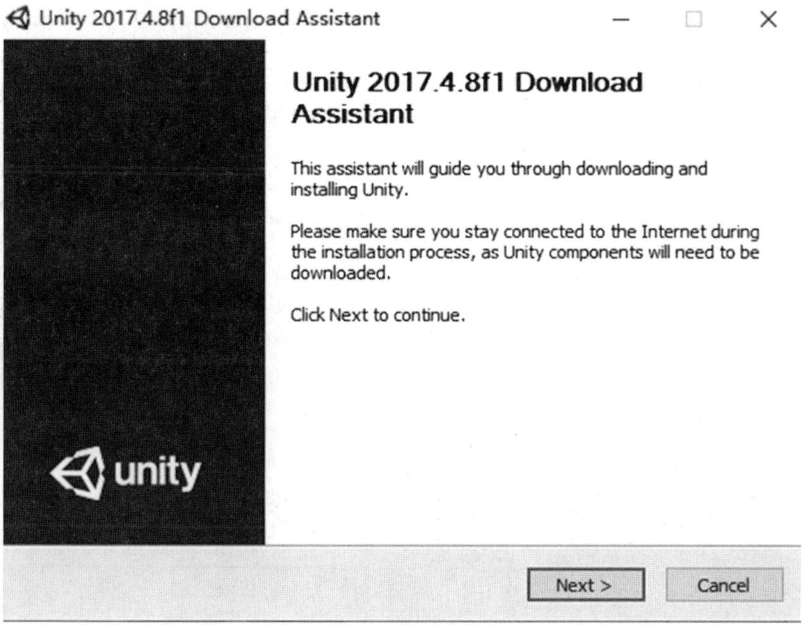

图 4-2　Unity 安装窗口

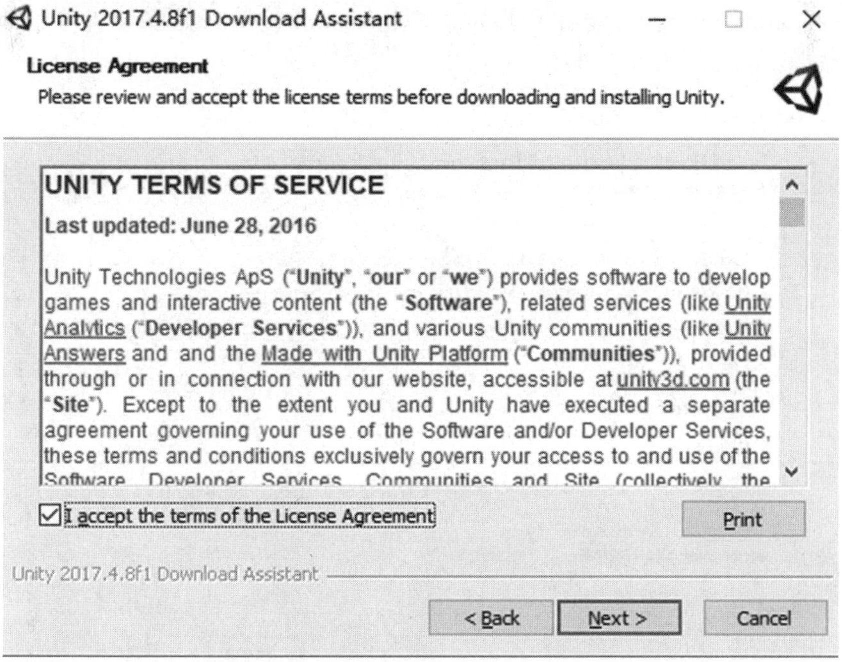

图 4-3　License Agreement（许可协议）窗口

（3）现在显示的是 Choose Components（选择组件）窗口，如图 4-4 所示。在这个窗口中，我们可以选择性地安装 Unity 的开发组件，在这些组件里面 Unity 主程序是必选的，其他的像 Example Project（示例项目）和 Standard Assets 都是可选的，用户可以根据自己的需求安装这些组件。选择完成后，单击 Next 按钮继续。

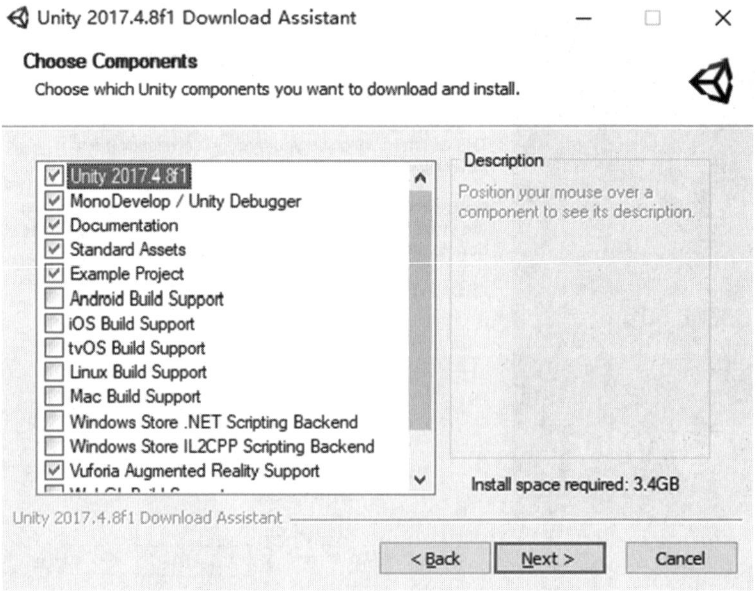

图 4-4　Choose Components（选择组件）窗口

（4）现在显示的是 Choose Download and Install locations（选择下载和安装路径）窗口，在此窗口中可以指定安装路径，路径指定后单击 Install 按钮开始安装程序，如图 4-5 所示。此时开始下载 Unity 相关安装包。

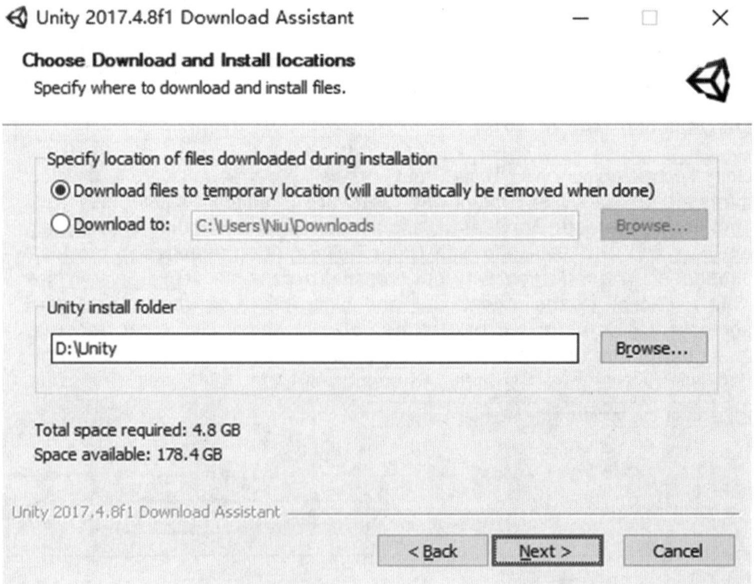

图 4-5　Choose Download and Install locations（选择下载和安装路径）窗口

(5) 等待一段时间，当安装进度条走完后，完成安装提示窗口将显示，选中窗口中的 Launch Unity 复选框，单击 Finish 按钮完成 Unity 的安装，如图 4-6 所示。

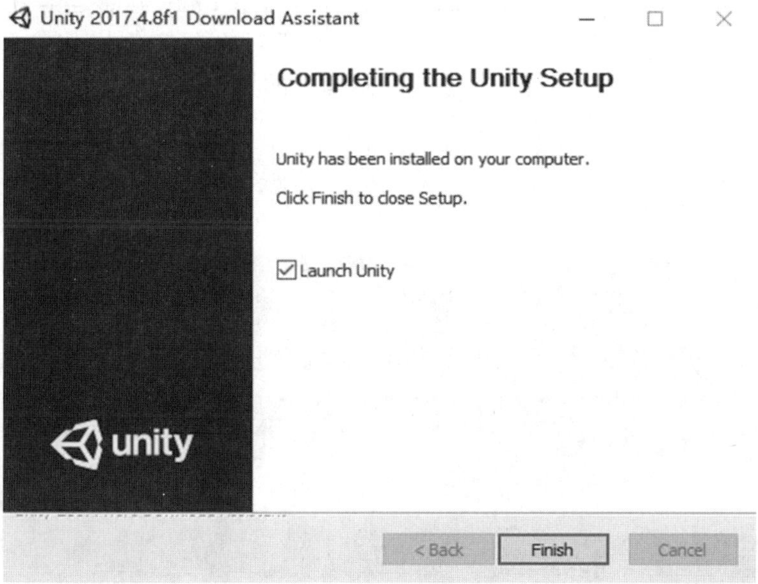

图 4-6　完成安装

4.4　Unity 编辑器

Unity 拥有功能强大、操作简便、可定制的编辑器，许多工作都可以通过 Unity 可视化编辑器轻松实现而无须任何编程操作。Unity 编辑器支持 Windows 和 Mac OS X 操作系统，在这两个平台上拥有非常一致的用户操作界面，用户可在两个操作系统之间轻松切换工作，而无须增加任何额外的负担。随着 Unity 版本的不断更新，编辑器功能进行了众多重要改进，包括支持 64 位编辑器、全新的音效系统、实时全局光照、基于物理特性的高级着色器系统、WebGL 网页输出、各类视图的功能提升以及对若干操作的简化等。Unity 2017. 4. 8 版启动界面如图 4-7 所示。

图 4-7　Unity 启动界面

4.4.1 界面布局

Unity 编辑器拥有非常直观、明了的界面布局，熟悉 Unity 界面是学习 Unity 的基础。下面将通过新建项目工程，在新建的项目工程中进行一些实例操作来简要介绍 Unity 2017.4.8 的使用方法。Unity 2017.4.8 在 Windows 下的界面如图 4-8 所示。

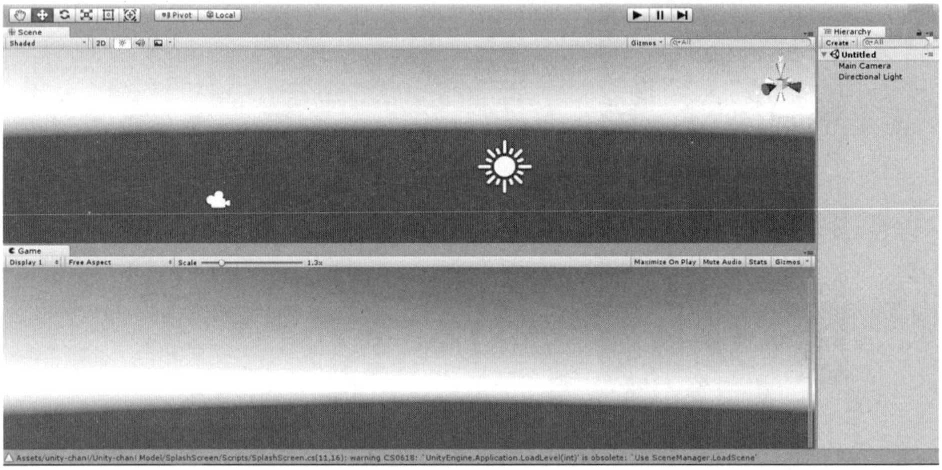

图 4-8 Windows 下的 Unity 编辑器

4.4.1.1 导航窗口

运行 Unity 应用程序，此时弹出导航窗口。导航窗口主要由两部分区域构成，一部分为项目专区，可以在这里新建或打开已有的项目工程，该界面同时包括用户最近打开的项目工程列表；另一部分为学习专区，可以在该专区下查找相关学习内容，如图 4-9 所示。

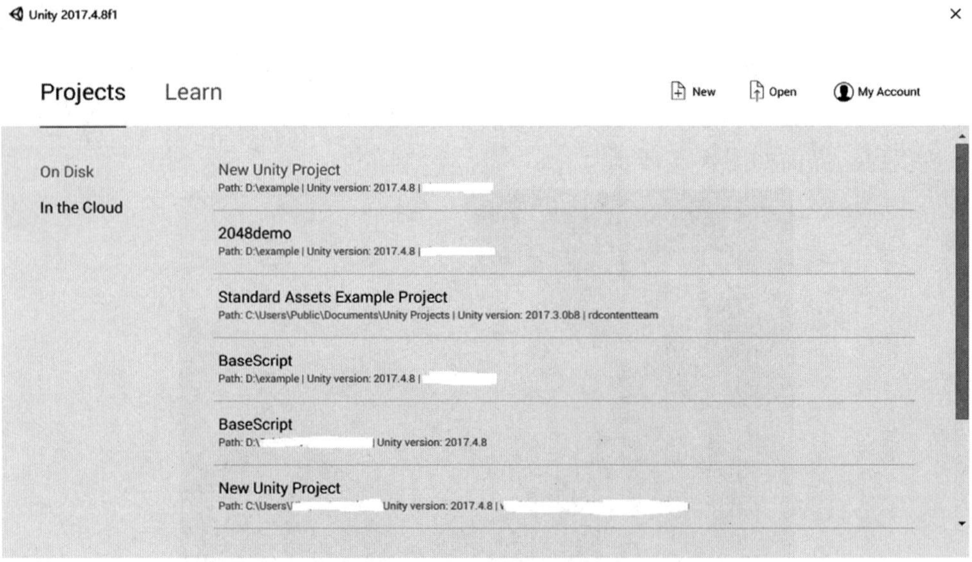

图 4-9 Unity 导航窗口

在导航窗口的右上方单击 New 按钮，设置新建项目工程名称，并设置相应的工程保存路径（Unity 虽然支持中文路径但是建议用户还是以英文路径作为存储路径）。接着选择项目模板为 3D 类型（该设置可以在项目中随时更改），单击 Add Asset Package 按钮（见图 4-10），此时弹出 Asset packages 资源包列表，如图 4-11 所示，可依据项目的需求选中所需资源包。由于本项目不需要引用资源包，所以单击 Done 按钮返回新建项目工程窗口。最后单击 Create project 按钮完成 Unity 项目工程的创建。

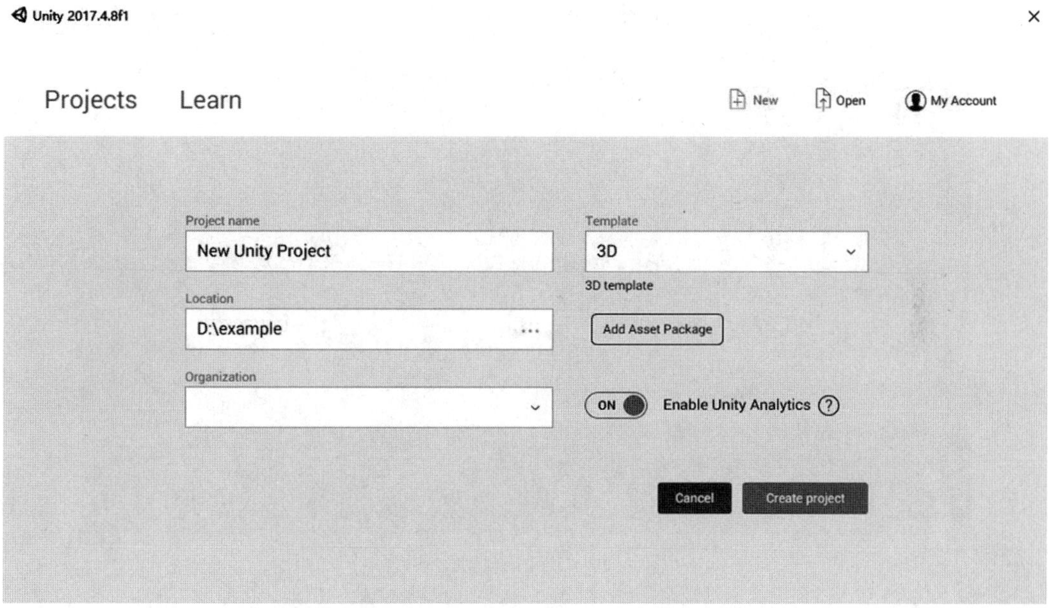

图 4-10 Unity 中新建项目

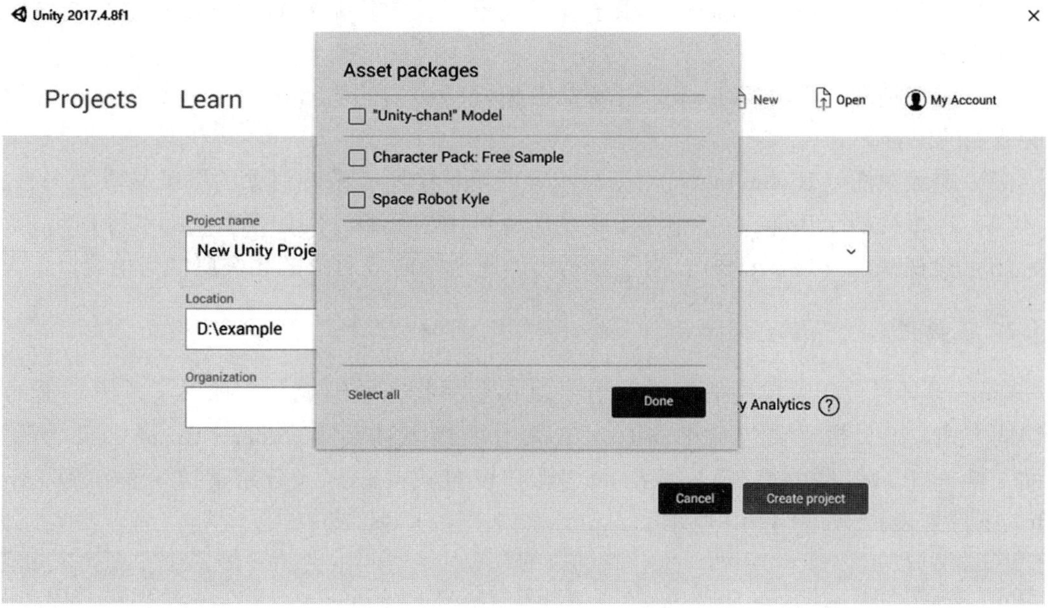

图 4-11 Unity 新建项目选择资源包

4.4.1.2 编辑器界面

新建 Unity 项目工程后，即可进入 Unity 的编辑器界面，Unity 编辑器会自动加入天空盒并创建一个 Directional Light 平行光，编辑器界面主要由菜单栏、工具栏以及相关的视图等内容组成，如图 4-12 所示。如果显示的界面布局与图 4-12 不同，可依次打开右上角的 Layouts/2 by 3、Project 右侧下拉菜单中的 One Column Layout 来还原该界面。

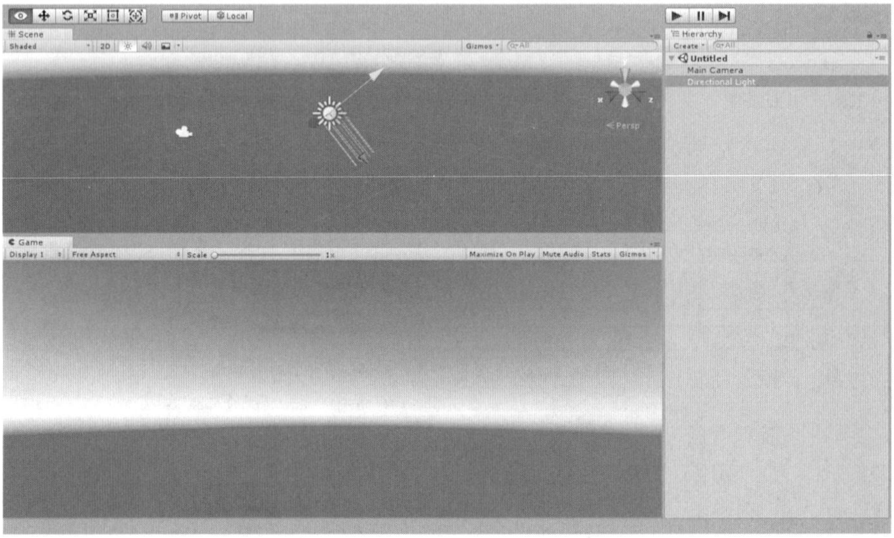

图 4-12 Unity 编辑器界面

Unity 主编辑器由若干个选项卡窗口组成，这些窗口统称为视图。每个视图都有其特定的作用。

(1) 场景视图 (Scene View)：用于设置场景以及放置游戏对象，是构造游戏场景的地方。

(2) 游戏视图 (Game View)：由场景中相机所渲染的游戏画面，是游戏发布后玩家所能看到的内容。

(3) 层级视图 (Hierarchy)：用于显示当前场景中所有游戏对象的层级关系。

(4) 项目视图 (Project)：整个工程中所有可用的资源，例如模型、脚本等。

(5) 检视视图 (Inspector)：用于显示当前所选择游戏对象的相关属性与信息。

4.4.2 工具栏

Unity 工具栏位于菜单栏的下方，主要由 6 个控制区域组成，它提供了常用功能的快捷访问方式。工具栏主要包括 Transform Tools（变换工具）、Transform Gizmo Tools（变换辅助工具）、Play（播放控制）、Account（账户设置）、Layers（分层下拉列表）和 Layout（布局下拉列表），如图 4-13 所示。

图 4-13 Unity 工具栏

4.4.2.1 Transform Tools（变换工具）

Transform Tools（变换工具）：主要针对 Scene 图，用于实现所选择游戏对象的位移、旋转以及缩放等操作控制。变换工具从左到右依次是 Hand（手形）工具、Translate（移动）工具、Rotate（旋转）工具、Scale（缩放）工具、Rect（矩形）工具和 Move Rotateor Scale（多用）工具。

（1）Hand（手形）工具，快捷键为【Q】。单击选中手形工具，可在 Scene 视图中按住鼠标左键来平移整个场景。选中手形工具后，在 Scene 视图中可以按住【Alt】键加鼠标左键旋转当前的场景视角，使用鼠标的滚轮键可以缩放场景。

（2）Translate（移动）工具，快捷键为【W】。鼠标右键在 Hierarchy 栏中创建一个 3D Object-Cube，在工具栏单击选中移动工具后，在 Scene 视图中单击选中 Cube，此时在该游戏对象上会出现 3 个方向的箭头（代表物体的三维坐标轴），通过在箭头所指的方向上拖动物体从而改变物体某一轴向上的位置，如图 4-14 所示。当然用户也可以在 Inspector 视图中修改所选择游戏对象的坐标值。

图 4-14　移动工具

（3）Rotate（旋转）工具，快捷键为【E】。使用旋转工具可以在 Scene 视图中按任意角度旋转选中的游戏对象，如图 4-15 所示。

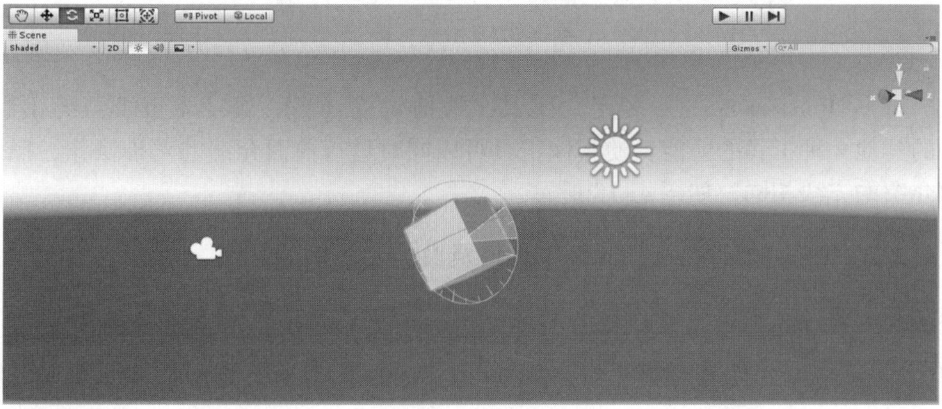

图 4-15　旋转工具

（4）Scale（缩放）工具，快捷键为【R】。使用缩放工具可以在 Scene 视图中缩放选中的游戏对象，如图 4-16 所示，其中蓝色方块代表沿 *Z* 轴缩放，红色方块代表沿 *X* 轴缩放，绿色方块代表沿 *Y* 轴缩放，也可以通过选中中间灰色的方块，将目标对象在 3 个坐标轴上进行统一的缩放。

图 4-16　缩放工具

（5）Rect（矩形）工具，快捷键为【T】。允许用户查看和编辑 2D 或 3D 游戏对象的矩形手柄（Rect handles），可以按住【Shift】键进行等比例缩放，如图 4-17 所示。

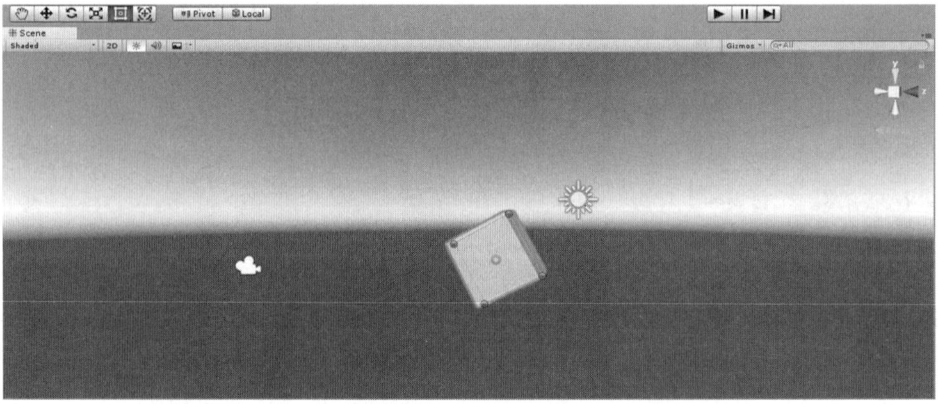

图 4-17　矩形工具

（6）Move Rotateor Scale（多用）工具，快捷键为【Y】。综合前面除 Hand（手形）工具外的其他 4 种工具的功能，使用该工具可以同时进行前面介绍的 4 种操作，操作方法与前面介绍的方法相同，如图 4-18 所示。

4.4.2.2　Transform Gizmo Tools（变换辅助工具）

Transform Gizmo Tools（变换辅助工具）

：位置变换操作。

（1）

显示游戏对象的轴心参考点。Center 为以所有选中物体所组成的轴心作为游戏对象的轴心参考点（常用于多物体的整体移动）；单击 Center 变为

，Pivot

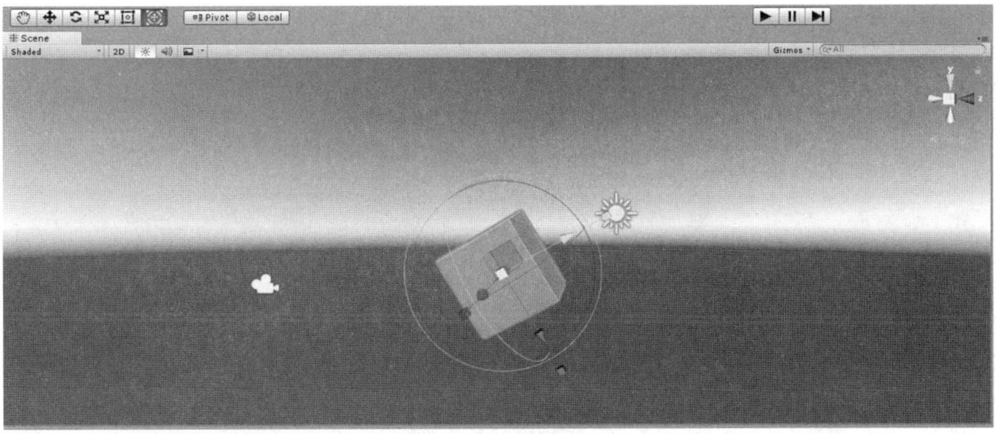

图 4-18 多用工具

为以最后一个选中的游戏对象的轴心为参考点。

（2）显示物体的坐标。Global 为所选中游戏对象使用世界坐标；单击 Global 变为，Local 为该游戏对象使用自身坐标。

4.4.2.3 Play（播放控制）

Play（播放控制）应用于 Game 视图，当单击播放按钮时，Game 视图会被激活，实时显示游戏运行的画面效果，用户可在编辑和游戏状态之间随意切换，使游戏的调试和运行变得便捷、高效。

4.4.2.4 Account（账户设置）

Account（账户设置）和 Collab 用于更改设置用户的账户信息，将工程上传至云端。

4.4.2.5 Layers（分层下拉列表）

Layers（分层下拉列表）用来控制游戏对象在 Scene 视图中的显示，在下拉列表中显示状态为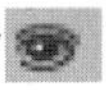的物体将被显示在 Scene 视图中，如图 4-19 所示。

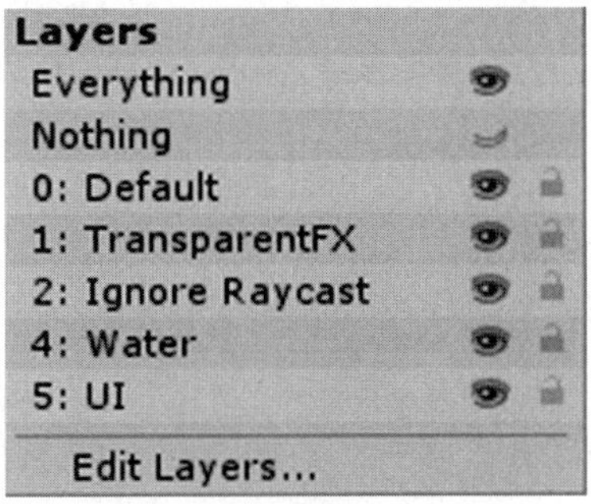

图 4-19 Layers 下拉列表

4.4.2.6 Layout（布局下拉列表）

Layout（布局下拉列表）

用来切换视图的布局，用户也可以存储自定义的界面布局，如图 4-20 所示。

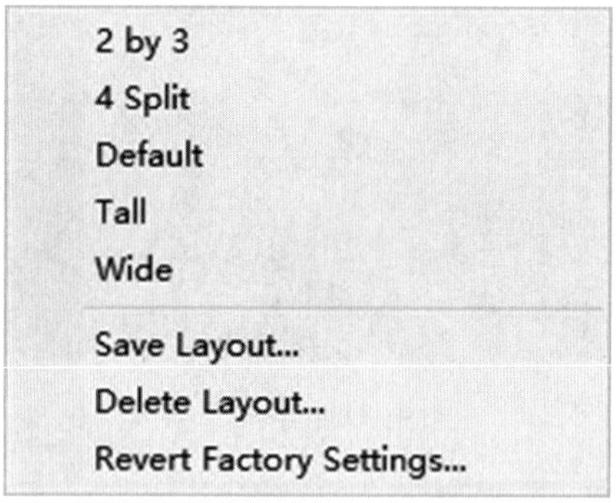

图 4-20　Layout 下拉列表

4.4.3 菜单栏

菜单栏集成了 Unity 的所有功能，通过菜单栏的学习可以对 Unity 各项功能有直观而清晰的了解。Unity 2017.4.8 默认情况下共有 7 个菜单项，分别是 File、Edit、Assets、Game Object、Component、Window 和 Help，如图 4-21 所示。

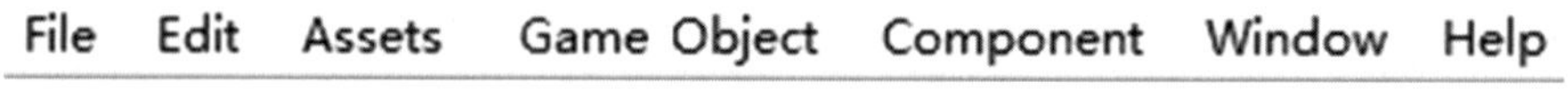

图 4-21　菜单栏

4.4.3.1 File（文件）菜单

File（文件）菜单主要包含工程与场景的创建、保存以及输出等功能，如图 4-22 所示。

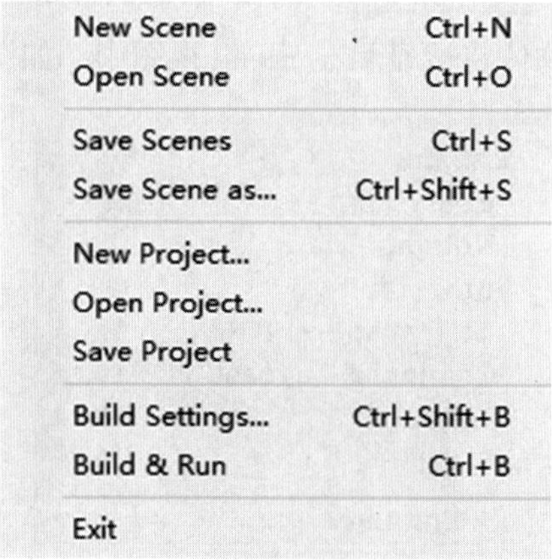

图 4-22　File（文件）菜单

4.4.3.2 Edit（编辑）菜单

Edit（编辑）菜单主要用来实现场景内部相应编辑设置，如图 4-23 所示。

4.4.3.3 Assets（资源）菜单

Assets（资源）菜单提供了针对游戏资源管理的相关工具，通过 Assets 菜单的相关命令，用户不仅可以在场景内部创建相应游戏对象，还可以导入和导出所需要的资源包，如图 4-24 所示。

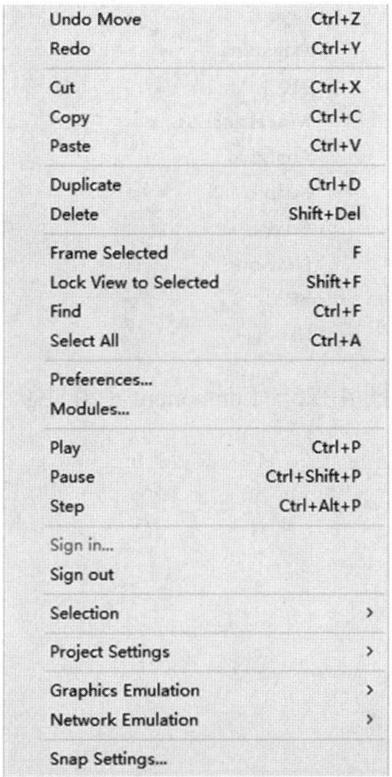

图 4-23 Edit（编辑）菜单

图 4-24 Assets（资源）菜单

4.4.3.4 Game Object（游戏对象）菜单

Game Object（游戏对象）菜单主要创建游戏对象，如灯光、粒子、模型、UI 等，通过 Game Object 菜单可以更好地实现场景内部的管理与设计，如图 4-25 所示。

4.4.3.5 Component（组件）菜单

Component（组件）可以实现 Game Object 的特定属性，本质上每个组件是一个类的实例。在 Component 菜单中，Unity 为用户提供了多种常用的组件资源，如图 4-26 所示。

4.4.3.6 Window（窗口）菜单

Window（窗口）菜单可以控制编辑器的界面布局，还能打开各种视图以及访问 Unity 的 Asset store 在线资源商店，如图 4-27 所示。

4.4.3.7 Help（帮助）菜单

Help（帮助）菜单汇聚了 Unity 的相关资源链接，例如 Unity 手册、脚本参考、论坛等，同时也可以对软件的授权许可进行相应的管理，如图 4-28 所示。

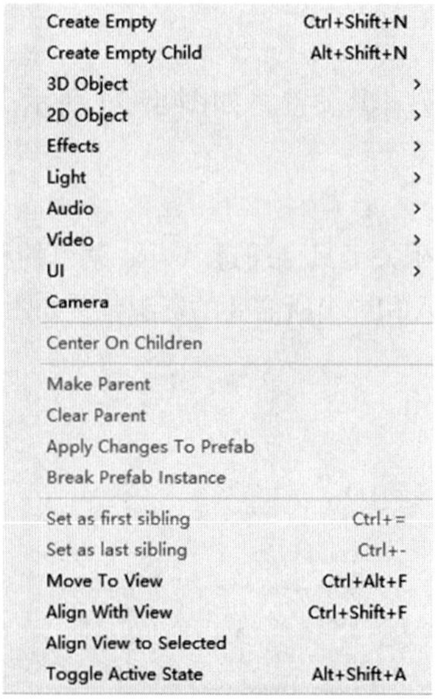

图 4-25　Game Object（游戏对象）菜单

图 4-26　Component（组件）菜单

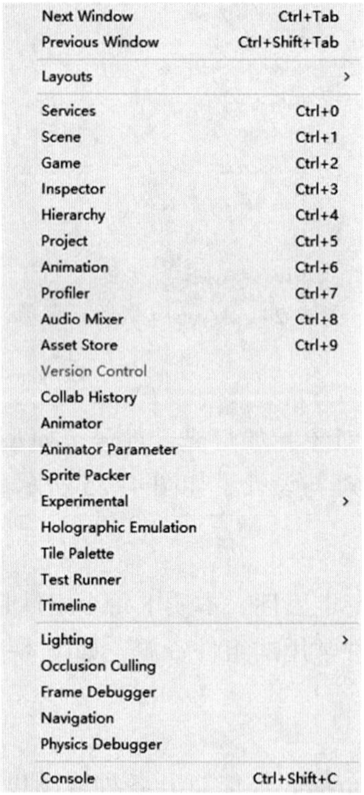

图 4-27　Window（窗口）菜单

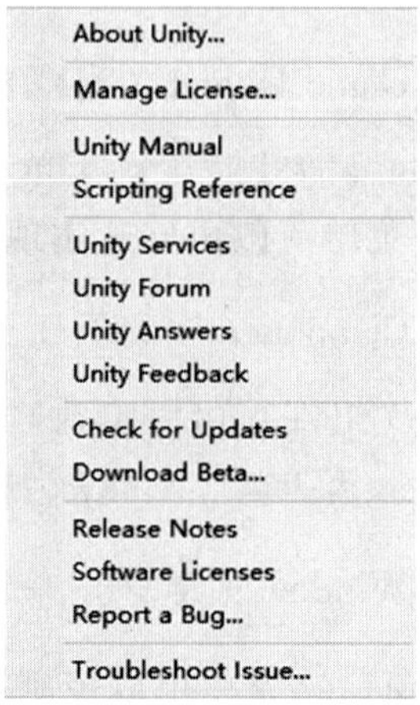

图 4-28　Help（帮助）菜单

4.4.4　常用视图栏

熟悉并掌握各种视图操作是使用 Unity 的基础，下面将介绍 Unity 常用工作视图的界面布局以及相关操作。

4.4.4.1 Scene（场景）视图

Scene（场景）视图是 Unity 最常用的视图之一，该视图用来构造游戏场景，用户可以在这个视图中对游戏对象进行操作。通常场景中所用到的模型、光源、摄像机等都显示在此窗口，如图 4-29 所示。

图 4-29　Scene（场景）视图

需要注意的是，Project（项目）与 Scene（场景）是不同的概念，一个项目工程可以包含多个场景，而每个场景都是唯一的。例如流行的通关游戏，项目工程就是整个游戏，而场景则是游戏中的关卡。

下面简要介绍 Scene 视图中常用的操作方法。

（1）旋转操作：按 Alt+鼠标左键，可以在场景中沿摄像机所注视的位置旋转视角。

（2）移动操作：按住鼠标的滚轮键，或者按键盘上的【Q】键，可移动场景视图下的观看位置。

（3）缩放操作：使用滚轮键或按 Alt+鼠标右键并移动，可以放大和缩小视图的视角。

（4）居中显示所选择的物体：按【F】键可以将选择的游戏对象居中显示。

（5）Flythrough（飞行浏览）模式：鼠标右键+W/A/S/D 键可以切换 Flythrough 模式，让用户以第一人视角在 Scene 视图中进行场景漫游。在 Flythrough 模式下按【Shift】键会使移动加速。

Scene 视图的右上角是 Scene Gizmo 工具，使用它可快速将摄像机的视角切换到预设的视角，如图 4-30 所示。

单击 Scene Gizmo 工具上的每个箭头都可以改变场景的视角，例如 Top（顶视图）、Bottom（底视图）、Front（前视图）、Back（后视图）等。单击 Scene Gizmo 工具中间的方块或下方的文字，可以在 Isometric Mode（等角投影模式）和 Perspective Mode（透视模式）之间切换，如图 4-31 所示。Isometric Mode 模式下无透视效果，物体不会随着距离的调整而缩小，主要用于等距场景效果、GUI 和 2D 游戏中。Perspective Mode 模式会模拟一个真实的三维空间，随着距离的调整物体会有近大远小的视觉效果。

在 Scene 视图的上方是 Scene View Control Bar（场景视图控制栏），它可以改变摄像机

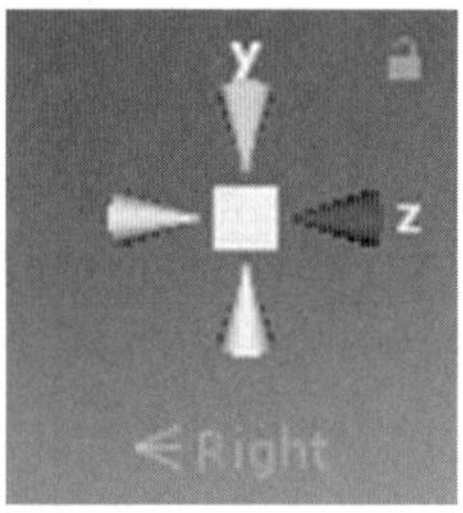

图 4-30　Scene Gizmo 工具

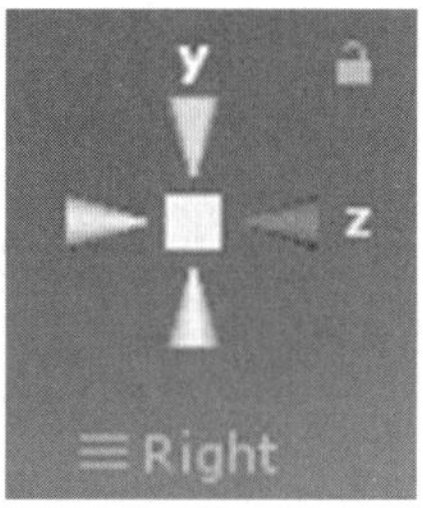

图 4-31　切换等角投影模式和透视模式

查看场景的方式，比如绘图模式、2D/3D 场景视图切换、场景光照、场景特效等，如图 4-32所示。

图 4-32　Scene View Control Bar（场景视图控制栏）

下面按图中顺序简要介绍场景视图控制栏的各项功能。

（1）Shaded：为用户提供多种场景渲染模式，默认选项是 Shaded，通过单击三角符号可以切换场景的显示模式。用户选择 Shaded 模式并不会改变游戏最终的显示方式，它只是改变场景物体在 Scene 视图中的显示方式。

（2）2D：切换 2D 或 3D 场景视图。

（3）太阳图标：切换场景中灯光的打开与关闭。

（4）声音图标：切换声音的开关。

（5）图片图标：切换天空盒、雾效、光晕的显示与隐藏。

在控制栏最右侧有一个 Gizmos 下拉菜单和一个搜索栏。通过单击三角符号可以显示或隐藏场景中用到的光源、声音、摄像机等对象的图标，与 Game 视图中的 Gizmos 使用方法相同。在搜索栏中输入需要查找物体的名称，例如在 Scene 视图的搜索栏中输入 Cube，找到的物体会以带颜色方式显示，而其他物体都会用灰色来显示，如图 4-33 所示。搜索结果也同时会在 Hierarchy 视图中显示。

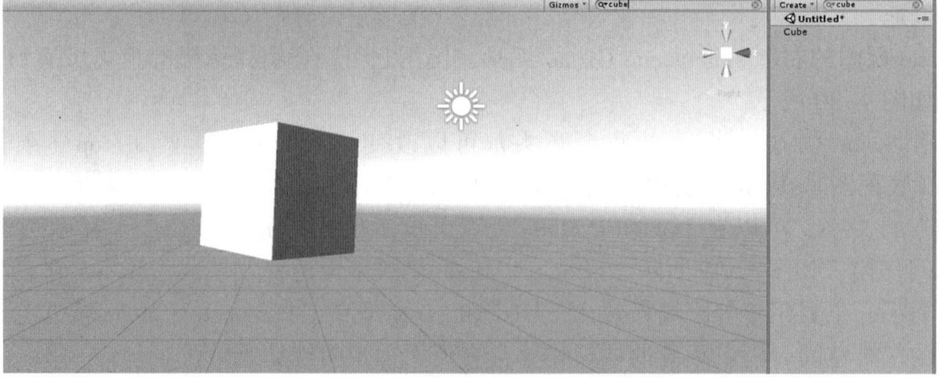

图 4-33　显示查询物体

4.4.4.2 Game（游戏）视图

Game（游戏）视图是显示游戏最终运行效果的预览窗口。通过单击工具栏中的“播放”按钮即可在 Game 窗口进行游戏的实时预览，方便游戏的调试和开发，如图 4-34 所示。

图 4-34 Game（游戏）视图

Game 视图与工具栏中的播放控件有直接的关系，从左到右 3 个按钮的作用分别如下：

（1）播放键：预览游戏，单击该按钮编辑器会激活 Game 视图；再次单击则退出预览模式。

（2）暂停键：暂停播放，用来暂停游戏，再次按下该键可以让游戏从暂停的地方继续运行。

（3）下一步键：逐帧播放，用来逐帧预览播放的游戏，可以按帧来运行游戏，方便用户查找游戏存在的问题。

4.4.4.3 Hierarchy（层级）视图

Hierarchy（层级）视图用于显示当前场景中每个游戏对象。用户如果随意命名场景中的对象，那么就非常容易重名，当要查找所需的对象时，就难以辨别了，所以良好的命名规范在项目中有着很重要的意义。在 Hierarchy 视图中提供了 Parenting（父子化）关系，通过为游戏对象建立 Parenting 关系，可以使多个对象的移动和编辑变得更为方便和精确。任何游戏对象都可以有多个子对象，但只能有一个父对象。用户对父对象进行的操作，都会影响到其下所有的子对象，即子对象继承了父对象的数据。子对象还可以对自身进行独立的编辑操作，如图 4-35 所示。在 Hierarchy 视图中左侧带有箭头的都是父对象。

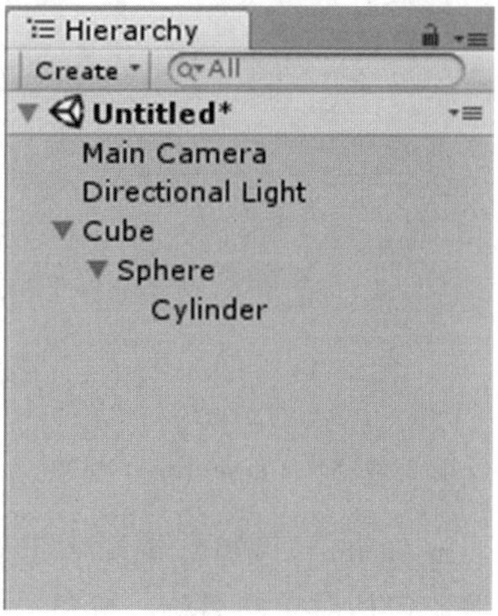

图 4-35 Hierarchy（层级）视图

虽然 Scene 视图提供了非常直观的场景资源编辑和管理功能，但是在 Scene 视图中游戏对象容易重叠或遮挡，这时候就需要在 Hierarchy 视图中进行操作，而文字显示方式更易于用户对游戏对象的管理。

4.4.4.4 Project（项目）视图

Project（项目）视图是 Unity 整个项目工程的资源汇总，保存了游戏场景中用到的脚本、材质、字体、贴图、外部导入的网格模型等资源文件。Project 视图中的左侧面板是显示该工程的文件夹层级结构，当某个文件夹被选中后，会在右侧的面板中显示该文件夹中所包含的资源内容，各种不同的资源类型都有相应的图标来标识，方便用户的识别，如图 4-36 所示。

单击选中某一资源即可在 Inspector 视图中查看该资源的详细信息，包括资源的名称、大小等，如图 4-37 所示。

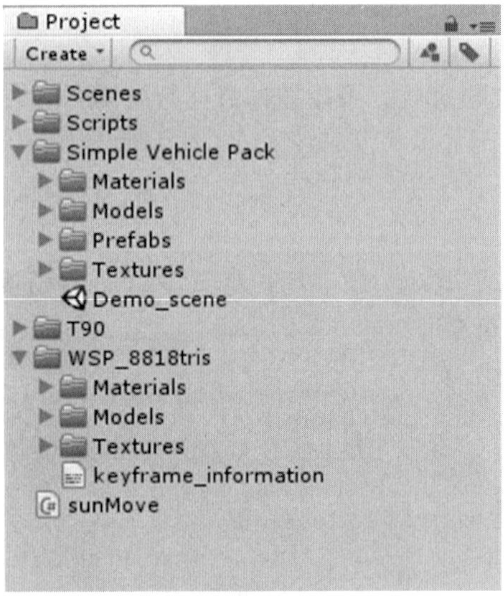

图 4-36　Project（项目）视图

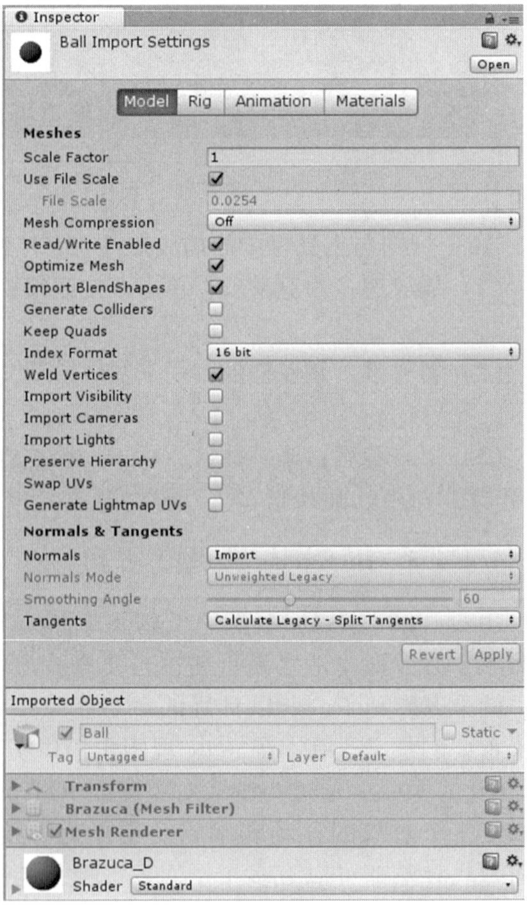

图 4-37　Inspector 视图中查看资源的详细信息

4.4.4.5 Inspector（检视）视图

Inspector（检视）视图用于显示游戏场景中当前所选择游戏对象的详细信息和属性设置，包括对象的名称、标签、位置坐标、旋转角度、缩放、组件等信息，如图 4-38 所示。

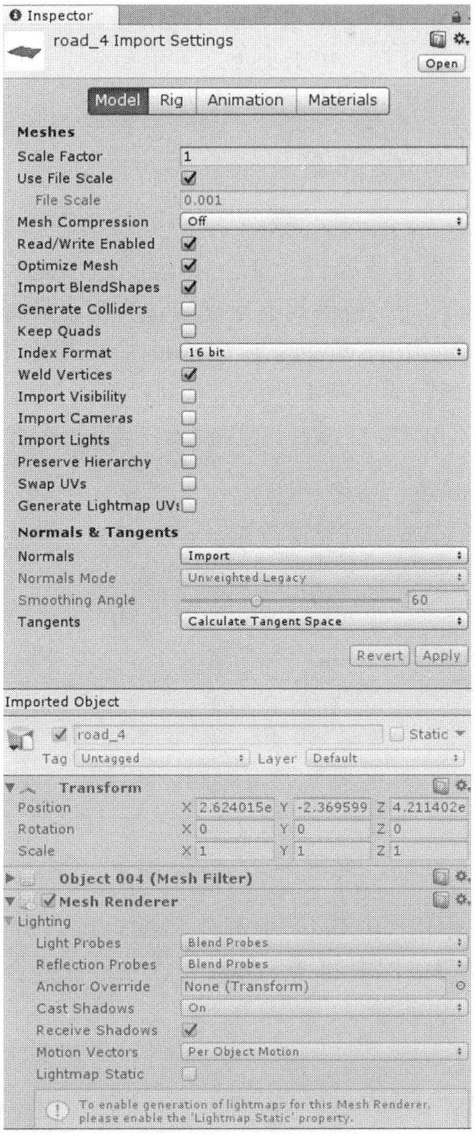

图 4-38　Inspector 视图

下面对 Inspector 视图下的相关组件做简要介绍。

（1）Transform：用户可以通过 Transform 组件对游戏对象的 Position（位置）、Rotation（旋转）和 Scale（缩放）这 3 个属性进行修改。Transform 组件是个基础组件，每个游戏对象都有这个组件。

（2）Mesh Filter：网格过滤器用于从对象中获取网格信息（Mesh）并将其传递到用于将其渲染至屏幕的网格渲染器当中。

（3）Mesh Collider：Mesh 碰撞体，为防止物体被穿透，需要给对象添加碰撞体。

（4）Mesh Renderer：网格渲染器从网格过滤器获得几何形状，并且根据游戏对象的 Transform 组件所定义的位置进行渲染。

（5）Materials：设置游戏对象的颜色、贴图等信息。

在 Inspector 视图中每个组件都有对应的帮助按钮和上下文菜单。单击帮助按钮会在用户手册中显示这个组件相关的文档。单击上下文菜单会显示与该组件相关的选项，也可以在其下拉菜单中选择 Reset 命令，将属性值重置为默认值。

4.4.4.6 Console（控制台）视图

Console（控制台）是 Unity 的调试工具，用户可以编写脚本在 Console 视图输出调试信息。项目中的任何错误、消息或警告，都会在这个视图中显示出来。用户可在 Console 视图中双击错误信息，从而调用代码编辑器自动定位有问题的脚本代码位置。

用户也可依次选择菜单栏中的 Window→ Console 命令或按【Ctrl +Shift +C】组合键来打开 Console 视图，单击编辑器底部状态栏的信息同样可以打开该视图，如图 4-39 所示。

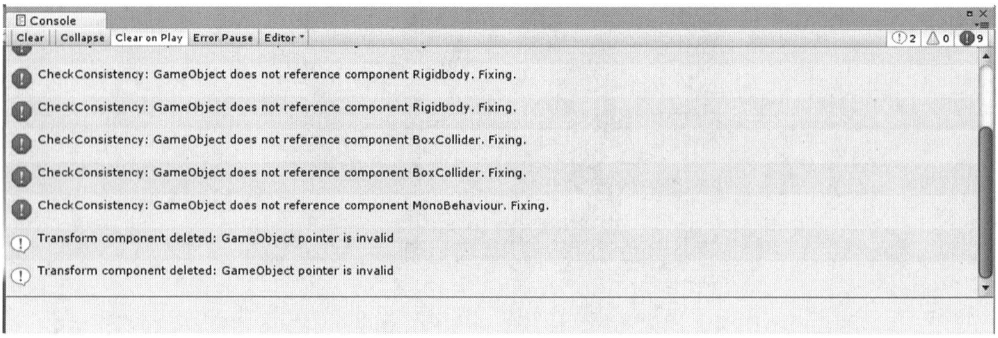

图 4-39　Console 视图

4.4.4.7 Animation（动画）视图

Animation（动画）视图用于在 Unity 中创建和编辑游戏对象的动画剪辑（Animation Clips），用户可以依次选择菜单栏中的 Window→ Animation 命令或按【Ctrl+6】组合键弹出 Animation 视图，如图 4-40 所示。

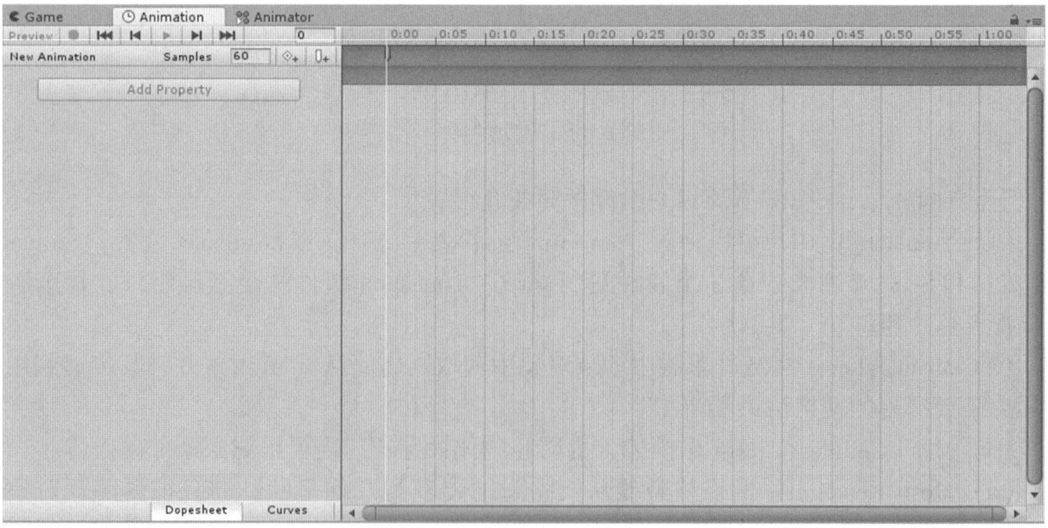

图 4-40　Animation 视图

4.5 创建游戏场景

4.5.1 创建游戏工程和场景

（1）启动 Unity 应用程序，在弹出的对话框中单击 New project 按钮，然后修改项目工程名称为 New Game，更改项目路径为 D:\example（路径可根据需求自行设定），选择 Template 类型为 3D，然后单击 Create project 按钮新建游戏工程，如图 4-41 所示。

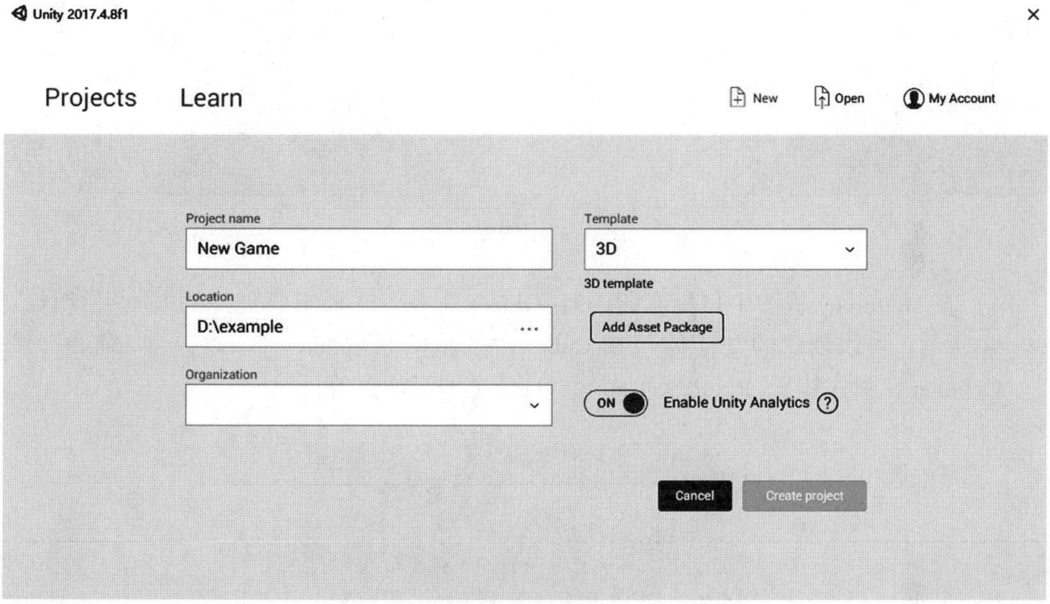

图 4-41 创建游戏工程

（2）完成以上步骤后，Unity 会自动创建一个新的项目工程，在场景中包含一台名为 Main Camera 的摄像机以及 Directional Light（方向光），在 Hierarchy 视图中选择该摄像机，在 Scene 视图中的右下角会弹出 Camera Preview（摄像机预览）缩略图，如图 4-42 所示。

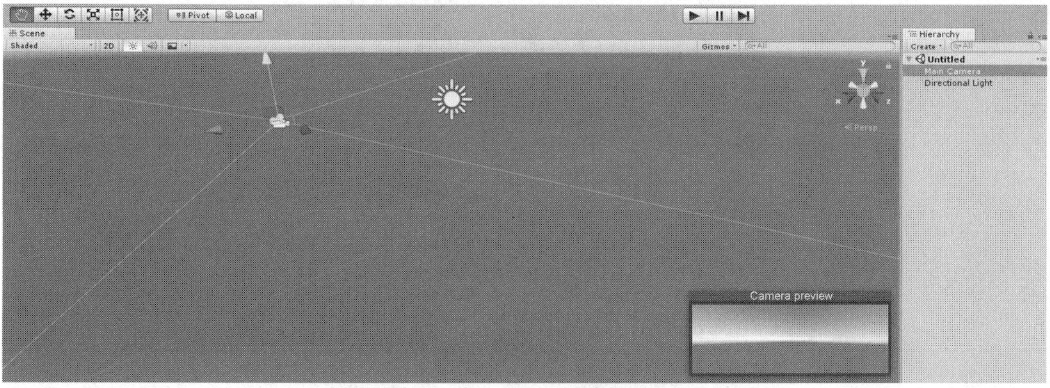

图 4-42 摄像机与摄像机缩略图

（3）在 Hierarchy 视图中鼠标右键→3D Object→ Plane 命令，为场景添加一个平面，然后在 Pane 的 Inspector 视图中，将 Transform 组件的 Position 属性值设置为（0，0，0），如图 4-43 所示。

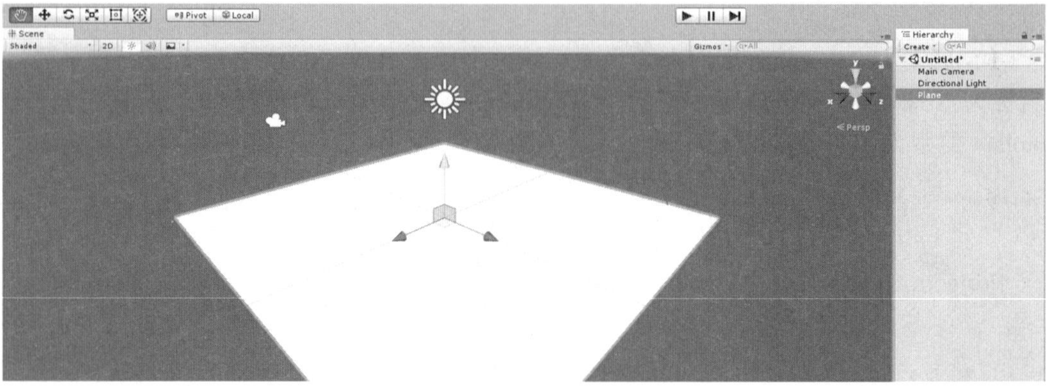

图 4-43　创建平面

（4）在 Hierarchy 视图中鼠标右键→3D Object 命令，选择想要创建的基本几何体，如图 4-44 所示。可以创建的几何体包括 Cube（立方体）、Sphere（球体）、Capsule（胶囊体）、Cylinder（圆柱体）、Plane（平面）、Quad（平面片）等。

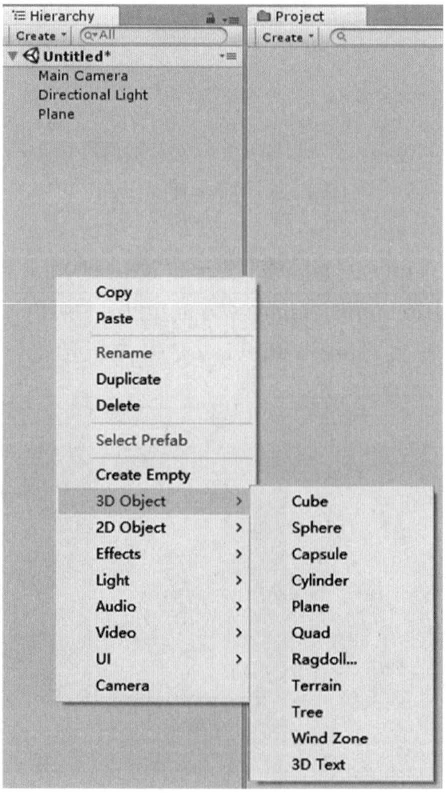

图 4-44　创建几何体

（5）用户还可以利用 Toolbar（工具栏）中的移动、旋转、缩放等命令对所创建的基本几何体进行编辑，编辑完成后如图 4-45 所示。

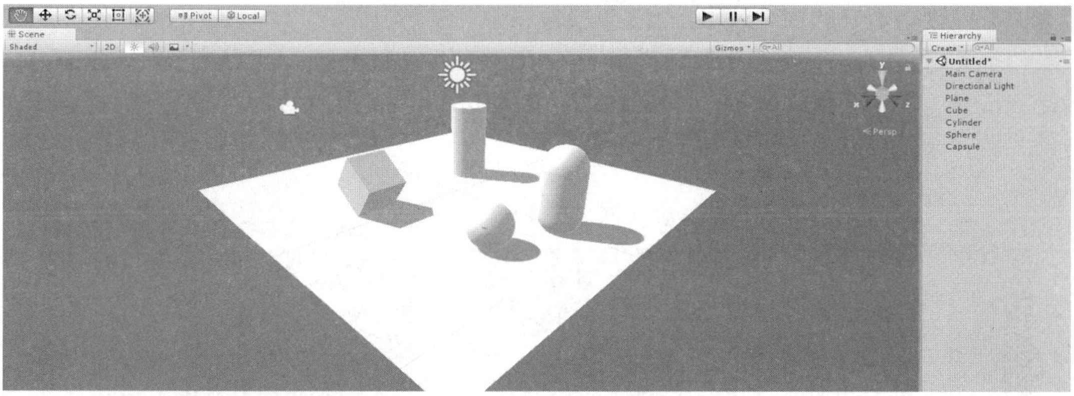

图 4-45 摆放几何体

（6）选择菜单栏中的 File→ Save scene 命令，或者按【Ctrl+S】组合键，将场景保存。首次保存时需要为场景命名，此处将场景命名为 Scene01，如图 4-46 所示。在 Project 视图中的 Assets 文件夹下，可以看到保存的 Scene01 场景文件。

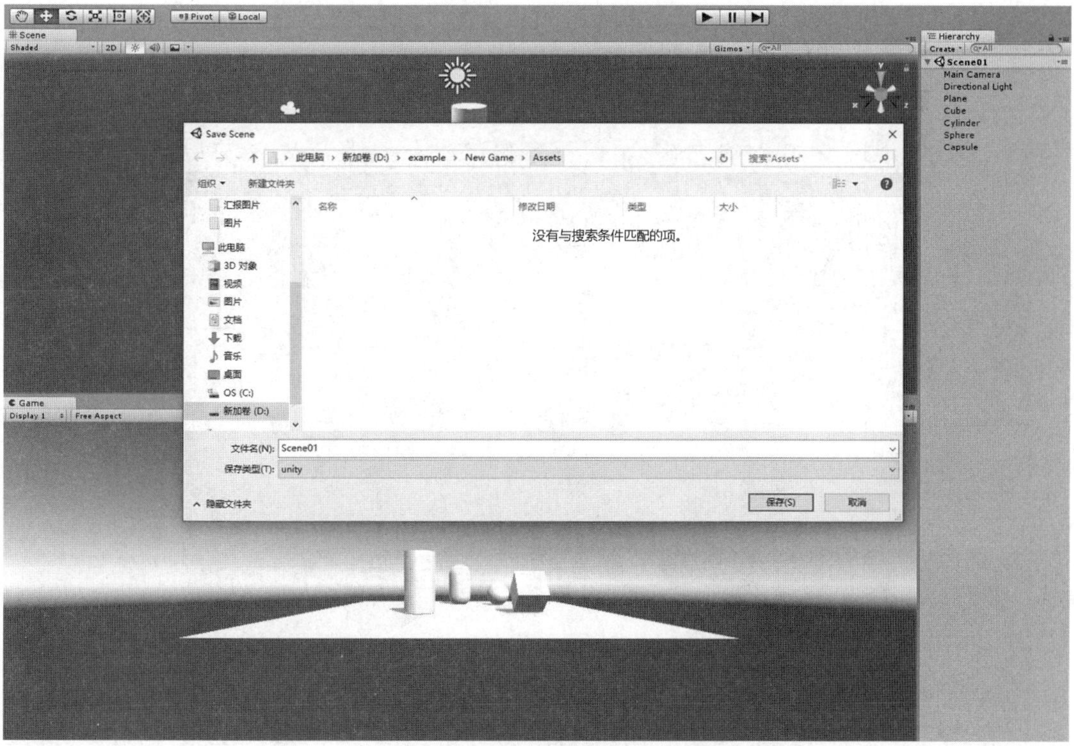

图 4-46 保存场景

4.5.2 创建光源和阴影

光源是每个场景的重要组成部分。光源决定了场景环境的明暗、色彩和氛围。合理使用光源可以创造更好的视觉效果。

（1）创建光源。依次选择菜单栏中 Game Object→Light 选项，或直接在 Hierarchy 面板右键→Light，然后会出现可供选择的光源类型，如图 4-47 所示，因场景中有一个默认的方向光源，所以可以不用再添加方向光源。

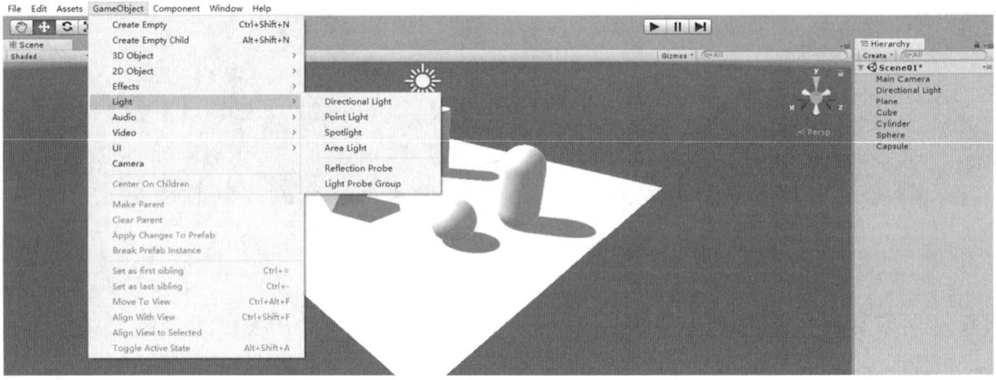

图 4-47　添加光源

（2）在 Hierarchy 视图中选中 Main Camera，然后在 Scene 视图中调节相机的位置和旋转，使得 Scene 视图的右下角出现一个合适的相机预览，如图 4-48 所示。

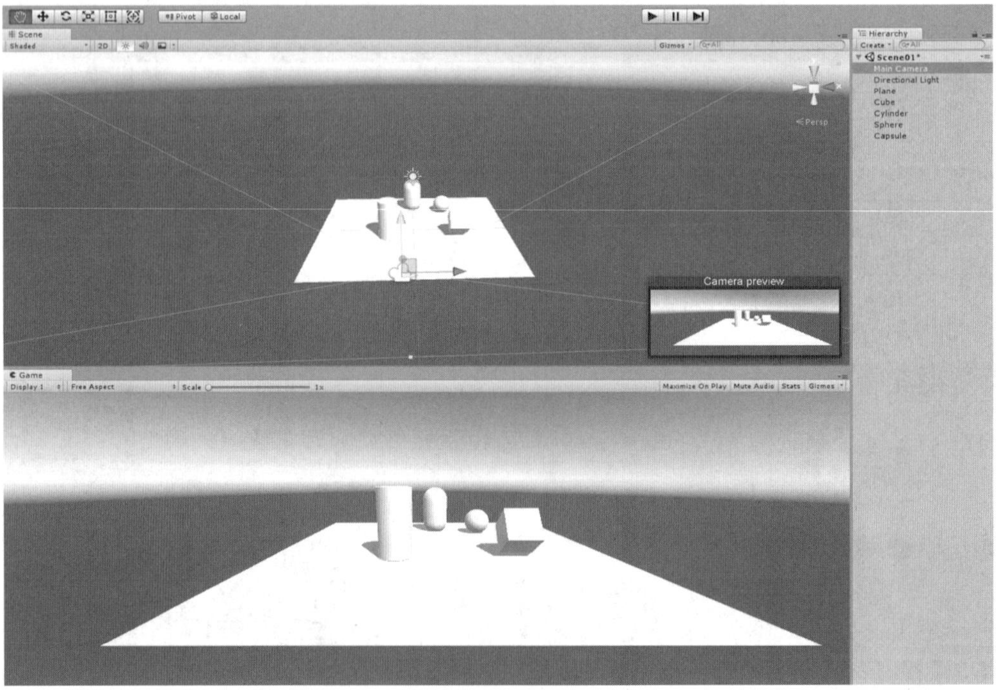

图 4-48　调节相机位置

（3）设置阴影。在 Hierarchy 视图中选中 Directional Light，然后在 Inspector 视图中，将 Light 下的 Shadow Type 设置为 Hard Shadows（硬阴影），然后将 Strength（强度）设置为 0.6，如图 4-49 所示。

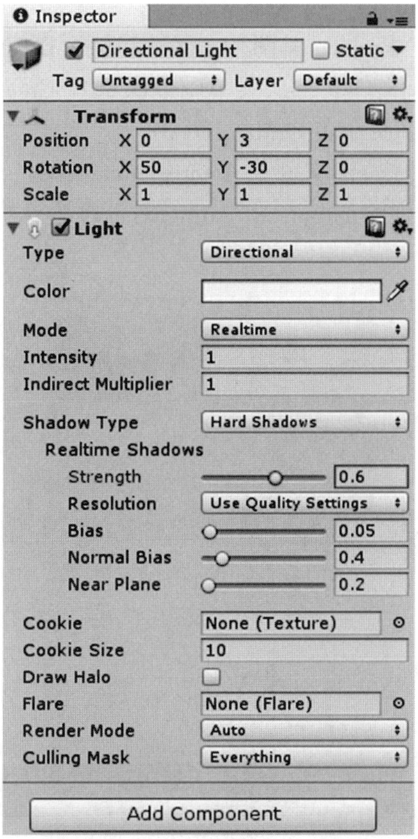

图 4-49　设置阴影

（4）单击工具栏中的“播放”按钮。在 Game 视图中可以看到场景明亮并且有阴影效果，如图 4-50 所示。

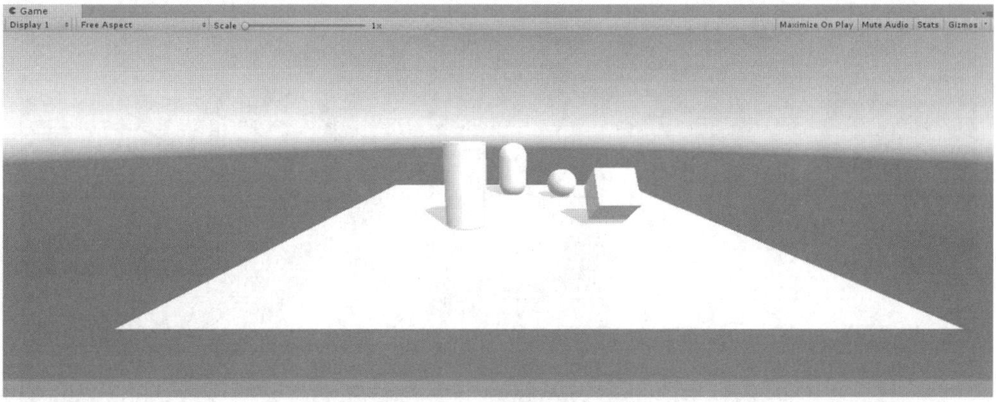

图 4-50　运行效果

4.5.3 添加静态物体

（1）创建立方体。依次选择菜单栏中的 GameObject→3D Object→ Cube 命令，在 Scene 视图中新建一个立方体。

（2）创建一个材质。在 Project 视图中，右键选择 Create→ Folder，创建一个名为 Assets 的文件夹。右击 Assets 文件夹，从菜单中依次选择 Create→ Material 命令，在 Assets 文件夹下新建一个材质，将材质命名为 Material 01。

（3）设置材质贴图。在 Assets 文件夹下选中 Materia 01，然后在其 Inspector 视图中，单击 Albedo 左侧的按钮，在弹出的 Select Texture 对话框中选择 Knob，如图 4-51 所示。

图 4-51 设置材质贴图（一）

（4）将材质 Material 01 拖动到 Hierarchy 视图中的 Cube 上，在 Scene 视图中 Cube 会显示添加了材质后的效果，如图 4-52 所示。

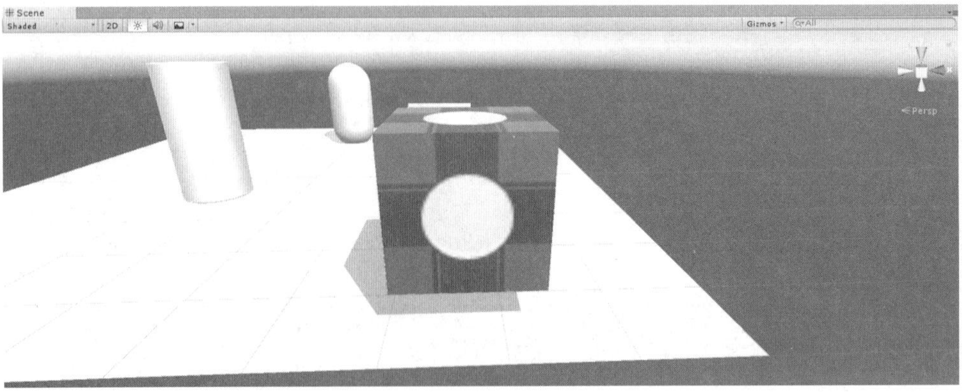

图 4-52 添加材质后的 Cube

(5) 创建圆柱体。依次选择菜单栏中的 Game Object→3D Object→ Cylinder 命令，在 Scene 视图中会创建一个圆柱体。在 Cylinder 的 Inspector 视图中将 Scale 设置为（0.5，1，0.5），在 Scene 视图中，将 Cylinder 的位置移动到 Cube 附近（与地面接触），如图 4-53 所示。

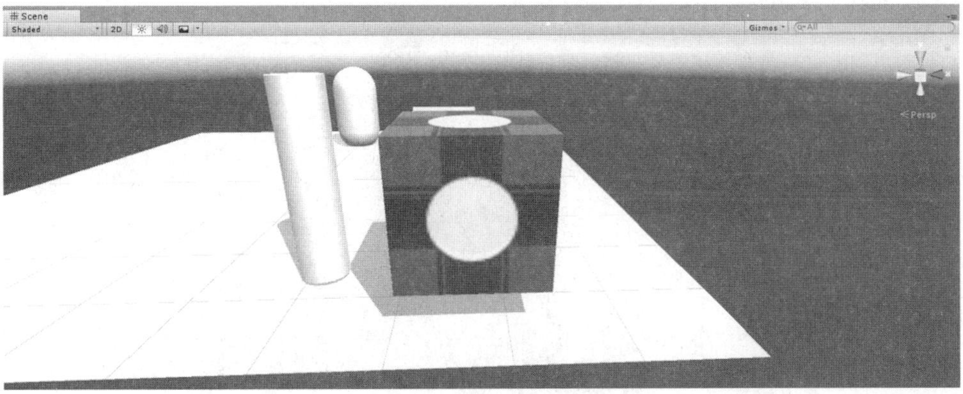

图 4-53 创建 Cylinder

(6) 在 Project 视图中，右击 Assets 文件夹，从快捷菜单中依次选择 Create→ Material 命令，在 Assets 文件夹下新建一个材质，将材质命名为 Material 02。

(7) 在 Assets 文件夹下选中 Material 02，在其 Inspector 视图中，单击 Albedo 左侧的按钮，在弹出的 Select Texture 对话框中选择 Checkmark，如图 4-54 所示。

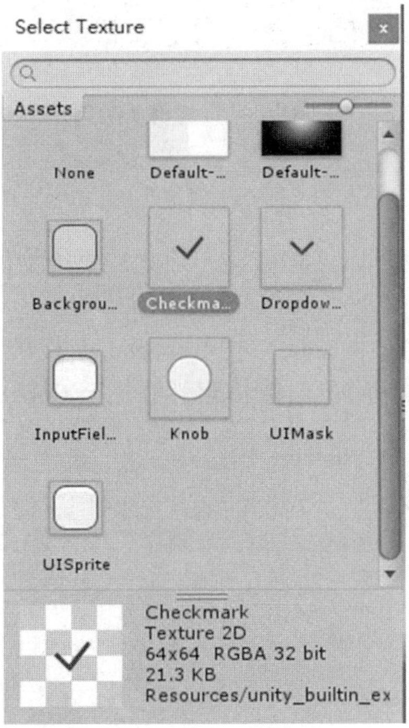

图 4-54 设置材质贴图（二）

(8) 将材质 Material 02 拖动到 Hierarchy 视图中的 Cylinder 上，在 Scene 视图中

Cylinder 会显示添加了材质后的效果。

（9）在 Project 视图中，选中 Assets 文件夹下的 Material 02，然后在其 Inspector 视图中，单击 Albedo 右侧的白色区域，在弹出的 Color 对话框中，选取不同的颜色，在 Scene 视图中 Cylinder 材质的颜色也会相应的变化，如图 4-55 所示。

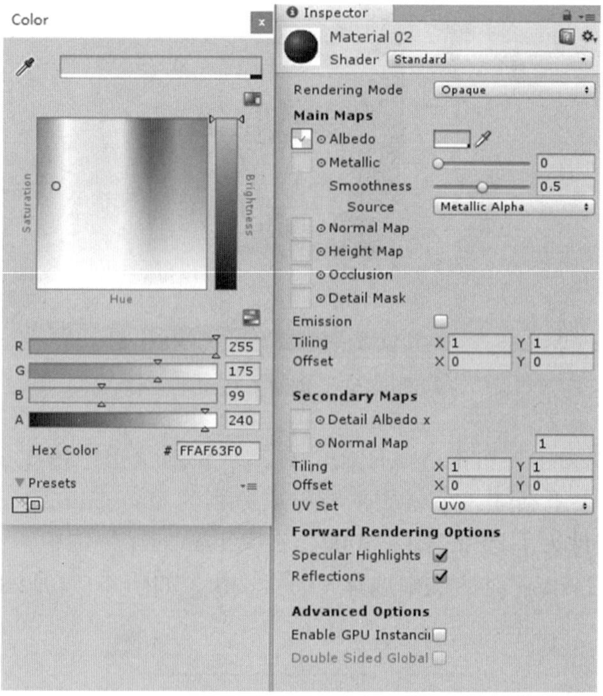

图 4-55　设置材质颜色

4.5.4　添加碰撞体

当运行游戏时，物体之间可以互相穿透，因此需要给物体添加碰撞体属性来阻挡物体的穿透。

（1）在 Hierarchy 视图中选中 Cube，在 Inspector 面板中，点击 Add Component，在搜索框中搜索 Rigidbody（刚体组件），将刚体组件添加至 Cube，如图 4-56 所示。

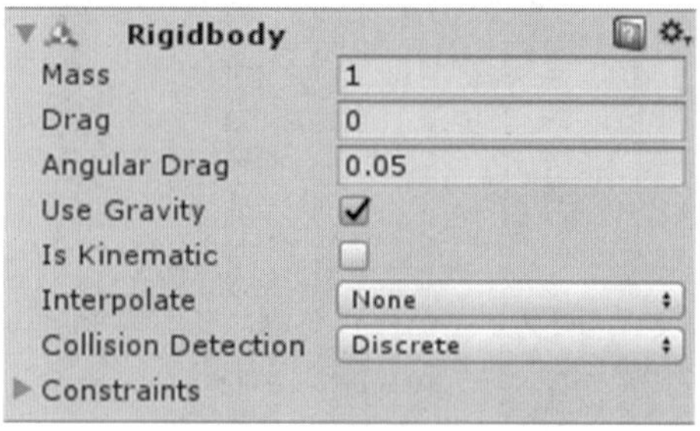

图 4-56　添加刚体组件

（2）在 Inspector 视图继续点击 Add Component，在搜索框中搜索 Collider，将会出现一

些碰撞体组件。这些组件的区别在于每个碰撞体组件的形状不同，比如有方盒形、胶囊形等。这里我们选择添加 Box Collider（方盒形），如图 4-57 所示。

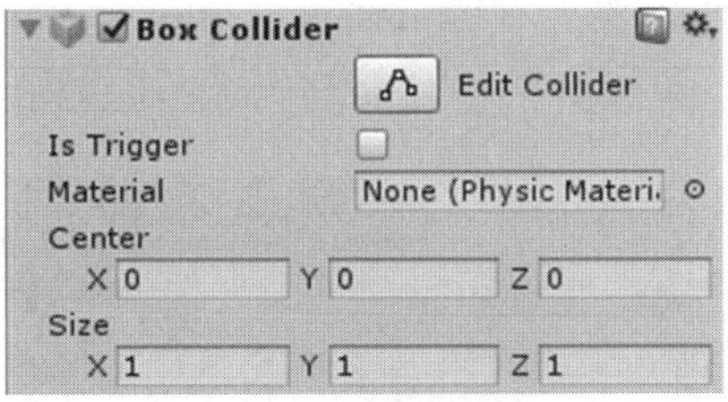

图 4-57　添加碰撞体组件

（3）创建另一个立方体。在 Hierarchy 视图中右键→3D Object→ Cube 命令，在 Scene 视图中创建一个立方体 Cube（1）。通过缩放按钮、旋转按钮、移动按钮将 Cube（1）移动至 Cube 旁，如图 4-58 所示。

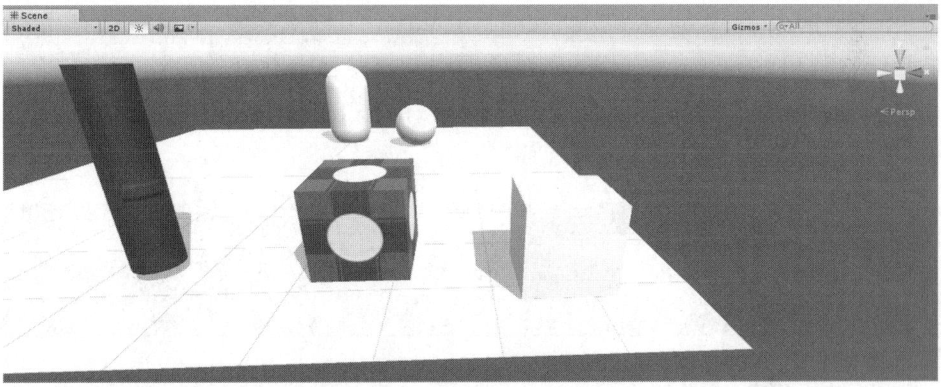

图 4-58　创建另一个立方体

（4）对 Cube（1）添加刚体组件与碰撞体组件，步骤与前面所述相同。

（5）点击“播放按钮”，可以观察到两个立方体从空中落下至平面上，在 Scene 视图中选择 Cube 进行移动，使其与 Cube（1）碰撞，可以看到 Cube（1）被碰撞后产生移动，如图 4-59 所示。

图 4-59　两个立方体碰撞

4.5.5 添加音效

（1）创建一个文件夹管理音效。右键 Assets 文件夹→ Create→ Folder 命令，在 Project 视图中的 Assets 下会新建一个文件夹，将其命名为 Music，如图 4-60 所示。

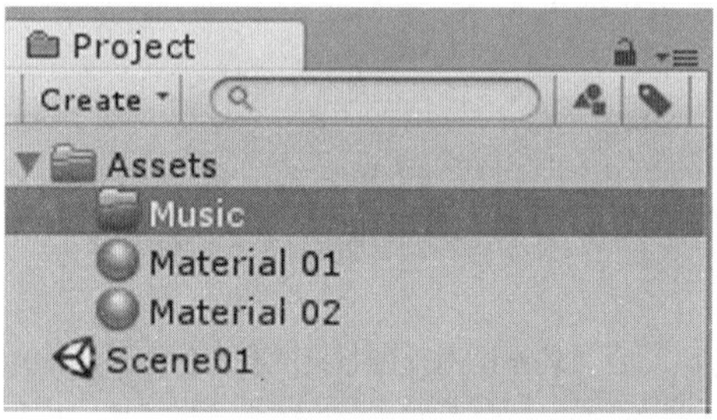

图 4-60　创建 Music 文件夹

（2）导入音效。在 Project 视图中，右击 Music 文件夹，从菜单中选择 Import New Assets 命令，在弹出的 Import New Asset 对话框中，打开已下载好的音效资源路径，选择音效文件 music. mp3（用户可自行下载所需文件），单击 Import 按钮，将音效资源导入，如图 4-61 所示。

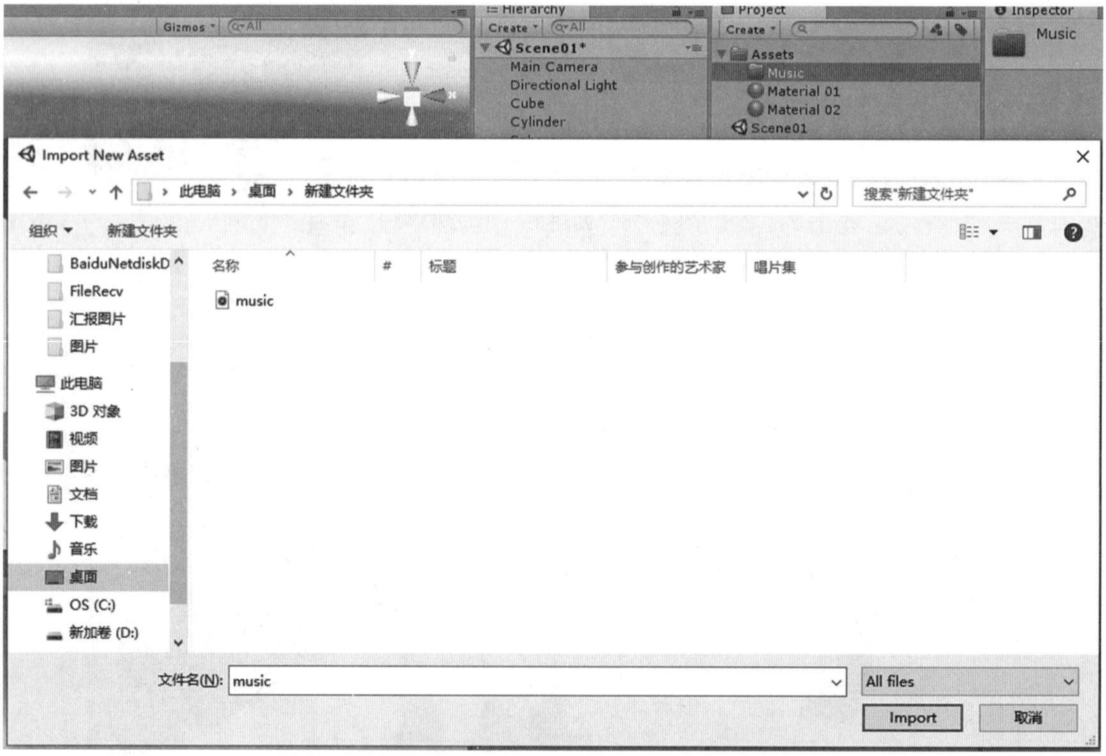

图 4-61　导入音效文件

（3）添加音效。在 Project 视图中的 Music 文件夹下，将 music 拖动到 Hierarchy 视图

中，然后在 Scene 视图中，将 music 的位置移动到 Cube 上方，最后在 music 的 Inspector 视图中，选中 Loop（循环）复选框，Volume Rolloff（音量衰减）设置为 Linear Rolloff（线性衰减），Max Distance（最大距离）设置为能覆盖所有物体即可（在 Scene 视图中拖动音效球形范围上的方点即可改变 Max Distance 的值），如图 4-62 所示。

（4）单击工具栏中的播放按钮，在 Game 视图中就会听到添加进来的音效。

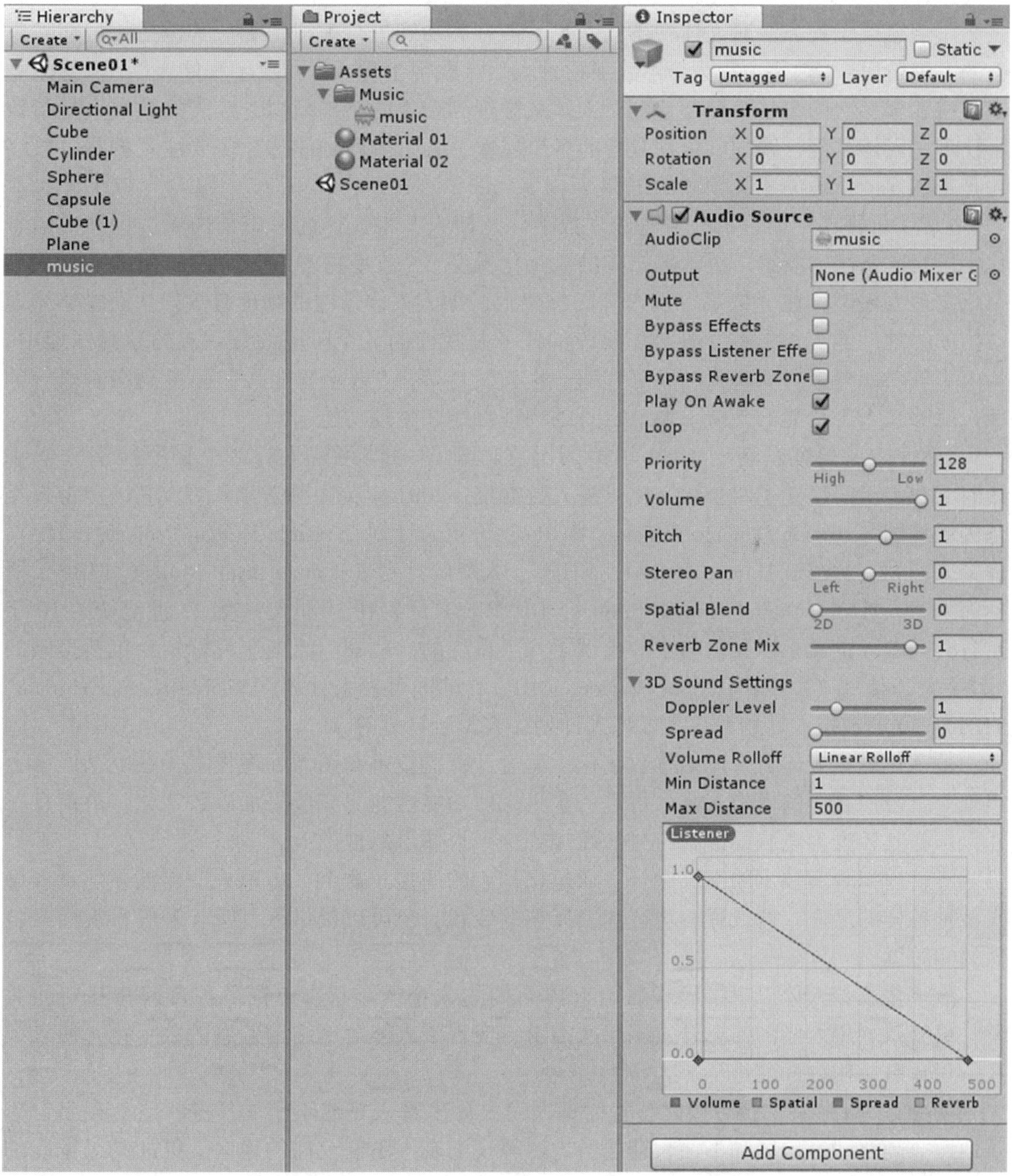

图 4-62 设置音效

4.6 数字人相关技术介绍

4.6.1 数字人简介

所谓“数字人”指的是把人体的结构以数字的形式表达出来，然后利用计算机进一步研究人体的微观结构及生化特性。狭义的数字人指的是信息科学与生命科学融合的产物，是利用信息科学的方法对人体在不同水平的形态和功能进行虚拟仿真。其包括 4 个交叉重叠的发展阶段：“数字可视人”“数字物理人”“数字生理人”“数字智能人”，最终建立多学科和多层次的数字模型并达到对人体从微观到宏观的精确模拟。广义的数字人是指数字技术在人体解剖、物理、生理及智能各个层次、各个阶段的渗透。需要注意的是，数字人是正在发展阶段的相关领域的统称。

“数字可视人”阶段的任务是建立数字化几何人，将人体的形态结构通过计算机信息化手段建成系统、器官、组织等结构的数字化模型。“数字物理人”阶段的任务是建立数字化物理人模型，在“数字可视人”的框架上，加入人体结构的物理参数，从而能够体现结构的物理性能。“数字生理人”阶段的任务是在前面几个阶段的数字人的基础框架中，加入生理功能参数，反映人的新陈代谢、生长发育等。“数字智能人”是最高级阶段，数字人能够在人工智能的支持下调节自身的物理性能和生理功能。

“数字人”研究发轫于 1989 年美国国立医学图书馆可视人计划，科罗拉多大学于 1994~1995 年间建立了两个数字化可视人数据集。2001 年美国科学家联盟（FAS）将人类基因组计划（Human Genome Project，HGP）、可视人计划（Visible Human Project，VHP）、虚拟人计划（Virtual Human Project，VHP）、人类脑计划（Human Brain Project，HBP）概括为数字人计划（Digital Human Project，DHP）。其后，在 20 世纪末到 21 世纪初的 10 年左右时间内，世界上以美国为主导出现了几个重要的、范围广泛的研究计划，包括美国的“数字人”计划（Digital Human Project，DHP）、韩国可视人计划（Visible Korean Human，VKH）、欧洲虚拟人计划、日本虚拟人计划、人类脑计划等。

数字化虚拟人体将人体结构数字化，通过计算机技术和图像处理技术，在电脑屏幕上出现一个看似真实的模拟人体，再进一步将人体功能性的研究成果加以数字化，由信息工作人员将其转变为电脑的语言符号，赋加到这个人体形态框架上。

经过虚拟现实技术的交叉融合，通过操作者的调控，这个“虚拟人”将能模仿真人做出各种各样的反应，若设置有声音和力反馈的装置，还可以提供视、听、触等直观而又自然的实时感。

数字化虚拟人体以三维形式显示人体结构的大小、形状、位置及各自的相互空间关系，可有效利用人体的信息开发多层次需求，实现了人体解剖结构信息的数字化，使人类在认识自身结构方面前进了一大步。

如今，“数字人”将有望能够替代真人完成许多真人完成不了的任务，诸如在宇宙失重地区、高寒缺氧地区和不便长期居留地区等现实真人不便前往的地区，更加高级智能的“数字人”将会发挥巨大作用。与此同时，更加高级智能的“数字人”可以完成一些具有高危险性的实验，如完成对真人有损伤性的汽车撞击防护实验、防核实验、防生化实验、防生物武器实验等。数字人技术的发展将对人类社会的进步产生巨大影响。

4.6.2 动作捕捉系统

4.6.2.1 动作捕捉

运动捕捉是通过传感器采集人体标定位置的三维空间中的运动轨迹，并将其转化为离散的运动数据，然后根据这些数据驱动人体模型运动，广泛运用于军事模拟、动画制作、体育运动、康复医疗等领域，如图4-63所示。动作捕捉领域大部分品牌都由国外生产厂商垄断，主要品牌如下：英国Animazoo公司的惯性动作捕捉系统，其产品特性为：陀螺仪速度快、重量轻、对快速动作和细微动作都可捕捉；英国Oxford Metrics Limited公司的vicon光学动作捕捉系统，该系统由不同相机对同一个标记物空间运动的图像采集并输入到计算机进行计算，得出反光球该时刻在空间的三维坐标，根据这些坐标进行相关性分析，可以得到标记位置的位移、加速度以及动量和动能等物理量的变化。国内的动作捕捉技术在最近十年中发展迅速，主要品牌有：北京天远科技三维科技有限公司的天远系统；V. M. SENS公司的MoX Vis光学惯性融合动作捕捉系统解决方案；北京孚新科技有限公司的FOHEART · X捕捉系统；北京诺亦腾科技有限公司的Perception Neuron等设备。

图4-63 动作捕捉

动作捕捉系统的原理就是在人体的骨性标志处标记上传感器，通过传感器测量出该标记点的运动学和动力学数据传输到计算机，计算机接收数据、处理数据，输入人体模型驱动模型，重现三维运动，工作流程如图4-64所示。

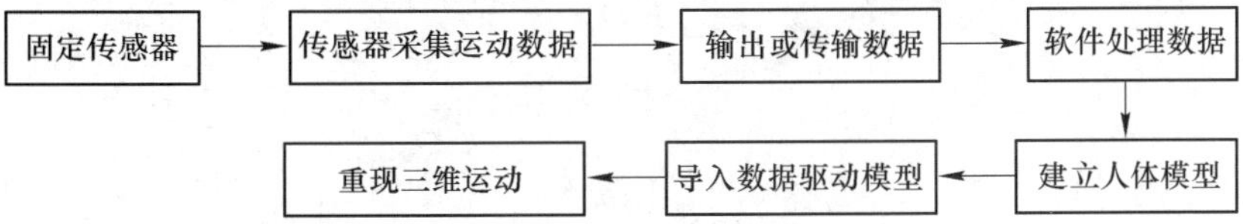

图4-64 动作捕捉系统工作流程

运动捕捉从工作原理上主要分为微传感器 MEMS 式、电磁式、光学式、机械电动式和声学式等。不同方式的动作捕捉系统间的特点如下：

（1）机械式动作捕捉：系统由角度传感器和刚性连杆机构组成，角度传感器嵌在可转动的关节中，可以测量关节转动角度的变化情况。装置工作时，根据角度传感器所采集的角度变化和位移传感器采集的刚性连杆的位移变化可以得出运动肢体标记处的空间坐标。早期的一种机械式运动捕捉装置是用带角度传感器的关节和连杆构成一个“可调姿态的数字模型”，其形状可以模拟人体，也可以模拟其他动物或物体。使用者可根据剧情的需要调整模型的姿态然后锁定。角度传感器测量并记录关节的转动角度，依据这些角度和模型的机械尺寸，可计算出模型的姿态，并将这些姿态数据传给动画软件，使其中的角色模型也做出一样的姿态。

（2）电磁式动作捕捉和声学式动作捕捉原理相近，都是由标记位置的发生装置，触发电磁场或者超声波接收器接收，通过在一定空域内接收不断变化的磁场分布确定标记位置的空间坐标。声学式是通过接收器的接收时间差来确定位置和方向，电磁式分为有线和无线两种传输方式。电磁式无线传输和声学式在介质传输的过程中都会受到环境的干扰。

（3）光学式动作捕捉：传统的光学式由多个摄像机和标志点或发光点组成。摄像机已知坐标，标志点被贴附在捕捉对象身体的关键部位，通过比较和分析摄像机捕捉得到的图像数据计算标志点的空间位置。随着计算机视觉技术的发展，完全可以应用图像识别、分析技术，由视觉系统直接识别表演者身体关键部位并测量其运动轨迹。光学式运动捕捉是目前主流的动作捕捉手段，分为主动和被动两种形式，主要区别是 maker 球的发光形式，被动式光学动作捕捉的 maker 球反射外部光源，主动式的 maker 球由发光二极管发光。系统的红外摄像机通过监视和跟踪标定目标上的 maker 完成运动捕捉。常见的光学式运动捕捉大多基于计算机视觉原理。从理论上说，同一个 maker 球能同时被两部或两部以上的相机采集到，这样就可以根据预设的相机参数，确定这一时刻该点在空间中的位置。当相机以高帧率连续拍摄时，从视频中就可以得到该点的运动轨迹，如图 4-65 所示。

图 4-65　光学式动作捕捉

（4）微传感器 MEMS 式：现在主流的动作捕捉设备是光学式和微传感器 MEMS 式。微传感器 MEMS 式动作捕捉设备可以克服光线明暗影响的不足，设备的成本低、精度较高，有利于实时测量，也可以支持对多个对象的同时捕捉。

（5）惯性式动作捕捉：惯性式动作捕捉系统由姿态传感器、信号发生器、接收器和数据处理软件组成。姿态传感器固定于受试者相应的部位，通过蓝牙无线传输方式将信号融合传送至数据处理系统，进行运动计算。其中，姿态传感器集成了惯性传感器、重力传感器、磁感应计、加速度计、微陀螺仪等仪器，以得到各部分肢体的姿态信息。

动作捕捉系统通常由信号捕捉设备、数据传输设备和数据处理设备等组成。传感器一般固定在人体或者运动物体的特定部位，向动作捕捉系统提供运动物体运动的位置信息，标记点传感器的数目一般会随着捕捉动作的细致程度确定。信号捕捉设备主要负责捕捉物体相关信息的获取，所获取的信息会因动作捕捉系统类型的不同而有所差异。数据传输设备主要负责将数据从动作捕捉系统传输至 PC 机，目前采用的传输方式主要有 USB 技术和无线蓝牙技术等。数据处理设备主要包括计算机硬件和软件，硬件主要包括计算机等实体设备，软件主要包括 Motionbuilder、MAYA、3DMax、Opensim 等。只有借助于相应的硬件和软件，才能将获取到的数据进行实时回放和重利用。

不同原理的动作捕捉系统各有优缺点，一般可从以下几个方面进行性能评估：定位精度、采样频率、动作数据质量、快速捕捉能力、多目标捕捉能力、运动范围、环境约束、使用便捷性、适用性等。常见的动作捕捉系统特点如下：

（1）光学式（主动和被动）：定位精准，采样频率和数据质量高，能很好地进行快速动作捕捉，捕捉空间运动范围适中、多目标捕捉困难、在室外受强光干扰严重，适合室内小范围单人动作捕捉；

（2）惯性式：定位精度低、采样频率高、佩戴方便、连接简单、捕捉范围非常广、能实现多人动作捕捉，且标记点之间不存在遮挡和干扰现象，成本低廉。

（3）电磁式因为有线缆连接，大幅度的动作很难应用，容易受到外界电磁环境的影响。

基于上述特点，我们选择惯性式动作捕捉系统进行动作捕捉，下面对惯性动作捕捉系统做简要介绍。

惯性动作捕捉系统就是通过对人体或其他物体运动姿态和位置的检测和记录，将这些信息转换成数字化的抽象模型，表达不同时刻目标所处的姿态，如图 4-66 所示。运动捕捉系统已广泛应用在运动分析、模型编码、虚拟现实、动画制作、智能监控系统、游戏制作等领域。比如，在互动式游戏中，使游戏者的各种动作能够驱动游戏环境中虚拟角色的动作，为游戏者带来一种全新的参与体验，同时加强了游戏的真实感和互动性；在体育训练上，运动捕捉技术可以捕捉运动员在运动过程中的位移、速度、加速度、力以及肌肉电信号等量化信息，结合机器学习技术和人体生物力学原理，可以从量化角度去分析运动员的动作并提出科学的改进方法。因此应用于人体的动作捕捉技术具有广阔的应用前景和巨大的商用价值。

基于微传感器的惯性动作捕捉设备的测量装置，主要由几个测量节点组成，每个测量

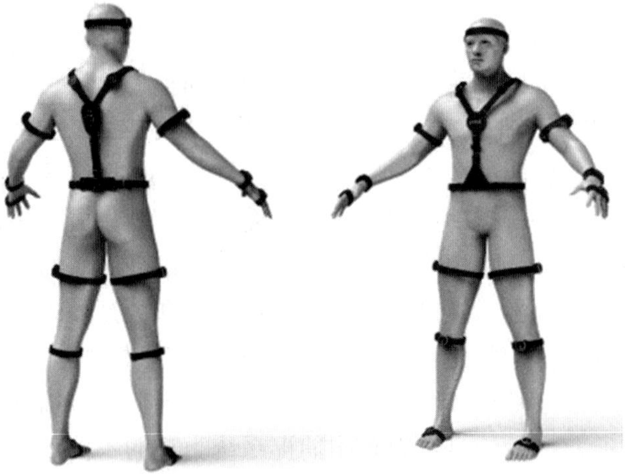

图 4-66 惯性动作捕捉系统

节点都有九轴的惯性测量单元，会返回在运动过程中的角速度、加速度和磁力计的测量信息。陀螺仪可以测量节点相对于本体坐标系的三轴转动角速率，在已知初始状态的条件下，可以得到刚体目前的姿态。但是目前大部分系统使用的陀螺仪传感器为芯片，有零偏误差，长时间积分会导致完全偏离失准。而应用加速度和地磁传感器，进行角度计算的方法会受到高频噪声的影响，例如由于线性运动而导致的对重力加速度的测量误差，可以利用 Kalman Filter 技术，对多传感器数据进行融合，利用零速度检测进行滤波矫正。卡尔曼滤波器是目前研究用得最多的姿态滤波算法。

通过动作捕捉教练员和运动员可以实时回放自己的动作，观看动作环节的轨迹、角度，同时可以把不同时间段的动作相互比较分析，纠正错误动作、优化动作、提高运动成绩，把训练模块化、数字化，建立运动数据库，对训练效果实时监控。

4.6.2.2 Perception Neuron PRO 惯性动作捕捉系统

Perception Neuron PRO 是一款基于惯性传感器的高级无线动作捕捉系统，具有全身无线数据传输、低延迟高精度、高电磁耐受性等多种特性。凭借其专有的嵌入式数据融合系统、人体动力学系统和物理引擎算法，可以捕捉大型动态运动，为使用者提供平滑而准确的动作捕捉数据。

Perception Neuron PRO 共包括 17 个传感器子节点以及 1 个备用传感器子节点，节点间通过 2.4G 射频私有协议，在确保数据安全性的前提下实现全无线连接，不仅能够大幅缩短从开箱到实际使用之间的准备时间，更提升了产品的穿戴稳定性，对更大幅度的动作也能精确采集。

在 SDK 和应用软件的兼容方面，Perception Neuron PRO 可以兼容 Unity、UE、Motionbuilder、MAYA、iClone7、facerig 等常用软件。

在 Perception Neuron PRO 的使用方面，主要包含以下 6 个步骤：

（1）Perception Neuron PRO 传感器充电。将每个传感器轻轻放置于充电盒中，然后关闭充电盒，连接电源适配器到充电盒，确保所有 LED 灯变为红色，当传感器充满电时，所有红灯自动关闭。

（2）下载安装 Axis Neuron PRO 软件。通过下载该软件，在软件中对动作捕捉系统进行配置与操作。

（3）连接 HUB 主节点和传感器。连接电源适配器到充电盒，确保所有 LED 灯变成红色，然后开启所有传感器，在 Axis Neuron PRO 软件中点击连接按钮进行连接。

（4）传感器校准。该步骤为可选步骤，通过 Axis Neuron PRO 软件中的“工具”→“传感器校准”选项，结合传感器进行校准。

（5）身体绑带和传感器安装。穿戴身体绑带时，将所有传感器安装到身体绑带上的底座上，然后将传感器安装在底座上，顺时针方向 90°旋转传感器。

（6）姿态校准。在 Axis Neuron PRO 软件中的“姿态校准”页面中，选择身高等数据，完成三步（A，T，S）姿态校准。

4.6.2.3 FOHEART · X 动作捕捉系统

FOHEART · X 惯性动作捕捉系统采用了加速度计、陀螺仪、磁力计等 MEMS 传感器并通过数据融合算法使之输出更高精度的姿态数据。其软件 MotionVenus 是 FOHEART · X 的电脑客户端软件，软件采用了反向运动学、卡尔曼滤波、生物力学等算法，可以实时显示 3D 人物、各项数据及转发数据，同时可以兼容 Unity、UE、MotionBuilder、MAYA、3dMax 等软件。FOHEART · X 广泛应用于体育运动、医疗康复、动画影视游戏制作、虚拟主播、人机交互等领域。

FOHEART · X 惯性动作捕捉系统硬件主要包括姿态传感器、路由器和充电底座 3 大部分，其中姿态传感器又包含头部传感器、肩部传感器、后背传感器、上臂传感器、小臂传感器、手部传感器、胯部传感器、大腿传感器、小腿传感器和足部传感器等。

MotionVenus 是与 FOHEART · X 动作捕捉系统套装配套的电脑客户端软件。它的主要功能是拟合传感器的数据、录制数据，并将数据导出为 BVH、FBX 等动画行业常用数据格式，另外它还可以将动作数据流实时（或离线）发送到 Unity3D、Unreal Engine 4、Motionbuilder 等软件中，以驱动任意虚拟动画人物运动。同时它也可以显示人体运动学的各项指标数据，如加速度、角速度、关节角度等。

在 MotionVenus 软件中，选择运动学组件，右键点击每段骨骼或关节可以查看此骨骼或关节的欧拉角数据，比如“右肩”，也可以直接点击骨骼或关节，将其拖拽到制图窗口中。在这里我们可以分别查看我们感兴趣的骨骼或关节的角度变化信息，并且可以同时监视（至多 4 段）骨骼或关节的角度变化信息。其参数说明如表 4-1 所示。

表 4-1 参数说明

Kinematics	骨骼欧拉角	Global 坐标系，相对于 3D 场景左下角坐标系所指示的全局坐标系
Joints	关节欧拉角	Local 坐标系，相对于父骨骼的旋转角度
	关节向量角	当前骨骼旋转所表示的方向向量相对于父骨骼旋转所表示的方向向量的矢量角
	关节位移	Global 坐标系，相对于 3D 场景左下角坐标系所指示的全局坐标系
Center of Mass	人体重心位移	Global 坐标系，相对于 3D 场景左下角坐标系所指示的全局坐标系

4.7 增强现实（AR）技术

4.7.1 增强现实（AR）简介

增强现实（Augmented Reality，AR），是一种实时地计算摄影机影像的位置及角度并加上相应图像的技术，这种技术的目标是在屏幕上把虚拟世界套在现实世界并进行互动。这种技术最早于1990年提出，随着随身电子产品运算能力的提升，增强现实的用途越来越广。

4.7.1.1 技术原理及特点

增强现实技术，它是一种将真实世界信息和虚拟世界信息“无缝”集成的新技术，是把原本在现实世界的一定时间空间范围内很难体验到的实体信息（视觉信息、声音、味道、触觉等）通过计算机等科学技术，模拟仿真后再叠加，将虚拟的信息应用到真实世界，被人类感官所感知，从而达到超越现实的感官体验。其将真实的环境和虚拟的物体实时地叠加到了同一个画面或空间同时存在。

增强现实技术包含了多媒体、三维建模、实时视频显示及控制、多传感器融合、实时跟踪及注册、场景融合等新技术与新手段。增强现实提供了在一般情况下，不同于人类可以感知的信息。

图4-67所示为一个典型的AR系统结构，由虚拟场景生成单元以及显示器和头盔等交互设备构成。其中虚拟场景生成单元负责虚拟场景的建模、管理、绘制和其他外设的管理；显示器负责显示虚拟和现实融合后的信号；头部跟踪设备跟踪用户视线变化；交互设备用于实现感官信号及环境控制操作信号的输入输出。

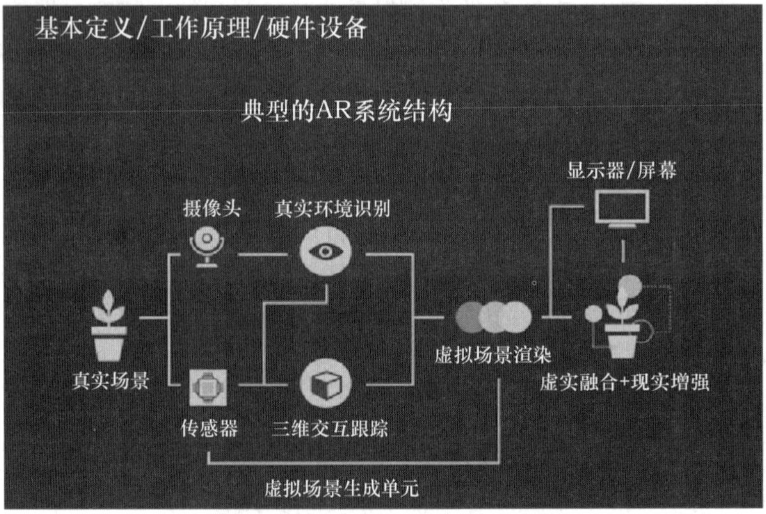

图4-67 AR系统结构

首先摄像头和传感器采集真实场景的视频或者图像，传入到后台的处理单元对其进行分析和重构，并结合头部跟踪设备的数据来分析虚拟场景和真实场景的相对位置，实现坐标系的对齐并进行虚拟场景的融合计算。交互设备采集外部控制信号，实现对虚实结合场景的交互操作。系统融合后的信息会实时地显示在显示器中，展现在人的视野中。

AR 系统具有 3 个突出的特点：(1) 真实世界和虚拟世界的信息集成；(2) 具有实时交互性；(3) 在三维尺度空间中增添定位虚拟物体。由此技术特点，AR 技术可广泛应用到军事、医疗、建筑、教育、工程、影视、娱乐等领域。

4.7.1.2 组成形式

一个完整的增强现实系统是由一组紧密联结、实时工作的硬件部件与相关的软件系统协同实现的，常用的有如下 3 种组成形式。

(1) Monitor-Based。在基于计算机显示器的 AR 实现方案中，摄像机摄取的真实世界图像输入到计算机中，与计算机图形系统产生的虚拟景象合成，并输出到屏幕显示器。用户从屏幕上看到最终的增强场景图片。它虽然简单，但不能带给用户多少沉浸感。Monitor-Based 增强现实系统实现方案如图 4-68 所示。

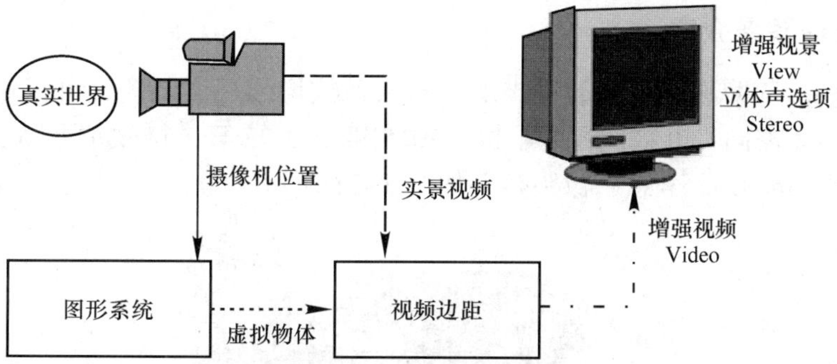

图 4-68 Monitor-Based 增强现实系统实现方案

(2) 光学透视式。头盔式显示器（Head-mounted displays，HMD）被广泛应用于虚拟现实系统中，用以增强用户的视觉沉浸感。增强现实技术的研究者们也采用了类似的显示技术，这就是在 AR 中广泛应用的穿透式 HMD。根据具体实现原理又划分为两大类，分别是基于光学原理的穿透式 HMD（Optical See-through HMD）和基于视频合成技术的穿透式 HMD（Video See-through HMD）。光学透视式增强现实系统实现方案如图 4-69 所示。

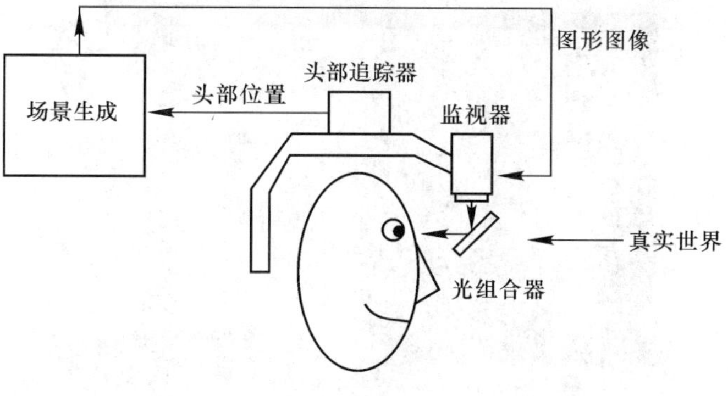

图 4-69 光学透视式增强现实系统实现方案

（3）视频透视式。视频透视式增强现实系统采用的基于视频合成技术的穿透式 HMD（Video See-through HMD），实现方案如图 4-70 所示。

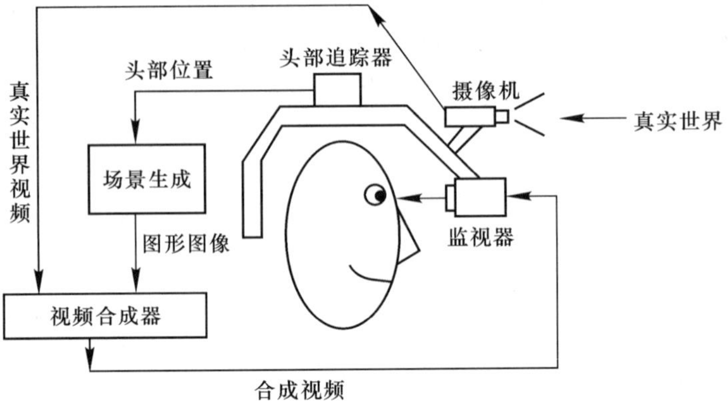

图 4-70　视频透视式增强现实系统实现方案

4.7.2　HoloLens 设备介绍

微软 HoloLens 全息眼镜是微软推出的一款头戴式增强现实装置，可以完全独立使用，无需线缆连接、无需同步电脑或智能手机。2015 年 1 月 22 日，微软举办 Windows 10 预览版发布会，推出 HoloLens 全息影像头盔，如图 4-71 所示。

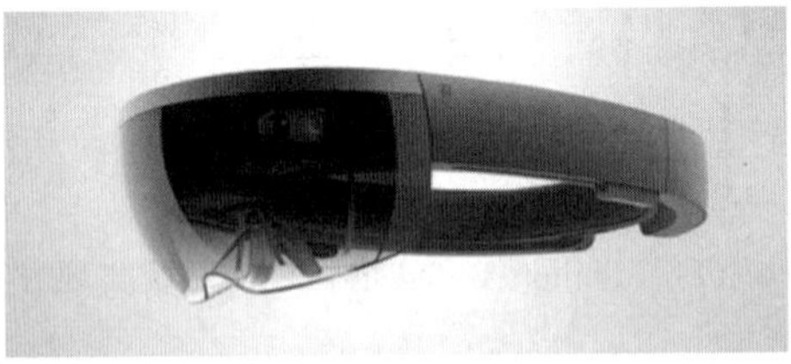

图 4-71　HoloLens 全息眼镜

HoloLens 平台的操作系统为 Windows Holograpic，是基于 Windows 10 定制，所以 Windows 10 UWP 的通用应用程序可以在 HoloLens 上运行，系统功能简单，很容易上手操作。图 4-72 为 HoloLens 中 windows 系统主界面。

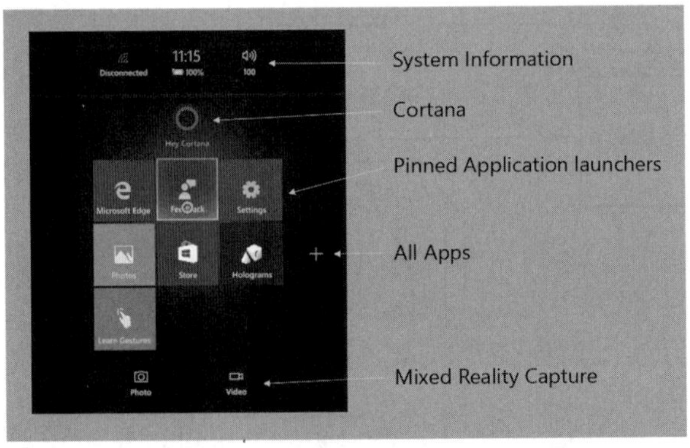

图 4-72　HoloLens 主界面

主界面包含系统信息（Wi-Fi 状态，电池状态，声音，时间）、Cortana 启动按钮、用户设置的起始界面、所有 App 界面、启动 mixed reality capture 按钮。通过按 +/- 按钮来切换所有 App 界面和起始界面。同时张开手势（bloom gesture——握成拳头然后张开的手势）可以打开菜单，再做张开手势就可关闭菜单。

HoloLens 眼镜的交互方式包括凝视（Gaze）、语音（Voice Command）和手势（Gesture），常用的是手势操作。当你戴上眼镜，在你眼镜两旁几英尺处，你会看到 HoloLens 的光标，你需要保证手势在一个特定的框内，不然 HoloLens 将识别不到你的手势，无法做出反应，如图 4-73 所示。

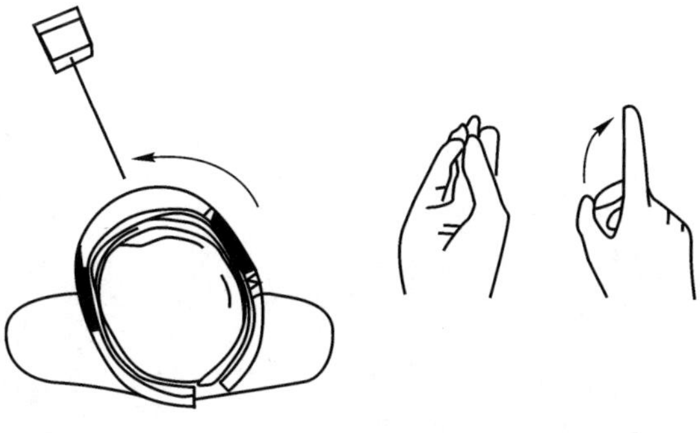

图 4-73　识别手势

HoloLens 眼镜的立体声效："听声辨位"眼镜通过两侧的 3D 扬声器，声音能够在佩戴者周围的 3D 空间中产生一种"方位感"。这样，即便虚拟物体在观测范围（FOV）之外，体验者也可以通过 Spatial Sound 感知虚拟物体在周围的空间位置，如图 4-74 所示。

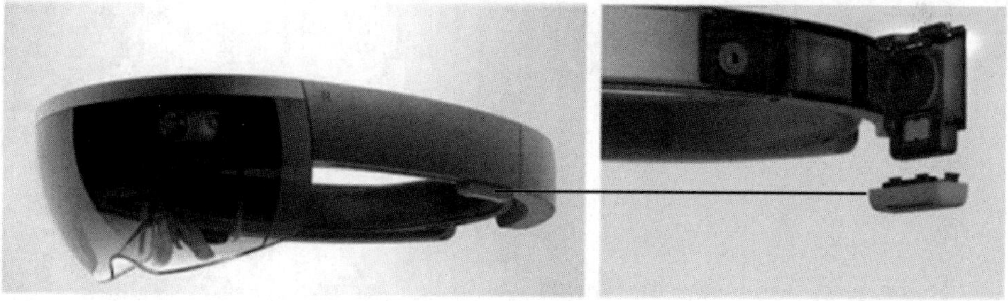

图 4-74　3D 扬声器